Benedikt XVI.
Zeit für Gott

BENEDIKT XVI.

Zeit für Gott

Die Kraft des Gebetes

benno

Bibliografische Information der Deutschen Nationalbibliothek
Die Deutsche Nationalbibliothek verzeichnet diese Publikation
in der Deutschen Nationalbibliografie;
detaillierte bibliografische Daten sind im Internet über
http://dnb.d-nb.de abrufbar.

Besuchen Sie uns im Internet unter:
www.st-benno.de

Gern informieren wir Sie unverbindlich und aktuell auch in unserem
Newsletter zum Verlagsprogramm, zu Neuerscheinungen und Aktionen.
Einfach anmelden unter www.st-benno.de (newsletter@st-benno.de)

ISBN 978-3-7462-3649-0

© St. Benno-Verlag GmbH, Leipzig
Umschlaggestaltung: Ulrike Vetter, Leipzig
Umschlagfotos: © picture-alliance / Frankfurt am Main (2)
Abbildung: Manuelinischer Kreuzgang im Hieronymuskloster
in Lissabon-Belém/Portugal. Fotograf: Lou Avers
Gesamtherstellung: Kontext Lemsel (A)

INHALT

DER BETENDE MENSCH

Eine Schule des Gebets

Ein Thema, das uns allen sehr am Herzen liegt, ist das Thema des Gebets, insbesondere des christlichen Gebets, also des Gebets, das Jesus uns gelehrt hat und das die Kirche uns auch weiterhin lehrt. In Jesus wird der Mensch in der Tat fähig, sich Gott zu nähern, mit der Tiefe und der Vertrautheit der Beziehung eines Kindes zum Vater. Gemeinsam mit den ersten Jüngern wenden wir uns also mit demütigem Vertrauen an den Meister und bitten ihn: »Herr, lehre uns beten« (Lk 11,1).

In den nächsten Katechesen wollen wir in Anlehnung an die Heilige Schrift, die große Überlieferung der Kirchenväter, die Meister der Spiritualität und die Liturgie lernen, unsere Beziehung zum Herrn noch tiefer zu leben – gleichsam eine »Schule des Gebets«. Wir wissen nämlich sehr gut, dass das Gebet nicht als selbstverständlich betrachtet werden darf: Man muss beten lernen, indem man diese Kunst gleichsam immer wieder aufs Neue erwirbt.

Auch diejenigen, die im geistlichen Leben weit fortgeschritten sind, verspüren stets das Bedürfnis, sich in die Schule Jesu zu begeben, um aufrichtig beten zu lernen. Die erste Lektion erteilt uns der Herr durch sein Vorbild. Die Evangelien beschreiben uns Jesus im vertrauten und ständigen Dialog mit dem Vater: eine tiefe Gemeinschaft dessen, der in die Welt gekommen ist, nicht um seinen Willen zu tun, sondern den des Vaters, der ihn für das Heil des Menschen gesandt hat.

Zur Einführung möchte ich in dieser ersten Katechese einige Beispiele des Gebets in den antiken Kulturen vorstellen, um zu zeigen, dass diese sich praktisch immer und überall an Gott gewandt haben. Ich beginne mit einem Beispiel aus dem Alten Ägypten. Hier bittet ein blinder Mann die Gottheit, ihm das Augenlicht zurückzugeben, und bezeugt damit etwas universal Menschliches: das einfache, reine Bittgebet dessen, der leidet. Dieser Mann betet: »Mein Herz verlangt dich zu sehen ... Du, der du mich die Finsternis hast sehen lassen, schenke mir Licht, damit ich dich sehe! Neige dein geliebtes

Antlitz zu mir herab« (vgl. A. Barucq – F. Daumas, Hymnes et prières de l'Egypte ancienne, Paris 1980). Damit ich dich sehe: Das ist der innere Kern des Gebets!

In den Religionen Mesopotamiens herrschte ein dunkles und lähmendes Schuldbewusstsein, jedoch nicht ohne die Hoffnung auf Erlösung und Befreiung durch Gott. So wissen wir das Bittgebet eines Gläubigen jener antiken Kulte zu würdigen, das folgendermaßen lautet:»O Gott, der du auch die schwerste Schuld nachsiehst, erlöse mich von meiner Sünde ... O Herr, blicke auf deinen erschöpften Knecht und hauche deinen Atem auf ihn: Säume nicht, ihm zu vergeben. Mildere deine strenge Strafe. Gib, dass ich, aus den Banden gelöst, wieder frei atmen kann; zerbrich meine Ketten, löse mich aus den Fesseln« (vgl. M.-J. Seux, Hymnes et prières aux Dieux de Babylone et d'Assyrie, Paris 1976). Diese Worte zeigen, dass der Mensch in seiner Suche nach Gott eine Ahnung von seiner Schuld, aber auch von Gottes Erbarmen und Güte hat, wenn auch noch undeutlich.

In der heidnischen Religion des antiken Griechenland gibt es eine sehr bedeutsame Entwicklung: Zwar rufen die Gebete auch weiterhin den göttlichen Beistand an, um in allen Umständen des täglichen Lebens die göttliche Gunst zu erhalten und materielle Güter zu erlangen, aber allmählich wenden sie sich uneigennützigeren Bitten zu, die es dem gläubigen Menschen gestatten, seine Beziehung zu Gott zu vertiefen und sich zu bessern. Der große Philosoph Platon überliefert zum Beispiel ein Gebet seines Lehrers Sokrates, der zu Recht als einer der Begründer des westlichen Denkens betrachtet wird. Sokrates betete folgendermaßen:»Verleihet mir, schön zu werden im Innern ... Für reich aber möge ich den Weisen achten. Des Goldes Fülle aber möge mir werden in solchem Maße, in welchem es ein anderer weder führen noch tragen könnte als der Weise. ... Für mich ist damit das volle Maß erbeten!« (Platon, Phaidros, Übersetzung L. Georgii, 1853). Er möchte vor allem im Innern schön sein und weise, nicht reich an Geld und Gold.

In jenen hervorragenden Meisterwerken der Weltliteratur, den griechischen Tragödien, die heute, nach 25 Jahrhunderten, noch immer gelesen, studiert und aufgeführt werden, sind Gebete enthalten, die den Wunsch zum Ausdruck bringen, Gott zu erkennen und seine Herrlichkeit anzubeten. Eines von ihnen lautet so:»Erhalter der Erde, der du über der Erde thronst, wer auch immer du sein magst, unergründlicher Zeus, mögest du Naturgesetz oder Gedanke der

Sterblichen sein, an dich wende ich mich: Denn du gehst auf stillen Wegen und lenkst in rechter Weise das menschliche Geschick« (Euripides, Troerinnen, 884–886). Gott bleibt ein wenig nebelhaft, und dennoch erkennt der Mensch diesen unbekannten Gott und betet zu ihm, der die Geschicke der Erde lenkt.

Auch bei den Römern, die das große Reich schufen, in dem das frühe Christentum entstand und sich zu einem großen Teil entwickelte, ist das Gebet zwar mit einer utilitaristischen Auffassung verknüpft und im wesentlichen an die Bitte um göttlichen Schutz des Lebens der zivilen Gemeinschaft gebunden, aber auch hier öffnet es sich zuweilen zu bewundernswerten Anrufungen leidenschaftlicher persönlicher Frömmigkeit, die Lob und Dank wird. Das bezeugt ein Autor aus dem römischen Afrika im 2. Jahrhundert nach Christus, Apuleius. In seinen Schriften legt er die Unzufriedenheit seiner Zeitgenossen mit den traditionellen Religionen dar sowie den Wunsch nach einer aufrichtigeren Beziehung zu Gott. In seinem Hauptwerk mit dem Titel Metamorphosen wendet sich ein Gläubiger mit folgenden Worten an eine weibliche Gottheit: »Du bist wahrhaft heilig, du bist zu jeder Zeit die Retterin der Menschheit, du bringst in deiner Güte den Sterblichen stets Hilfe, du schenkst den armen Notleidenden die zärtliche Liebe einer Mutter. Es vergeht weder Tag noch Nacht noch ein Augenblick, den du nicht mit deinen Wohltaten erfüllst« (Apuleius von Madaura, Metamorphosen IX, 25).

Zur selben Zeit betont Kaiser Marc Aurel – auch er war ein Philosoph, der über das Wesen des Menschen nachdachte – die Notwendigkeit zu beten, um ein gedeihliches Zusammenwirken von göttlichem und menschlichem Tun hervorzubringen. In seinen Selbstbetrachtungen schreibt er: »Wer sagt dir, dass die Götter uns nicht auch in den Dingen helfen, die von uns abhängen? Beginne, zu ihnen zu beten, und du wirst sehen« (vgl. Dictionnaire de Spiritualité XII/2, Sp. 2213). Tatsächlich hatten zahllose Generationen von Menschen in vorchristlicher Zeit diesen Rat des Philosophenkaisers in die Tat umgesetzt. So zeigten sie, dass das menschliche Leben ohne das Gebet, das unsere Existenz zum Geheimnis Gottes hin öffnet, seinen Sinn und seinen Bezugspunkt verliert. In der Tat kommt in jedem Gebet immer die Wahrheit des menschlichen Geschöpfs zum Ausdruck, das einerseits die eigene Schwachheit und Unzulänglichkeit erfährt und daher den Himmel um Beistand bittet, und das andererseits eine außerordentliche Würde besitzt, denn indem es sich bereitmacht, die göttliche Offenbarung anzunehmen, entdeckt es, dass es fähig ist, in die Gemeinschaft mit Gott einzutreten.

In diesen Beispielen von Gebeten aus verschiedenen Zeiten und Zivilisationen tritt das Bewusstsein hervor, das der Mensch von seiner Geschöpflichkeit und seiner Abhängigkeit von einem Anderen hat, der über ihm steht und der Quell alles Guten ist. Zu allen Zeiten betet der Mensch, denn er kann nicht umhin, sich nach dem Sinn seines Lebens zu fragen, der dunkel und trostlos bleibt, wenn er nicht zum Geheimnis Gottes und seines Planes für die Welt in Beziehung gesetzt wird. Das menschliche Leben ist ein Geflecht aus Gutem und Bösem, aus unverdientem Leiden und Freude und Schönheit, das uns spontan und unwiderstehlich drängt, Gott um das innere Licht und die innere Kraft zu bitten, die uns auf Erden helfen und eine Hoffnung aufzeigen sollen, die über die Grenzen des Todes hinausgeht.

Die heidnischen Religionen bleiben eine Anrufung, die von der Erde aus auf ein Wort vom Himmel wartet. Einer der letzten großen heidnischen Philosophen, der bereits in der christlichen Epoche lebte, Proklos von Konstantinopel, bringt diese Erwartung zum Ausdruck, indem er sagt: »Unerkennbarer, niemand kann dich erfassen. Alles, was wir denken, gehört dir. Von dir kommt unser Leid und unser Wohl, dir gilt all unser Sehnen, o Unergründlicher, dessen Gegenwart unsere Seele spürt. Zur dir erhebt sie ihren stillen Lobgesang« (vgl. Hymni, ed. E. Vogt, Wiesbaden 1957).

In den Beispielen des Gebets der verschiedenen Kulturen, die wir betrachtet haben, können wir ein Zeugnis der religiösen Dimension und des Verlangens nach Gott sehen, das in das Herz eines jeden Menschen eingeschrieben ist. Sie finden im Alten und im Neuen Testament ihre Erfüllung und ihren vollendeten Ausdruck. Die Offenbarung reinigt nämlich die ursprüngliche Sehnsucht des Menschen nach Gott und bringt sie zur Erfüllung, indem sie ihm im Gebet die Möglichkeit einer tieferen Beziehung zum himmlischen Vater bietet.

Am Anfang unseres Weges in der »Schule des Gebets« wollen wir also den Herrn bitten, unseren Verstand und unser Herz zu erleuchten, auf dass die Beziehung zu ihm im Gebet immer tiefer, liebevoller und beständiger werde. Noch einmal sagen wir zu ihm: »Herr, lehre uns beten« (Lk 11,1).

Das Bedürfnis nach Spiritualität

Das Gebet und der Sinn für das Religiöse sind Teil des Menschen, seine ganze Geschichte hindurch. Wir leben in einer Zeit, in der die Zeichen des Säkularismus deutlich sind. Gott scheint aus dem Horizont vieler Menschen verschwunden oder zu einer Wirklichkeit geworden zu sein, der man gleichgültig gegenübersteht. Gleichzeitig gibt es jedoch viele Anzeichen für ein Wiedererwachen des Sinnes für das Religiöse, für eine Wiederentdeckung der Bedeutung Gottes im Leben des Menschen, für ein Bedürfnis nach Spiritualität, nach der Überwindung einer rein horizontalen, materiellen Auffassung des menschlichen Lebens.

Wenn wir auf die neuere Geschichte schauen, so hat die Prognose jener versagt, die – seit der Zeit der Aufklärung – das Verschwinden der Religionen angekündigt und die absolute, vom Glauben losgelöste Vernunft gepriesen haben, eine Vernunft, die die Finsternis der religiösen Dogmatismen vertreiben, die »sakrale Welt« zerstören und so dem Menschen seine Freiheit, seine Würde und seine Unabhängigkeit von Gott zurückerstatten sollte. Die Erfahrung des letzten Jahrhunderts mit den beiden tragischen Weltkriegen hat den Fortschritt, den die unabhängige Vernunft, der Mensch ohne Gott scheinbar gewähren konnte, in eine Krise gestürzt. Im Katechismus der Katholischen Kirche heißt es: »Durch die Schöpfung ruft Gott jedes Wesen aus dem Nichts ins Dasein. [...] Selbst nachdem der Mensch durch seine Sünde die Ähnlichkeit mit Gott verloren hat, bleibt er nach dem Bilde seines Schöpfers geschaffen. Er behält das Verlangen nach Gott, der ihn ins Dasein ruft. Alle Religionen zeugen von diesem Suchen, das dem Wesen des Menschen entspricht« (Nr. 2566). Man kann sagen – wie ich in der letzten Katechese gezeigt habe –, dass es von ältester Zeit an bis heute keine große Zivilisation gab, die nicht religiös war.

Der Mensch ist seinem Wesen nach religiös, er ist »homo religiosus«, ebenso wie er »homo sapiens« und »homo faber« ist. Im Katechismus heißt es auch: »Das Verlangen nach Gott ist dem Menschen ins Herz geschrieben, denn der Mensch ist von Gott und für Gott erschaffen« (Nr. 27). Das Bild des Schöpfers ist in sein Wesen eingeprägt, und er verspürt das Bedürfnis, ein Licht zu finden, um eine Antwort auf die Fragen zu geben, die den tieferen Sinn der Wirklichkeit betreffen; diese Antwort kann er nicht in sich selbst, im Fortschritt, in der empirischen Wissenschaft finden. Der »homo religiosus« kommt nicht nur in den antiken Welten zum Vorschein; er durchschreitet die Geschichte der Menschheit. In diesem Zusammenhang sind auf dem reichen Nährboden der menschlichen Erfahrung verschiedene Formen der Religiosität entstanden, in dem Versuch, auf das Verlangen nach Erfüllung und Glück zu antworten, auf das Bedürfnis nach Heil, die Suche nach einem Sinn. Der »digitale« Mensch sucht ebenso wie der Höhlenmensch in der religiösen Erfahrung die Wege, um seine Endlichkeit zu überwinden und sein vergängliches irdisches Dasein abzusichern. Das Leben hätte im Übrigen ohne einen transzendenten Horizont keinen vollendeten Sinn, und das Glück, nach dem wir alle streben, wird spontan in die Zukunft projiziert, in ein Morgen, das erst noch kommen wird. In der Erklärung *Nostra aetate* hob das Zweite Vatikanische Konzil zusammenfassend hervor: »Die Menschen erwarten von den verschiedenen Religionen Antwort auf die ungelösten Rätsel des menschlichen Daseins, die heute wie von je die Herzen der Menschen im tiefsten bewegen: Was ist der Mensch? [Wer bin ich?] Was ist Sinn und Ziel unseres Lebens? Was ist das Gute, was die Sünde? Woher kommt das Leid, und welchen Sinn hat es? Was ist der Weg zum wahren Glück? Was ist der Tod, das Gericht und die Vergeltung nach dem Tode? Und schließlich: Was ist jenes letzte und unsagbare Geheimnis unserer Existenz, aus dem wir kommen und wohin wir gehen?« (Nr. 1).

Der Mensch weiß, dass er auf sein Grundbedürfnis nach Verstehen allein keine Antwort findet. So sehr er sich auch der Illusion hingab und immer noch hingibt, selbständig zu sein, so macht er dennoch die Erfahrung, dass er sich selbst nicht genügt. Er muss sich gegenüber einem anderen öffnen – gegenüber etwas oder jemandem –, der ihm geben kann, was ihm fehlt. Er muss aus sich selbst herauskommen und auf den zugehen, der in der Lage ist, die Weiten und Tiefen seiner Sehnsucht zu erfüllen.

Der Mensch trägt ein Verlangen nach dem Unendlichen in sich, eine Sehnsucht nach Ewigkeit, eine Suche nach Schönheit, einen Wunsch nach Liebe, ein Bedürfnis nach Licht und Wahrheit, die ihn zum Absoluten drängen; der Mensch trägt die Sehnsucht nach Gott in sich. Und der Mensch weiß irgendwie, dass er sich an Gott wenden, zu ihm beten kann. Der hl. Thomas von Aquin, einer der größten Theologen der Geschichte, bezeichnet das Gebet als »Ausdruck des

menschlichen Verlangens nach Gott«. Dieses Hingezogensein zu
Gott, das Gott selbst in den Menschen hineingelegt hat, ist die Seele
des Gebets, das dann viele Formen und Ausdrucksweisen annimmt,
wie es der Geschichte, der Zeit, dem Augenblick, der Gnade und sogar der Sünde des Beters entspricht. In der Tat hat die Geschichte
des Menschen vielerlei Formen des Gebets kennengelernt, denn er
hat verschiedene Formen der Öffnung gegenüber dem Anderen und
gegenüber dem, was uns übersteigt, entwickelt. So können wir erkennen, dass das Gebet eine in jeder Religion und Kultur vorhandene Erfahrung ist.

Das Gebet ist in der Tat nicht an einen besonderen Kontext gebunden, sondern es ist in das Herz einer jeden Person und einer jeden
Zivilisation eingeschrieben. Wenn wir vom Gebet als Erfahrung des
Menschen, des »homo orans«, an sich sprechen, dann müssen wir
uns vor Augen halten, dass es nicht nur eine Reihe von Praktiken
und Formeln, sondern vor allem eine innere Haltung ist, nicht nur
ein Durchführen von Kulthandlungen oder Sprechen von Worten,
sondern vor allem ein Dasein vor Gott. Das Gebet hat seinen Mittelpunkt und seine Wurzeln tief im Innern der Person; es ist daher
nicht leicht zu entschlüsseln und kann aus demselben Grund Miss-
verständnissen und Täuschungen unterworfen sein. Auch in diesem
Sinne können wir verstehen, was es heißt, dass Beten schwierig ist.
Das Gebet ist nämlich schlechthin Ort der Unentgeltlichkeit, des
Strebens nach dem Unsichtbaren, dem Unerwarteten und dem Un-
aussprechlichen. Die Erfahrung des Gebets ist daher für alle eine
Herausforderung, eine zu erbittende »Gnade«, ein Geschenk Gottes,
an den wir uns wenden.

In jeder geschichtlichen Epoche betrachtet der Mensch im Gebet sich
selbst und seine Lage vor Gott, von Gott her und auf Gott hingeord-
net, und er erfährt, dass er ein hilfsbedürftiges Geschöpf ist, dass er
unfähig ist, die Erfüllung seines Lebens und seiner Hoffnung selbst
herbeizuführen. Der Philosoph Ludwig Wittgenstein hat gesagt, dass
Beten bedeutet zu spüren, dass »der Sinn der Welt außerhalb ihrer
liegen muss«. In der Dynamik dieser Beziehung zu dem, der dem
Leben Sinn gibt, zu Gott, ist eine der typischen Ausdrucksformen
des Gebets die Geste des Niederkniens. Diese Geste trägt eine radikale Zwiespältigkeit in sich: Ich kann zum Niederknien gezwungen
sein – ein Zustand des Elends und der Knechtschaft –, aber ich kann
auch freiwillig niederknien und so meine Begrenztheit und mein

Bedürfnis nach einem Anderen erklären. Ihm gegenüber erkläre ich, schwach, bedürftig, ein »Sünder« zu sein. In der Erfahrung des Gebets bringt das menschliche Geschöpf das ganze Bewusstsein seiner selbst zum Ausdruck – alles, was es von seiner eigenen Existenz erfassen kann. Und gleichzeitig wendet es sein ganzes Selbst dem göttlichen Sein zu, vor dem es steht; es richtet seine Seele auf das Geheimnis aus, von dem es die Erfüllung des tiefsten Verlangens erwartet und die Hilfe, das Elend des eigenen Lebens zu überwinden. In diesem Blick auf einen Anderen, in dieser Hinwendung zur Überwindung seiner selbst liegt das Wesentliche des Gebets als Erfahrung einer Wirklichkeit, die über das sinnlich Wahrnehmbare und das Unwesentliche hinausgeht.

Das Suchen des Menschen findet jedoch nur in dem sich offenbarenden Gott seine ganze Erfüllung. Das Gebet, die Öffnung und Erhebung des Herzens zu Gott, wird so zur persönlichen Beziehung mit ihm. Und auch wenn der Mensch seinen Schöpfer vergisst, hört der lebendige und wahre Gott nie auf, als erster den Menschen zur geheimnisvollen Begegnung mit ihm im Gebet zu rufen. Im Katechismus heißt es: »Beim Beten geht diese Bewegung der Liebe des treuen Gottes zuerst von ihm aus; die Bewegung des Menschen ist immer Antwort. In dem Maß, in dem Gott sich offenbart und den Menschen sich selbst erkennen lässt, erscheint das Gebet als ein gegenseitiger Zuruf, als ein Geschehen des Bundes, das durch Worte und Handlungen das Herz mit einbezieht. Es enthüllt sich im Lauf der ganzen Heilsgeschichte« (Nr. 2567).

Wir wollen lernen, mehr vor Gott zu verweilen, vor Gott, der sich in Jesus Christus offenbart hat. Wir wollen lernen, in der Stille, in unserem Innersten seine Stimme zu erkennen, die uns ruft und uns in die Tiefen unserer Existenz, zum Ursprung des Lebens, zur Quelle des Heils zurückführt, um uns über die Begrenztheit unseres Lebens hinausgehen zu lassen und uns für Gottes Maßstäbe zu öffnen, für die Beziehung mit ihm, der unendlichen Liebe.

»Oasen« des Geistes

Zu allen Zeiten haben Männer und Frauen, die ihr Leben Gott im Gebet geweiht haben – wie die Mönche und Nonnen – ihre Gemeinschaften an besonders schönen Orten angesiedelt: auf dem Land, auf Hügeln, in Bergtälern, an Seeufern oder am Meer oder sogar auf kleinen Inseln. Diese Orte vereinen zwei für das kontemplative Leben sehr wichtige Elemente: die Schönheit der Schöpfung, die auf jene des Schöpfers verweist, und die Stille, die fernab der Städte und der großen Verkehrsadern gewährleistet ist. Ein von der Stille geprägtes Umfeld fördert die Sammlung, das Hören auf Gott und die Betrachtung am besten. Allein schon die Tatsache, die Stille zu genießen, sich von der Stille sozusagen »erfüllen« zu lassen, schenkt uns innere Bereitschaft zum Gebet. Der große Prophet Elija wohnte auf dem Berg Horeb – also dem Sinai – einem starken, heftigen Sturm bei, dann einem Erdbeben und schließlich einem Feuer, erkannte aber in ihnen nicht die Stimme Gottes. Er erkannte sie jedoch in einem sanften, leisen Säuseln (vgl. 1 Kön 19,11–13). Gott spricht in der Stille, aber man muss ihn hören können. Darum sind die Klöster Oasen, in denen Gott zur Menschheit spricht. Und in ihnen befindet sich der Kreuzgang. Er ist ein symbolischer Ort: ein geschlossener Raum, der sich jedoch zum Himmel hin öffnet.

Ich möchte an eine dieser »Oasen« des Geistes erinnern, die der Franziskanischen Familie und allen Christen besonders lieb und teuer sind: das kleine Kloster »San Damiano«, etwas unterhalb der Stadt Assisi gelegen, inmitten der Olivenhaine, die nach »Santa Maria degli Angeli« hin abfallen. Bei dieser kleinen Kirche, die Franziskus nach seiner Bekehrung wiederherstellte, siedelten Klara und ihre ersten Gefährtinnen ihre Gemeinschaft an. Sie lebten vom Gebet und von kleinen Arbeiten. Sie hießen »Arme Schwestern« und ihre »Lebensform« war dieselbe wie die der Minderbrüder: »Unseres Herrn Jesu Christi heiliges Evangelium zu beobachten« (Regel der hl. Klara, I,2), die Einigkeit der gegenseitigen Liebe zu bewahren (vgl. ebd., X,5) und insbesondere die Armut und Demut unseres Herrn Jesus Christus und seiner heiligsten Mutter zu beobachten (vgl. ebd., XII,11).

Die Stille und die Schönheit des Ortes, an dem die klösterliche Gemeinschaft lebt – eine einfache und strenge Schönheit – sind gleichsam ein Widerschein der geistlichen Harmonie, die die Gemeinschaft umzusetzen bestrebt ist. Die Welt ist mit diesen Oasen des Geistes übersät. Einige, besonders in Europa, sind sehr alt, andere jüngeren Datums, wieder andere wurden von neuen Gemeinschaften wiederhergestellt. Aus geistlicher Sicht betrachtet sind diese Orte des Geistes ein tragendes Fundament der Welt! Es ist kein Zufall, dass viele Menschen, besonders in Zeiten der Erholung, diese Orte aufsuchen und einige Tage dort verweilen: Gottlob hat auch die Seele ihre Bedürfnisse! Wir gedenken also der hl. Klara. Wir gedenken jedoch auch noch weiterer Heiliger, die uns daran erinnern, wie wichtig es ist, den Blick auf die »himmlischen Dinge« zu richten, wie die heilige Karmelitin Edith Stein, Teresia Benedicta vom Kreuz, Mitpatronin Europas. Und wir dürfen nicht den heiligen Diakon und Märtyrer Laurentius vergessen, mit besonderen guten Wünschen für die Römer, die ihn seit jeher als einen ihrer Schutzpatrone verehren. Und am Schluss wollen wir unseren Blick der Jungfrau Maria zuwenden, auf dass sie uns lehre, die Stille und das Gebet zu lieben.

Meditation: das innere Gebet

Wir befinden uns noch im Licht des Hochfestes der Aufnahme Mariens in den Himmel, das – wie ich gesagt habe – ein Fest der Hoffnung ist. Maria ist im Paradies angekommen, und das ist unsere Bestimmung: Wir alle können das Paradies erreichen. Die Frage ist: Wie? Maria ist dort angekommen; sie ist – wie es im Evangelium heißt – »die, die geglaubt hat, dass sich erfüllt, was der Herr ihr sagen ließ« (Lk 1,45). Maria hat also geglaubt, sie hat auf Gott vertraut, sie hat sich mit ihrem Willen in den Willen des Herrn hineinbegeben, und so war sie geradewegs auf dem direkten Weg, auf dem Weg zum Paradies. Glauben, auf den Herrn vertrauen, sich in seinen Willen hineinbegeben: Das ist die wesentliche Richtung.

Heute möchte ich nicht über diesen Weg des Glaubens sprechen, sondern nur über einen kleinen Aspekt des Gebetslebens, das ein Leben des Kontaktes mit Gott ist: über das betrachtende Gebet. Was ist das betrachtende Gebet? Es bedeutet, »sich zu erinnern«, was Gott getan hat, und nicht zu vergessen, was er uns Gutes getan hat (vgl. Ps 103,2b). Oft sehen wir nur die negativen Dinge; wir müssen auch die positiven Dinge im Gedächtnis behalten, die Geschenke, die Gott uns gemacht hat, auf die positiven Zeichen achten, die von Gott kommen, und sie in Erinnerung behalten.

Wir sprechen also von einer Gebetsform, die in der christlichen Überlieferung »inneres Gebet« genannt wird. Gewöhnlich kennen wir das Beten mit Worten. Natürlich müssen auch der Verstand und das Herz in diesem Gebet präsent sein. Heute aber sprechen wir über ein betrachtendes Gebet, das nicht aus Worten besteht, sondern durch das unser Verstand mit dem Herzen Gottes in Berührung kommt. Und Maria ist hier ein sehr konkretes Vorbild. Der Evangelist Lukas sagt mehrmals: Maria »bewahrte alles, was geschehen war, in ihrem Herzen und dachte darüber nach« (2,19; vgl. 2,51). Als Hüterin, die nicht vergisst, achtet sie auf alles, was der Herr ihr gesagt und getan hat, und sie denkt nach, sie tritt also in Berührung mit verschiedenen Dingen, vertieft es in ihrem Herzen.

Diejenige, die der Verkündigung des Engels »geglaubt hat« und zum Werkzeug geworden ist, damit das ewige Wort des Allerhöchsten Mensch werden konnte, hat das Wunder jener menschlich-göttlichen Geburt auch im Herzen aufgenommen, hat es betend betrachtet, hat darüber nachgedacht, was Gott in ihr wirkte, um den göttlichen Willen in ihrem Leben aufzunehmen und ihm zu entsprechen. Das Geheimnis der Menschwerdung des Sohnes Gottes und der Mutterschaft Marias ist so groß, dass es einen Prozess der Verinnerlichung verlangt. Es ist nicht nur etwas Leibliches, das Gott in ihr wirkt, sondern es verlangt eine Verinnerlichung von Seiten Marias.

Sie versucht, es tiefer zu verstehen, seinen Sinn zu deuten, seine Folgen und Auswirkungen zu verstehen. So hat Maria Tag für Tag in der Stille des täglichen Lebens die wunderbaren Ereignisse, die einander folgten, stets in ihrem Herzen bewahrt und sie bezeugt, bis hin zur höchsten Prüfung des Kreuzes und zur Herrlichkeit der Auferstehung. Maria hat ihr Leben, ihre täglichen Pflichten, ihre Sendung als Mutter in Fülle gelebt, aber sie hat sich im Innern einen Raum bewahrt, um über das Wort und über den Willen Gottes nachzudenken, über das, was in ihr geschah, über die Geheimnisse des Lebens ihres Sohnes.

In unserer Zeit werden wir von vielen Aktivitäten und Verpflichtungen, Sorgen, Problemen vereinnahmt; oft ist man geneigt, den ganzen Tag auszufüllen, ohne einen Augenblick zu haben, um innezuhalten und nachzudenken und das geistliche Leben, den Kontakt mit Gott zu nähren. Maria lehrt uns, wie notwendig es ist, in unserem Tagesablauf mit all seinen Aktivitäten Augenblicke zu finden, in denen wir uns in Stille sammeln und darüber nachdenken können, was der Herr uns lehren will, wie er in der Welt und in unserem Leben gegenwärtig ist und wirkt: fähig zu sein, einen Augenblick innezuhalten und im Gebet nachzudenken. Der hl. Augustinus vergleicht das betrachtende Gebet über die Geheimnisse Gottes mit der Nahrungsaufnahme und gebraucht ein Verb, das in der ganzen christlichen Überlieferung immer wieder auftaucht: »ruminare« (lat. wiederkäuen oder nachsinnen). Wir müssen uns die Geheimnisse Gottes immer wieder vergegenwärtigen, damit sie uns geläufig werden, unser Leben leiten, uns nähren wie die Speise, die notwendig ist, um uns zu erhalten. Und der hl. Bonaventura sagt über die Worte der Heiligen Schrift: »Man muss stets über sie nachsinnen, um sie mit brennendem Eifer im Herzen festhalten zu können« (vgl. Coll. In Hex., ed. Quaracchi 1934, S. 218). Betend betrachten bedeutet also, eine Haltung der Sammlung, der inneren Stille anzunehmen, um nachzudenken und die Geheimnisse unseres Glaubens und das, was Gott in uns wirkt, in uns aufzunehmen – und nicht nur die Dinge, die kommen und gehen. Dieses »Nachsinnen« kann in unterschiedlicher Weise geschehen.

Zum Beispiel können wir uns einen kurzen Abschnitt aus der Heiligen Schrift vornehmen, vor allem aus den Evangelien, der Apostelgeschichte, den Briefen der Apostel, oder einen Abschnitt aus einem geistlichen Autor, der uns die Wirklichkeiten Gottes näherbringt und sie unserem Heute mehr vergegenwärtigt – vielleicht auch mit dem Rat des Beichtvaters oder des geistlichen Begleiters –, lesen und über das Gelesene nachdenken, dabei verweilen und versuchen, es zu erfassen, zu verstehen, was es mir sagt, was es heute sagt, das Herz öffnen für das, was der Herr uns sagen und lehren will. Auch der Rosenkranz ist ein betrachtendes Gebet: Wenn wir das »Gegrüßet seist du, Maria« wiederholen, sind wir eingeladen, über das Geheimnis, das wir verkündet haben, nachzudenken. Aber wir können auch über eine tiefe geistliche Erfahrung nachdenken, über Worte, die sich uns bei der Teilnahme an der sonntäglichen Eucharistiefeier eingeprägt haben. Ihr seht also, es gibt viele Formen des betrachtenden Gebets, um mit Gott in Berührung zu kommen, uns Gott zu nähern und auf diese Weise auf dem Weg zum Paradies zu sein.

Die Beständigkeit, mit der wir Gott Zeit schenken, ist ein grundlegendes Element für das geistliche Wachstum. Der Herr selbst wird uns Geschmack an seinen Geheimnissen, seinen Worten, seiner Gegenwart und seinem Wirken schenken, um zu spüren, wie schön es ist, wenn Gott mit uns spricht; er wird uns tiefer verstehen lassen, was er von uns will. Letztendlich ist genau das der Zweck des betrachtenden Gebets: dass wir uns immer mehr Gottes Hand anvertrauen, mit Vertrauen und Liebe, in der Gewissheit, dass wir am Ende nur dann wirklich glücklich sind, wenn wir seinen Willen tun.

Kunst und Gebet

Ich habe bereits mehrmals in Erinnerung gerufen, wie notwendig es für jeden Christen ist, Zeit zu finden für Gott, für das Gebet, inmitten der Geschäftigkeit unseres Tagesablaufs. Der Herr selbst schenkt uns viele Gelegenheiten, an ihn zu denken. Heute möchte ich kurz bei einem der Wege verweilen, die uns zu Gott führen und die uns auch bei der Begegnung mit ihm hilfreich sein können: der Weg der Kunstwerke als Teil jener »via pulchritudinis« – des »Weges der Schönheit« –, über den ich mehrmals gesprochen habe und den der heutige Mensch in seiner tiefsten Bedeutung wiederentdecken sollte.

Vielleicht ist es euch schon einmal passiert, dass ihr angesichts einer Skulptur, eines Bildes, einiger Verse aus einem Gedicht oder eines Musikstücks eine innere Bewegtheit, eine Freude empfunden habt, dass ihr deutlich gespürt habt, dass ihr nicht nur Materie vor euch habt – ein Stück Marmor oder Bronze, eine bemalte Leinwand, eine Ansammlung von Buchstaben oder eine Anhäufung von Tönen –, sondern etwas Größeres, etwas, das »spricht«, das in der Lage ist, das Herz zu berühren, eine Botschaft zu vermitteln, den Geist zu erheben. Ein Kunstwerk ist Frucht der schöpferischen Fähigkeit des Menschen, der über die sichtbare Wirklichkeit nachdenkt, der versucht, ihren tieferen Sinn zu erfassen und ihn durch die Sprache der Formen, der Farben, der Töne zu vermitteln. Die Kunst ist fähig, das Bedürfnis des Menschen, über das Sichtbare hinauszugehen, zum Ausdruck zu bringen und sichtbar zu machen; sie offenbart das Verlangen und die Suche nach dem Unendlichen. Ja, sie ist gleichsam eine offene Tür zum Unendlichen, zu einer Schönheit und einer Wahrheit, die über das Alltägliche hinausgehen. Und ein Kunstwerk kann die Augen des Verstandes und des Herzens öffnen und uns nach oben hin ausrichten. Es gibt jedoch Kunstwerke, die wahre Wege zu Gott, der erhabensten Schönheit, sind – ja, die sogar dabei helfen können, in der Beziehung mit ihm, im Gebet zu wachsen. Es handelt sich um die Werke, die aus dem Glauben heraus entstehen und die den Glauben zum Ausdruck bringen.

Ein Beispiel wird uns gegeben, wenn wir eine gotische Kathedrale besuchen: Wir sind hingerissen von den vertikalen Linien, die sich zum Himmel erheben und die unseren Blick und unseren Geist in die Höhe richten, während wir uns zur selben Zeit klein fühlen oder nach Fülle verlangen ... Oder wenn wir in eine romanische Kirche eintreten: Wir sind sofort zur Sammlung und zum Gebet eingeladen. Wir spüren, dass in diesen wunderbaren Bauwerken gleichsam der Glaube von Generationen enthalten ist. Oder wenn wir ein Stück Kirchenmusik hören, das die Saiten unseres Herzens zum Schwingen bringt: Unser Herz wird gleichsam erweitert, und es kann sich leichter an Gott wenden. Ich erinnere mich an ein Konzert mit Musik von Johann Sebastian Bach in München unter der Leitung von Leonard Bernstein. Am Ende des letzten Stücks, einer der Kantaten, spürte ich, nicht durch Überlegung, sondern im tiefsten Herzen, dass das, was ich gehört hatte, mir Wahrheit vermittelt hatte, die Wahrheit des allerhöchsten Komponisten, und es drängte mich, Gott zu danken. Neben mir saß der bayerische lutherische Landesbischof, und ich sagte unvermittelt zu ihm: »Wenn man das hört, dann versteht man: Das ist wahr. Wahr ist der so starke Glaube und die Schönheit, die die Gegenwart der Wahrheit Gottes unwiderstehlich zum Ausdruck bringt.« Wie oft spornen uns doch Bilder oder Fresken, Frucht des Glaubens des Künstlers, durch ihre Formen, ihre Farben, ihr Licht an, die Gedanken Gott zuzuwenden, und lassen in uns das Verlangen wachsen, aus dem Quell aller Schönheit zu schöpfen. Ein großer Künstler, Marc Chagall, hat geschrieben, dass die Maler ihren Pinsel jahrhundertelang in jenes bunte Alphabet getaucht haben, das die Bibel ist. Wie oft können also Kunstwerke für uns Gelegenheiten sein, an Gott zu denken, können sie unser Gebet oder auch die Umkehr des Herzens unterstützen! Als Paul Claudel, ein berühmter französischer Dichter, Dramaturg und Diplomat 1886 in der Basilika »Notre Dame« in Paris während der Weihnachtsmesse den Gesang des »Magnifikat« hörte, spürte er die Gegenwart Gottes. Er war nicht aus Glaubensgründen in die Kirche gegangen, sondern er war dorthin gegangen, um Argumente gegen die Christen zu suchen. Stattdessen wirkte jedoch Gottes Gnade in seinem Herzen. Ich lade euch ein, die Bedeutung dieses Weges auch für das Gebet, für unsere lebendige Beziehung zu Gott neu zu entdecken. Die Städte und Dörfer in aller Welt enthalten Kunstschätze, die den Glauben zum Ausdruck bringen und uns auffordern, in Beziehung zu Gott zu treten. Der Besuch von Stätten der Kunst möge daher nicht nur Gelegenheit zur kulturellen Bereicherung sein – das auch –, sondern er möge vor allem zu einem Augenblick der Gnade werden und uns anspornen, unsere Verbindung und unseren Dialog mit dem Herrn zu festigen und innezuhalten, um – im Übergang von der einfachen äußeren Wirklichkeit zur tieferen Wirklichkeit, die darin zum Ausdruck kommt – den Strahl der Schönheit zu betrachten, der uns berührt, uns gleichsam im Innersten »verwundet« und uns einlädt, zu Gott aufzusteigen. Ich schließe mit dem Gebet eines Psalms, Psalm 27: »Nur eines erbitte ich vom Herrn, danach verlangt mich: Im Haus des Herrn zu wohnen alle Tage meines Lebens, die Freundlichkeit des Herrn zu schauen und nachzusinnen in seinem Tempel« (V. 4). Hoffen wir, dass der Herr uns helfen möge, seine Freundlichkeit, seine Schönheit zu schauen, sowohl in der Natur als auch in den Kunstwerken, auf dass wir berührt werden vom Licht seines Antlitzes, damit auch wir Licht für unseren Nächsten sein können.

DAS GEBET IM ALTEN TESTAMENT

Die Fürbitte Abrahams für Sodom (Gen 18,16−33)

In den ersten beiden Kapiteln haben wir über das Gebet als universales Phänomen nachgedacht, das − wenn auch in unterschiedlichen Formen − in den Kulturen aller Zeiten vorhanden ist. In diesem Kapitel möchte ich dagegen einen biblischen Zyklus zu diesem Thema beginnen, der uns dahin führen wird, den Dialog des Bundes zwischen Gott und dem Menschen, der die Heilsgeschichte beseelt, zu vertiefen − bis zum Höhepunkt, dem endgültigen Wort, Jesus Christus. Auf diesem Weg werden wir bei einigen wichtigen Texten und beispielhaften Gestalten des Alten und des Neuen Testaments verweilen. Abraham, der große Patriarch, Vater aller Glaubenden (vgl. Röm 4,11−12.16−17), wird uns ein erstes Beispiel für das Gebet bieten, in der Episode seiner Fürbitte für die Städte Sodom und Gomorra. Zudem möchte ich euch einladen, euch den Weg, den wir in den kommenden Katechesen beschreiten werden, zunutze zu machen, um die Bibel, von der ich hoffe, dass ihr sie zu Hause habt, besser kennenzulernen, während der Woche darin zu lesen und im Gebet darüber nachzudenken, um die wunderbare Geschichte der Beziehung zwischen Gott und dem Menschen kennenzulernen, zwischen Gott, der sich uns mitteilt, und dem Menschen, der antwortet, der betet.

Der erste Text, über den wir nachdenken wollen, findet sich im 18. Kapitel des Buches Genesis. Es wird berichtet, dass die Bosheit der Einwohner von Sodom und Gomorra den Gipfel erreicht und ein Eingreifen Gottes notwendig gemacht hatte, um einen Akt der Gerechtigkeit zu vollbringen und durch die Vernichtung jener Städte dem Bösen Einhalt zu gebieten. Hier tritt Abraham mit seiner Fürbitte auf den Plan. Gott entschließt sich, ihm zu offenbaren, was geschehen soll, und lässt ihn die Schwere der Sünde und ihre schrecklichen Folgen erkennen, denn Abraham ist sein Auserwählter. Er wurde erwählt, um ein großes Volk zu werden und der ganzen Welt den göttlichen Segen zu bringen. Seine Sendung ist eine Heilssendung, die auf die Sünde antworten soll, die in die Wirklichkeit des Menschen eingedrungen ist; durch ihn will der Herr die Menschheit zum Glauben, zum Gehorsam, zur Gerechtigkeit zurückführen. Und jetzt öffnet sich dieser Freund Gottes gegenüber der Wirklichkeit und der Not der Welt; er betet für jene, die bestraft werden sollen, und bittet, dass sie gerettet werden mögen.

Abraham erfasst das Problem sofort in all seiner Schwere und sagt zum Herrn: »Willst du auch den Gerechten mit den Ruchlosen wegraffen? Vielleicht gibt es fünfzig Gerechte in der Stadt: Willst du auch sie wegraffen und nicht doch dem Ort vergeben wegen der fünfzig Gerechten dort? Das kannst du doch nicht tun, die Gerechten zusammen mit den Ruchlosen umbringen. Dann ginge es ja dem Gerechten genauso wie dem Ruchlosen. Das kannst du doch nicht tun. Sollte sich der Richter über die ganze Erde nicht an das Recht halten?« (V. 23–25). Mit diesen Worten führt Abraham Gott mit großem Mut die Notwendigkeit vor Augen, eine oberflächliche Gerechtigkeit zu vermeiden: Wenn die Stadt schuldig ist, dann ist es richtig, ihr Vergehen zu verdammen und die Strafe zu verhängen. Es wäre jedoch – so der große Patriarch – ungerecht, alle Bewohner wahllos zu bestrafen. Wenn es in der Stadt Unschuldige gibt, dann können diese nicht wie die Schuldigen behandelt werden. Gott als gerechter Richter kann das nicht tun, sagt Abraham zu Recht zu Gott.

Wenn wir den Text jedoch aufmerksamer lesen, dann merken wir, dass Abrahams Bitte noch ernsthafter und tiefgreifender ist, denn er beschränkt sich nicht darauf, um die Rettung der Unschuldigen zu bitten. Abraham bittet um Vergebung für die ganze Stadt, und er tut dies, indem er an Gottes Gerechtigkeit appelliert. Er sagt nämlich zum Herrn: »Willst du ... nicht doch dem Ort vergeben wegen der fünfzig Gerechten dort?« (V. 24b). So bringt er eine neue Auffassung von Gerechtigkeit ins Spiel: nicht jene, die sich darauf beschränkt, die Schuldigen zu bestrafen, wie die Menschen es tun, sondern eine andere, göttliche Gerechtigkeit, die das Gute sucht und es durch die Vergebung hervorbringt, die den Menschen verwandelt, ihn zur Umkehr führt und ihn rettet. Mit seinem Gebet bittet Abraham also nicht um eine rein vergeltende Gerechtigkeit, sondern um ein rettendes Eingreifen, das auf die Unschuldigen Rücksicht nimmt und dadurch auch die Bösen von der Schuld befreit, indem er ihnen vergibt. Man könnte Abrahams Gedankengang, der fast paradox erscheint, so zusammenfassen: Natürlich kann man die Schuldigen nicht wie die Unschuldigen behandeln; das wäre ungerecht. Vielmehr muss man die Schuldigen wie die Unschuldigen behandeln, indem man »höhere« Gerechtigkeit walten lässt und ihnen eine Möglichkeit der Rettung anbietet, denn wenn die Bösen Gottes Vergebung annehmen, ihre Schuld bekennen und sich retten lassen, dann werden sie nichts Böses mehr tun und ebenfalls gerecht werden, so dass es nicht mehr nötig sein wird, sie zu bestrafen.

Diese Bitte um Gerechtigkeit bringt Abraham in seiner Fürsprache zum Ausdruck: eine Bitte, die in der Gewissheit gründet, dass der Herr barmherzig ist. Abraham bittet Gott nicht um etwas, das seinem Wesen entgegensteht; er appelliert an Gottes Herz und kennt seinen wahren Willen. Freilich ist Sodom eine große Stadt, fünfzig Gerechte scheinen wenig zu sein. Aber offenbaren Gottes Gerechtigkeit und seine Vergebung etwa nicht die Kraft des Guten, auch wenn es kleiner und schwächer als das Böse zu sein scheint? Die Vernichtung von Sodom sollte das in der Stadt vorhandene Böse aufhalten, aber Abraham weiß, dass Gott andere Wege und andere Mittel hat, um der Verbreitung des Bösen Einhalt zu gebieten. Die Vergebung unterbricht die Spirale der Sünde, und genau darauf beruft sich Abraham in seinem Gespräch mit Gott. Und als der Herr sich darauf einlässt, der Stadt zu vergeben, wenn sich fünfzig Gerechte darin finden, steigt er mit seiner Fürsprache in die tiefsten Gründe der göttlichen Barmherzigkeit hinab. Wir erinnern uns, dass Abraham die Zahl der Unschuldigen, die für die Rettung nötig sind, nach und nach verringert: Wenn es nicht fünfzig sind, dann genügen vielleicht fünfundvierzig, und dann geht er immer weiter hinunter bis zu zehn und setzt sein inständiges Gebet fort, das in seiner Beharrlichkeit beinahe wagemutig wird: »Vielleicht finden sich dort nur vierzig ... dreißig ... zwanzig ... zehn« (V. 29.30.31.32). Und je geringer die Zahl wird, als desto größer offenbart und zeigt sich die Barmherzigkeit Gottes, der das Gebet geduldig anhört, es erhört und bei jeder Bitte wiederholt: Ich werde »vergeben ... Ich werde sie nicht vernichten ... Ich werde es nicht tun« (V. 26.28.29.30.31.32).

So wird Sodom auf Abrahams Fürsprache hin gerettet werden können, wenn sich in der Stadt auch nur zehn Gerechte finden. Das ist die Kraft des Gebets. Denn durch die Fürsprache, die an Gott gerichtete Bitte um die Rettung der anderen, kommt der Heilswille zum Ausdruck, den Gott stets gegenüber dem sündigen Menschen hat. Das Böse darf nicht angenommen werden; es muss aufgezeigt und durch die Strafe vernichtet werden: Die Vernichtung von Sodom hatte genau diese Funktion. Aber der Herr will nicht den Tod des Sünders, sondern dass er umkehrt und lebt (vgl. Ez 18,23; 33,11); er hat immer die Sehnsucht zu vergeben, zu retten, Leben zu schenken, Böses in Gutes zu verwandeln. Und diese göttliche Sehnsucht wird im Gebet zur Sehnsucht des Menschen und kommt durch die Worte der Fürbitte zum Ausdruck. Durch sein inständiges Gebet verleiht Abraham dem göttlichen Willen seine Stimme, aber auch sein Herz: Die Sehnsucht Gottes ist Barmherzigkeit, Liebe und Heilswille, und diese Sehnsucht Gottes konnte in Abraham und in seinem Gebet in der Geschichte des Menschen konkret offenbar werden, um dort vorhanden zu sein, wo es der Gnade bedarf. Durch die Stimme seines Gebets verleiht Abraham Gottes Sehnsucht seine Stimme – einer Sehnsucht, die nicht darauf ausgerichtet ist, Sodom zu vernichten, sondern es zu retten und dem bekehrten Sünder Leben zu schenken. Das ist es, was der Herr will, und sein Gespräch mit Abraham ist eine lange und eindeutige Offenbarung seiner barmherzigen Liebe. Der Anspruch, gerechte Menschen in der Stadt zu finden, wird immer geringer, und am Ende würden zehn genügen, um die gesamte Bevölkerung zu retten. Aus welchem Grund Abraham bei zehn aufhört, geht aus dem Text nicht hervor. Vielleicht entspricht diese Zahl dem Minimum für eine Gemeinschaft (noch heute sind zehn Personen das notwendige Quorum für das öffentliche jüdische Gebet). Jedenfalls handelt es sich um eine verschwindend geringe Zahl, ein winziges Teilchen an Gutem, von dem die Rettung aus einem großen Übel ausgehen kann. Aber nicht einmal zehn Gerechte fanden sich in Sodom und Gomorra, und die Städte wurden vernichtet. Die Notwendigkeit dieser Vernichtung wird paradoxerweise gerade durch Abrahams Fürbitte bezeugt. Denn gerade diese Bitte hat Gottes Heilswillen offenbart: Der Herr war bereit zu vergeben, er verlangte danach, es zu tun, aber die Städte waren in einem allumfassenden, lähmenden Übel verschlossen, und es gab nicht einmal einige wenige Unschuldige, von denen die Verwandlung des Bösen in Gutes ausgehen konnte. Denn genau das ist der Heilsweg, um den auch Abraham bat: Rettung bedeutet nicht einfach, der Strafe zu entkommen, sondern von dem Bösen befreit zu werden, das in uns wohnt. Nicht die Strafe muss getilgt werden, sondern die Sünde, die Ablehnung Gottes und der Liebe, die die Strafe bereits in sich trägt. Der Prophet Jeremia wird zum abtrünnigen Volk sagen: »Dein böses Tun straft dich, deine Abtrünnigkeit klagt dich an. So erkenne doch und sieh ein, wie schlimm und bitter es ist, den Herrn, deinen Gott, zu verlassen« (Jer 2,19).

Aus dieser Traurigkeit und Bitternis will der Herr den Menschen retten, indem er ihn von der Sünde befreit. Aber es bedarf dafür einer Verwandlung von innen heraus, einen Punkt, an dem das Gute ansetzen kann, einen Anfang, von dem aus das Böse in Gutes, Hass in Liebe, Rache in Vergebung verwandelt werden können. Darum müssen die Gerechten in der Stadt sein, und Abraham sagt immer wieder: »Vielleicht finden sich dort ...«. »Dort«: Innerhalb der kranken Wirklichkeit muss sich der Keim des Guten befinden, der heilen und wieder Leben schenken kann. Dieses Wort ist auch an uns gerichtet: dass sich in unseren Städten der Keim des Guten finde; dass wir alles tun, damit es nicht nur zehn Gerechte gibt, um unsere Städte wirklich leben und überleben zu lassen und uns aus dieser inneren Bitternis zu retten, die in der Abwesenheit Gottes besteht. Und in der kranken Wirklichkeit von Sodom und Gomorra fand sich dieser Keim des Guten nicht. Aber die Barmherzigkeit Gottes in der Geschichte seines Volkes wird noch größer. Zwar bedurfte es zehn Gerechter, um Sodom zu retten, aber der Prophet Jeremia wird im Namen des Allmächtigen sagen, dass ein einziger Gerechter genügt, um Jerusalem zu retten: »Zieht durch Jerusalems Straßen, / schaut genau hin und forscht nach, sucht auf seinen Plätzen, ob ihr einen findet, / ob da einer ist, der Recht übt und auf Treue bedacht ist: / Dann will ich der Stadt verzeihen« (5,1). Die Zahl ist weiter gesunken, Gottes Güte erweist sich als noch größer. Dennoch genügt es immer noch nicht, die überreiche Barmherzigkeit Gottes findet nicht die Antwort des Guten, nach dem sie sucht, und Jerusalem ist unter die Belagerung des Feindes gefallen. Gott selbst muss dieser Gerechte werden. Das ist das Geheimnis der Menschwerdung: Um einen Gerechten zu gewährleisten, wird er selbst Mensch. Den Gerechten wird es immer geben, weil er es ist: Gott selbst muss jedoch zu diesem Gerechten werden. Die unendliche und wunderbare göttliche Liebe wird vollkommen offenbar, wenn der Sohn Gottes Mensch wird, der endgültige Gerechte, der vollkommen Unschuldige, der der ganzen Welt das Heil bringen wird, indem er am Kreuz stirbt und denen vergibt, die »nicht wissen, was sie tun« (vgl. Lk 23,34), und für sie bittet. Dann wird das Gebet eines jeden Menschen seine Antwort finden, dann wird all unser Bitten in Fülle erhört werden.

Das inständige Gebet Abrahams, unseres Vaters im Glauben, möge uns lehren, unser Herz immer mehr für die überreiche Barmherzigkeit Gottes zu öffnen, damit wir im täglichen Gebet nach dem Heil der Menschheit verlangen und den Herrn, der reich ist an Gnade, mit Beharrlichkeit und Vertrauen darum bitten können.

Nächtlicher Zweikampf und Begegnung mit Gott (Gen 32,23–33)

In diesem Kapitel möchte ich mit euch über einen Text aus dem Buch Genesis nachdenken, der eine ganz besondere Episode aus der Geschichte des Stammvaters Jakob wiedergibt. Die Auslegung dieses Abschnitts ist nicht einfach, aber er ist für unser Glaubens- und Gebetsleben wichtig. Es handelt sich um den Bericht vom Kampf mit Gott an der Furt des Jabbok.

Sicher erinnert ihr euch, dass Jakob seinem Zwillingsbruder Esau das Erstgeburtsrecht im Tausch gegen einen Teller Linsen entzogen und dann mit einer List dem bereits sehr alten Vater Isaak seinen Segen entlockt hatte, indem er seine Blindheit ausnutzte. Um dem Zorn Esaus zu entkommen, hatte er bei einem Verwandten, Laban, Zuflucht genommen; er hatte geheiratet, Reichtum erworben und kehrte jetzt in seine Heimat zurück, wo er bereit war, seinem Bruder gegenüberzutreten, nachdem er einige Vorsichtsmaßnahmen getroffen hatte. Aber als schon alles für diese Begegnung bereit ist und seine Begleiter die Furt des Flusses, der Esaus Gebiet begrenzte, überquert hatten, wird Jakob, der allein zurückgeblieben ist, plötzlich von einem Unbekannten angegriffen, der die ganze Nacht mit ihm ringt. Dieser Zweikampf – den wir im 32. Kapitel des Buches Genesis finden – wird für ihn zu einer einzigartigen Gotteserfahrung.

Die Nacht ist die günstigste Zeit, um im Verborgenen zu handeln, also die beste Zeit für Jakob, um das Gebiet seines Bruders zu betreten, ohne gesehen zu werden und vielleicht mit der Illusion, Esau zu überrumpeln. Aber jetzt wird er selbst von einem unvorhergesehenen Angriff überrascht, auf den er nicht vorbereitet war. Er hatte seine Klugheit gebraucht, um sich einer gefährlichen Situation zu entziehen. Er dachte, er könnte alles unter Kontrolle haben, muss sich jedoch jetzt einem mysteriösen Kampf stellen, der in der Einsamkeit und ohne die Möglichkeit, eine angemessene Verteidigung zu organisieren, über ihn kommt. Wehrlos, in der Nacht, kämpft der Stammvater Jakob mit jemandem. Der Text gibt die Identität des Angreifers nicht preis. Er gebraucht einen hebräischen Begriff, der ganz allgemein »ein Mann« bedeutet, »einer, jemand«: eine vage, unbestimmte Beschreibung, die den Angreifer gewollt im Geheimen belässt. Es ist finster, Jakob kann seinen Gegner nicht genau sehen, und auch dem Leser – uns – bleibt er unbekannt; jemand widersetzt sich dem Stammvater, das ist das einzig Sichere, das vom Erzähler mitgeteilt wird. Erst am Ende, als der Kampf schon vorüber und dieser »jemand« verschwunden ist, erst dann wird Jakob ihn beim Namen nennen und wird sagen können, dass er mit Gott gerungen hat. Die Episode spielt sich also in der Finsternis ab, und nicht nur die Identität von Jakobs Angreifer lässt sich schwer ausmachen, sondern auch der Verlauf des Kampfes. Beim Lesen des Abschnitts lässt sich schwerlich sagen, wer von beiden gewinnt; die Verben, die verwandt werden, haben oft kein bestimmtes Objekt, und der Handlungsverlauf ist beinahe widersprüchlich: Wenn man meint, dass einer von beiden gewinnt, so wird dies durch die nächste Handlung sofort dementiert und der andere als Sieger dargestellt. Zu Beginn scheint Jakob der Stärkere zu sein, und der Gegner – so der Text – konnte »ihm nicht beikommen« (V. 26); dennoch schlug er Jakob aufs Hüftgelenk, und sein Hüftgelenk renkte sich aus. Man sollte also meinen, dass Jakob unterliegt, aber wiederum bittet der andere ihn, ihn loszulassen. Der Stammvater weigert sich und stellt eine Bedingung: »Ich lasse dich nicht los, wenn du mich nicht segnest« (V. 27). Er, der seinen Bruder um den Segen des Erstgeborenen betrogen hatte, verlangt diesen Segen nun von dem Unbekannten, dessen Göttlichkeit er vielleicht allmählich wahrzunehmen beginnt, noch ohne ihn jedoch wirklich zu erkennen.

Der Rivale, der von Jakob festgehalten wird und daher besiegt zu sein scheint, beugt sich der Forderung des Stammvaters jedoch nicht, sondern fragt ihn nach seinem Namen: »Wie heißt du?« Und der Stammvater antwortet: »Jakob« (V. 28). Hier nimmt der Kampf eine wichtige Wende. Den Namen von jemandem zu kennen, kommt nämlich einer Art Macht über die Person gleich, denn der biblischen Auffassung zufolge enthält der Name die tiefste Wirklichkeit des Individuums; er enthüllt sein Geheimnis und seine Bestimmung. Den Namen zu kennen bedeutet also, die Wahrheit des anderen zu kennen und ihn so beherrschen zu können. Als Jakob auf die Bitte des Unbekannten hin seinen Namen preisgibt, gibt er sich also in die Hände des Gegners: Es ist eine Art Kapitulation, eine Form der völligen Übergabe seiner selbst an den anderen.

Aber in dieser Geste der Kapitulation geht paradoxerweise auch Jakob als Sieger hervor, denn er erhält einen neuen Namen und gleichzeitig die Zuerkennung des Sieges von Seiten des Gegners, der zu ihm sagt: »Nicht mehr Jakob wird man dich nennen, sondern Israel (Gottesstreiter), denn mit Gott und Menschen hast du gestritten und hast gewonnen« (V. 29). Der Name »Jakob« erinnerte an die problematische Herkunft des Stammvaters, denn auf Hebräisch erinnert er an den Begriff »Ferse« und verweist den Leser auf den Augenblick der Geburt Jakobs: Als er aus dem Mutterleib kam, hielt seine Hand die Ferse seines Zwillingsbruders fest (vgl. Gen 25,26), gleichsam eine Vorausnahme der Tatsache, dass er seinen Bruder im Erwachsenenalter zu dessen Schaden übergehen sollte; aber im Namen Jakob klingt auch das Verb »betrügen, verdrängen« an. Jetzt im Kampf offenbart der Stammvater seinem Gegner durch eine Geste der Übergabe und der Kapitulation die eigene Wirklichkeit als Betrüger, als Verdränger; aber der andere, Gott, verwandelt dieses Negative in etwas Positives: Jakob, der Betrüger, wird zu Israel, ihm wird ein neuer Name geschenkt, der eine neue Identität bezeichnet. Aber auch hier behält der Bericht seine gewollte Zweideutigkeit, denn die wahrscheinlichste Bedeutung des Namens Israel ist »Gott ist stark, Gott siegt«.

Jakob hat also gesiegt, er hat gewonnen – der Gegner selbst sagt das –, aber seine neue Identität, die er vom Gegner selbst erhalten hat, bestätigt und bezeugt den Sieg Gottes. Und als Jakob seinerseits nach dem Namen seines Gegners fragt, weigert sich dieser, ihn preiszugeben. Vielmehr offenbart er sich durch eine unmissverständliche Geste, indem er den Segen erteilt. Jener Segen, den der Stammvater zu Beginn des Kampfes erbeten hatte, wird ihm jetzt gewährt. Und es ist nicht der durch eine List erschlichene, sondern der von Gott unentgeltlich geschenkte Segen, den Jakob empfangen kann. So kann der Stammvater am Ende des Kampfes, als er den Segen empfangen hat, endlich den anderen erkennen, den Gott des Segens. Er sagt: »Ich habe Gott von Angesicht zu Angesicht gesehen und bin doch mit dem Leben davongekommen« (V. 31). Jetzt kann er die Furt überqueren – als Träger eines neuen Namens, aber von Gott »besiegt« und für immer gezeichnet: Er hinkt aufgrund der Verletzung, die ihm zugefügt wurde.

Die Bibelexegese hat vielfältige Erklärungen zu diesem Abschnitt: Insbesondere erkennen die Gelehrten in ihm unterschiedliche Erzählabsichten und literarische Bestandteile, ebenso wie Hinweise auf eine volkstümliche Legende. Aber wenn diese Elemente von den biblischen Autoren übernommen und in die Erzählung eingefügt werden, ändern sie ihre Bedeutung, und der Text öffnet sich auf größere Dimensionen hin. So stellt sich die Episode des Kampfes am Jabbok dem Gläubigen als gleichnishafter Text dar, in dem das Volk Israel über den eigenen Ursprung spricht und die Grundzüge einer besonderen Beziehung zwischen Gott und dem Menschen aufzeigt. Im Katechismus der Katholischen Kirche heißt es: »Die geistliche Überlieferung der Kirche hat darin [in diesem Text] ein Sinnbild des Gebetes gesehen, insofern dieses ein Glaubenskampf und ein Sieg der Beharrlichkeit ist« (Nr. 2573). Der biblische Text spricht zu uns über die lange Nacht der Suche nach Gott, über das Ringen, seinen Namen kennenzulernen und sein Angesicht zu sehen; es ist die Nacht des Gebets, das mit Ausdauer und Beharrlichkeit von Gott den Segen und einen neuen Namen erbittet, eine neue Wirklichkeit, die Frucht der Bekehrung und der Vergebung ist. Jakobs Nacht an der Furt des Jabbok wird so für den Gläubigen zu einem Bezugspunkt, um die Beziehung zu Gott zu verstehen, die im Gebet ihren höchsten Ausdruck findet. Das Gebet verlangt Vertrauen, Nähe, gleichsam in einem sinnbildlichen Zweikampf nicht mit einem feindlichen, gegnerischen Gott, sondern mit einem segnenden Herrn, der stets geheimnisvoll bleibt und unerreichbar erscheint. Daher gebraucht der biblische Autor das Sinnbild des Ringens, das Mut, Beharrlichkeit, Ausdauer erfordert, um das zu erlangen, wonach man sich sehnt. Und wenn der Gegenstand der Sehnsucht die Beziehung zu Gott, sein Segen und seine Liebe ist, dann kann der Höhepunkt des Kampfes nur die Selbsthingabe an Gott sein, in der Anerkennung der eigenen Schwäche, die gerade dann siegt, wenn sie sich in die barmherzigen Hände Gottes gibt.

Unser ganzes Leben ist wie diese lange Nacht des Ringens und des Gebets, im Sehnen und im Gebet um einen Segen von Gott, den man nicht aus eigener Kraft an sich reißen oder gewinnen kann, sondern den man mit Demut von Gott empfangen muss, als unentgeltliches Geschenk, durch das man schließlich das Angesicht des Herrn erkennen kann. Und wenn das geschieht, dann ändert sich unsere ganze Wirklichkeit, dann empfangen wir einen neuen Namen und den Segen Gottes. Und mehr noch: Jakob, der einen neuen Namen empfängt, wird zu Israel und gibt auch dem Ort, an dem er mit Gott gerungen, zu ihm gebetet hat, einen neuen Namen: Er nennt ihn »Penuël«, was »Gottesgesicht« bedeutet. Durch diesen Namen erkennt er an, dass der Ort von der Gegenwart des Herrn erfüllt ist, und so heiligt er jenes Land, indem er ihm die Erinnerung an jene geheimnisvolle Begegnung mit Gott gleichsam aufprägt. Er, der sich von Gott segnen lässt, liefert sich ihm aus, lässt sich von ihm verwandeln, schenkt der Welt den Segen. Der Herr helfe uns, den guten Kampf des Glaubens zu kämpfen (vgl. 1 Tim 6,12; 2 Tim 4,7) und in unserem Gebet um seinen Segen zu bitten, damit er uns erneuert in der Erwartung, sein Angesicht zu schauen.

Die Fürbitte des Mose für das Volk (Ex 32,7–14)

Beim Lesen des Alten Testaments tritt eine Gestalt unter den anderen besonders hervor: die des Mose, und zwar als Mann des Gebets. Mose, der große Prophet, der das Volk aus Ägypten herausgeführt hat, hat seine Funktion als Mittler zwischen Gott und Israel ausgeübt, indem er beim Volk zum Träger der göttlichen Worte und Gebote geworden ist. So hat er es zur Freiheit des gelobten Landes geführt, indem er die Israeliten gelehrt hat, während des langen Aufenthalts in der Wüste im Gehorsam und im Glauben gegenüber Gott zu leben, aber auch – und ich würde sagen: vor allem –, indem er gebetet hat. Er betet für den Pharao, als Gott durch die Plagen das Herz der Ägypter zu bekehren sucht (vgl. Ex 8–10); er bittet den Herrn um die Heilung seiner Schwester Mirjam, die vom Aussatz befallen ist (vgl. Num 12,9–13); er hält Fürsprache für das Volk, das durch den Bericht der Kundschafter verängstigt ist und aufbegehrt (vgl. Num 14,1–19), er betet, als das Feuer das Lager zu verschlingen droht (vgl. Num 11,1–2) und als Giftschlangen viele Menschen töten (vgl. Num 21,4–9); er wendet sich an den Herrn und protestiert, als die Last seiner Sendung zu schwer geworden ist (vgl. Num 11,10–15); er sieht Gott und spricht mit ihm »wie ein Freund von Gesicht zu Gesicht« (vgl. Ex 24,9–17; 33,7–23; 34,1–10.28–35).

Auch als das Volk am Sinai Aaron bittet, das goldene Kalb zu machen, betet Mose und bringt seine Funktion als Fürsprecher deutlich zum Ausdruck. Die Episode wird im 32. Kapitel des Buches Exodus wiedergegeben und hat einen Parallelbericht im 9. Kapitel des Deuteronomium. Bei dieser Episode möchte ich in der heutigen Katechese verweilen, und insbesondere beim Gebet des Mose, von dem das Buch Exodus berichtet. Das Volk Israel befand sich am Fuß des Berges Sinai, als Mose auf dem Berg in Erwartung der Übergabe der Tafeln des Bundes 40 Tage und 40 Nächte lang fastete (vgl. Ex 24,18; Dtn 9,9). Die Zahl 40 hat symbolische Bedeutung und verweist auf die Ganzheitlichkeit der Erfahrung, während durch das Fasten angezeigt wird, dass das Leben von Gott kommt, dass er es ist, der es erhält. Das Essen bedeutet nämlich die Nahrungsaufnahme, die uns erhält; daher kommt dem Fasten, dem Verzicht auf Nahrung, in diesem Fall eine religiöse Bedeutung zu: Es verweist darauf, dass der Mensch nicht nur von Brot lebt, sondern von allem, was der Mund des Herrn spricht (vgl. Dtn 8,3). Indem er fastet, zeigt Mose, dass er auf das göttliche Gesetz als Quelle des Lebens wartet: Dieses offenbart den Willen Gottes und nährt das Herz des Menschen. Es lässt ihn einen Bund mit dem Allerhöchsten eingehen, mit dem Quell des Lebens, dem Leben selbst.

Aber während der Herr auf dem Berg dem Mose das Gesetz übergibt, übertritt das Volk am Fuß des Berges dieses Gesetz. Unfähig, das Warten und die Abwesenheit des Mittlers auszuhalten, fordern die Israeliten Aaron auf: »Mach uns Götter, die vor uns herziehen. Denn dieser Mose, der Mann, der uns aus Ägypten heraufgebracht hat – wir wissen nicht, was mit ihm geschehen ist« (Ex 32,1). Das Volk, des Umherziehens mit einem unsichtbaren Gott müde, verlangt jetzt, da auch Mose, der Mittler, verschwunden ist, nach einer konkreten, greifbaren Präsenz des Herrn und findet im Kalb aus gegossenem Metall, das Aaron herstellt, einen Gott, der zu ihnen passt, der steuerbar und für den Menschen erreichbar ist. Dies ist eine Versuchung, die den Glaubensweg stets begleitet: sich dem göttlichen Geheimnis zu entziehen, indem man einen verständlichen Gott schafft, der den eigenen Vorstellungen, den eigenen Plänen entspricht. Das Geschehen am Sinai zeigt die ganze Torheit und die illusorische Eitelkeit dieses Anspruchs auf, denn – wie es im Psalm 106 ironisch heißt – »die Herrlichkeit Gottes tauschten sie ein / gegen das Bild eines Stieres, der Gras frisst« (Ps 106,20). Daher reagiert der Herr: Er gebietet dem Mose, vom Berg herabzusteigen, offenbart ihm das Treiben des Volkes und schließt mit diesen Worten: »Jetzt lass mich, damit mein Zorn gegen sie entbrennt und sie verzehrt. Dich aber will ich zu einem großen Volk machen« (Ex 32,10). Wie Abraham im Zusammenhang mit Sodom und Gomorra, so offenbart Gott auch jetzt dem Mose, was er zu tun beabsichtigt, gleichsam als wollte er nicht ohne seine Zustimmung handeln (vgl. Am 3,7). Er sagt: »Lass mich, damit mein Zorn gegen sie entbrennt.« In Wirklichkeit wird dieses »lass mich, damit mein Zorn gegen sie entbrennt« eben deshalb gesagt, damit Mose eingreift und ihn bittet, es nicht zu tun. So wird offenbar, dass Gottes Wille stets auf das Heil ausgerichtet ist. Wie im Falle der beiden Städte zur Zeit Abrahams weisen Bestrafung und Vernichtung, in denen Gottes Zorn als Zurückweisung des Bösen zum Ausdruck kommt, auf die Schwere der begangenen Sünde hin; und gleichzeitig soll die Bitte des Fürsprechers den Vergebungswillen des Herrn zum Ausdruck bringen. Das ist Gottes Heil, das die Barmherzigkeit einschließt und gleichzeitig die Wahrhaftigkeit der Sünde, des Bösen, das existiert, anklagt. Der Sünder kann, wenn er sein Übel erkannt und zurückgewiesen hat, sich von Gott vergeben und verwandeln lassen. So lässt das Fürsprachegebet in der verdorbenen Wirklichkeit des sündigen Menschen die göttliche Barmherzigkeit tätig werden, die in der Fürbitte des Beters zum Ausdruck kommt und durch ihn dort gegenwärtig ist, wo Heil nötig ist. Die Fürbitte des Mose ist ganz auf die Treue und die Gnade des Herrn ausgerichtet. Er erwähnt zunächst die Heilsgeschichte, die Gott mit dem Auszug Israels aus Ägypten begonnen hat, um dann die uralte Verheißung in Erinnerung zu rufen, die er den Vätern gegeben hat. Der Herr hat das Heil gewirkt, indem er sein Volk aus der ägyptischen Knechtschaft befreit hat; denn – so bittet Mose, »sollen etwa die Ägypter sagen können: In böser Absicht hat er sie herausgeführt, um sie im Gebirge umzubringen und sie vom Erdboden verschwinden zu lassen?« (Ex 32,12). Das begonnene Heilswerk muss vollendet werden. Würde Gott sein Volk umkommen lassen, so könnte man dies als Zeichen auslegen, dass Gott nicht in der Lage sei, den Heilsplan zur Erfüllung zu bringen. Das kann Gott nicht zulassen: Er ist der gute Herr, der Retter, der Garant des Lebens, er ist der Gott der Barmherzigkeit und der Vergebung, der Befreiung von der todbringenden Sünde. Und so appelliert Mose an Gott, an das innere Leben Gottes gegen das äußere Urteil. Wenn aber, so argumentiert Mose gegenüber dem Herrn, seine Auserwählten sterben, auch wenn sie schuldig sind, dann könnte man meinen, dass er nicht fähig sei, die Sünde zu besiegen. Und das kann man nicht zulassen. Mose hat den Gott des Heils konkret erfahren, er wurde als Mittler der göttlichen Befreiung gesandt und bringt jetzt durch sein Gebet eine zweifache Sorge zum Ausdruck: Er ist besorgt um das Schicksal seines Volkes, aber gleichzeitig ist er auch besorgt um die Ehre, die dem Herrn gebührt, um der Wahrhaftigkeit seines Namens willen. Der Fürsprecher will, dass das Volk Israel gerettet wird, weil es die ihm anvertraute Herde ist, aber auch weil in diesem Heil die wahre Wirklichkeit Gottes zum Ausdruck kommt. Die Liebe zu den Brüdern und die Liebe zu Gott durchdringen einander in der Fürbitte; sie sind nicht voneinander zu trennen. Mose, der Fürsprecher, ist ein Mann, der auf zwei Formen der Liebe ausgerichtet ist, die einander im Gebet überlagern und so ein einziges Verlangen nach dem Guten bilden.

Dann appelliert Mose an Gottes Treue und erinnert ihn an seine Verheißungen: »Denk an deine Knechte, an Abraham, Isaak und Israel, denen du mit einem Eid bei deinem eigenen Namen zugesichert und gesagt hast: Ich will eure Nachkommen zahlreich machen wie die Sterne am Himmel, und: Dieses ganze Land, von dem ich gesprochen habe, will ich euren Nachkommen geben, und sie sollen es für immer besitzen« (Ex 32,13). Mose ruft die Gründungsgeschichte der Anfänge in Erinnerung, die Geschichte der Urväter des Volkes und ihrer vollkommen ungeschuldeten Erwählung, zu der Gott allein die Initiative ergriffen hatte. Nicht aufgrund ihrer Verdienste hatten sie die Verheißung erhalten, sondern durch die freie Entscheidung Gottes und seine Liebe (vgl. Dtn 10,15). Und jetzt bittet Mose, dass der Herr seine Geschichte der Erwählung und des Heils in Treue fortsetzt und seinem Volk vergibt.

Der Fürsprecher führt keine Entschuldigungen für die Sünde seines Volkes an, er listet keine angeblichen Verdienste auf, weder die des Volkes noch seine eigenen, sondern er appelliert an Gottes unentgeltliche Liebe: ein freier Gott, der ganz und gar Liebe ist und unablässig nach denen sucht, die sich entfernt haben, der sich selbst stets treu bleibt und dem Sünder die Möglichkeit bietet, zu ihm zurückzukehren und durch die Vergebung gerecht und zur Treue fähig zu werden. Mose bittet Gott, sich auch als stärker zu erweisen als die Sünde und der Tod, und durch sein Gebet führt er diese göttliche Offenbarung herbei. Als Mittler des Lebens solidarisiert sich der Fürsprecher mit dem Volk: Einzig und allein vom Heilswunsch beseelt, von dem auch Gott selbst beseelt ist, verzichtet er auf die Aussicht, zu einem neuen, dem Herrn gefälligen Volk zu werden. Das Wort, das Gott an ihn gerichtet hatte – »dich aber will ich zu einem großen Volk machen« –, zieht der »Freund« Gottes nicht einmal in Betracht. Vielmehr ist er bereit, nicht nur die Schuld seines Volkes, sondern auch all ihre Folgen auf sich zu nehmen. Als er nach der Zerstörung des goldenen Kalbs auf den Berg zurückkehrt, um erneut um das Heil für Israel zu bitten, sagt er zum Herrn: »Doch jetzt nimm ihre Sünde von ihnen! Wenn nicht, dann streich mich aus dem Buch, das du angelegt hast« (V. 32). Durch das Gebet, indem er wünscht, was Gott wünscht, gelangt der Fürsprecher zu einer immer tieferen Erkenntnis des Herrn und seiner Barmherzigkeit; er wird fähig zur Liebe bis hin zur völligen Selbsthingabe.

In Mose, der auf dem Gipfel des Berges Gott von Angesicht zu Angesicht gegenübersteht, für sein Volk Fürbitte hält und sich selbst als Opfer anbietet – »streich mich« –, haben die Kirchenväter ein Vorausbild Christi gesehen, der hoch oben am Kreuz wirklich vor Gott steht, nicht nur als Freund, sondern als Sohn. Und er bietet sich nicht nur als Opfer an – »streich mich« –, sondern durch sein durchbohrtes Herz lässt er sich »streichen«, wird er, wie der hl. Paulus sagt, zur Sünde, nimmt er unsere Sünde auf sich, um uns zu erlösen. Seine Fürsprache ist nicht nur Solidarität, sondern Identifikation mit uns: Er trägt uns alle in seinem Leib. Und so ist sein ganzes Leben als Mensch und als Sohn ein Schrei zum Herzen Gottes. Es ist Vergebung, aber eine Vergebung, die verwandelt und erneuert. Ich meine, dass wir über diese Wirklichkeit nachdenken müssen. Christus steht vor dem Angesicht Gottes und betet für mich. Sein Gebet am Kreuz gilt allen Menschen in gleicher Weise, es gilt auch mir: Er betet für mich, er hat für mich gelitten und leidet für mich, er hat sich mit mir identifiziert, indem er unseren Leib und die menschliche Seele angenommen hat. Und er lädt uns ein, in diese seine Identität einzutreten, indem wir ein Leib, ein Geist mit ihm werden, denn er hat von hoch oben am Kreuz keine neuen Gesetze, keine steinernen Tafeln gebracht, sondern er hat sich selbst gebracht, seinen Leib und sein Blut, als neuen Bund. So macht er uns zu seinen Blutsverwandten, die ein Leib sind mit ihm, ihm gleichgestaltet. Er lädt uns ein, in diese Gleichgestaltung einzutreten, mit ihm vereint zu sein in unserem Wunsch, ein Leib, ein Geist mit ihm zu sein. Bitten wir den Herrn, dass diese Gleichgestaltung uns verwandeln möge, uns erneuern möge, denn die Vergebung ist Erneuerung, ist Verwandlung.

Ich möchte diese Katechese mit dem Worten des Apostels Paulus an die Christen von Rom beenden: »Wer kann die Auserwählten Gottes anklagen? Gott ist es, der gerecht macht. Wer kann sie verurteilen? Christus Jesus, der gestorben ist, mehr noch: der auferweckt worden ist, sitzt zur Rechten Gottes und tritt für uns ein. Wer kann uns scheiden von der Liebe Christi? [...] Weder Tod noch Leben, weder Engel noch Mächte [...] noch irgendeine andere Kreatur können uns scheiden von der Liebe Gottes, die in Christus Jesus ist, unserem Herrn« (Röm 8,33–35;38.39).

Propheten und Gebete in der Gegenüberstellung (1 Kön 18,20–40)

In der religiösen Geschichte des alten Israel hatten die Propheten mit ihrer Lehre und ihrer Verkündigung große Bedeutung. Unter ihnen hebt sich die Gestalt des Elija heraus, der von Gott erweckt wurde, um das Volk zur Umkehr zu führen. Sein Name bedeutet »der Herr ist mein Gott«, und diesem Namen entsprechend verläuft sein Leben, das ganz darauf ausgerichtet ist, beim Volk die Anerkennung des Herrn als einzigen Gott hervorzurufen. Das Buch Jesus Sirach sagt über Elija: »Da stand ein Prophet auf wie Feuer, / seine Worte waren wie ein brennender Ofen« (Sir 48,1). Durch diese Flamme findet Israel wieder seinen Weg zu Gott. In seinem Dienst betet Elija: Er bittet den Herrn, den Sohn einer Witwe, die ihn beherbergt hatte, wieder zum Leben zu erwecken (vgl. 1 Kön 17,17–24), er schreit zu Gott vor Müdigkeit und Angst auf der Flucht in die Wüste, als die Königin Isebel ihn töten will (vgl. 1 Kön 19,1–4). Vor allem aber auf dem Berg Karmel zeigt er sich in all seiner Kraft als Fürsprecher, als er vor ganz Israel den Herrn bittet, sich zu offenbaren und das Herz des Volkes zu bekehren. Bei dieser Episode aus dem 18. Kapitel des Ersten Buches der Könige wollen wir nun verweilen.

Wir befinden uns im Nordreich, im 9. Jahrhundert vor Christus, zur Zeit des Königs Ahab, als in Israel eine Situation des offenen Synkretismus entstanden war. Neben dem Herrn betete das Volk den Baal an, den vertrauenerweckenden Götzen, von dem man glaubte, dass er die Gabe des Regens hervorbrachte. Daher wurde ihm die Macht zugesprochen, den Feldern Fruchtbarkeit und Menschen und Vieh Leben zu schenken. Obgleich das Volk angeblich dem Herrn folgte, dem unsichtbaren und geheimnisvollen Gott, suchte es auch nach Sicherheit in einem verständlichen und vorhersehbaren Gott, von dem es meinte, Fruchtbarkeit und Wohlstand erlangen zu können, wenn man entsprechend dafür opferte. Israel gab der Verführung des Götzendienstes nach, der ständigen Versuchung des Gläubigen: Es erlag der Täuschung, »zwei Herren dienen« zu können (vgl. Mt 6,24; Lk 16,13) und den unwegsamen Glauben an den Allmächtigen zu erleichtern, indem es sein Vertrauen auch in einen ohnmächtigen, von Menschenhand geschaffenen Gott setzte.

Um die trügerische Torheit dieser Einstellung zu entlarven, lässt Elija das Volk Israel sich auf dem Berg Karmel versammeln und stellt es vor die Notwendigkeit, eine Entscheidung zu treffen:»Wenn Jahwe der wahre Gott ist, dann folgt ihm! Wenn aber Baal es ist, dann folgt diesem!«(1 Kön 18,21). Und der Prophet, Übermittler der Liebe Gottes, lässt sein Volk angesichts dieser Entscheidung nicht allein, sondern hilft ihm, indem er auf das Zeichen hinweist, das die Wahrheit ans Licht bringen wird: Sowohl er als auch die Baalspropheten werden ein Opfer vorbereiten und beten, und der wahre Gott wird sich offenbaren, indem er durch das Feuer antwortet, das das Opfer verzehren wird. So beginnt die Gegenüberstellung zwischen dem Propheten Elija und den Anhängern des Baal – in Wirklichkeit eine Gegenüberstellung zwischen dem Herrn Israels, dem Gott des Heils und des Lebens, und dem stummen Götzen ohne Bestand, der weder Schaden zufügen noch Gutes bewirken kann (vgl. Jer 10,5). Und es beginnt auch die Gegenüberstellung zwischen zwei vollkommen unterschiedlichen Weisen, sich an Gott zu wenden und zu beten.

Die Baalspropheten nämlich schreien, schütteln sich, tanzen ekstatisch, verfallen in Raserei und ritzen sich sogar»mit Schwertern und Lanzen wund, bis das Blut an ihnen herabfloss«(1 Kön 18,28). Sie nehmen Bezug auf sich selbst, um ihren Gott anzurufen, und vertrauen auf ihre eigenen Fähigkeiten, um seine Antwort hervorzulocken. So zeigt sich die trügerische Wirklichkeit des Götzen: Er wurde vom Menschen erdacht, als etwas, über das man verfügen kann, das man aus eigener Kraft lenken kann, zu dem man aus sich selbst und aus der eigenen Lebenskraft heraus Zugang hat. Der Götzendienst öffnet das menschliche Herz nicht gegenüber dem Anderen, gegenüber einer befreienden Beziehung, durch die man aus dem engen Raum des eigenen Egoismus herauskommt, um zu Dimensionen der Liebe und der gegenseitigen Hingabe zu gelangen, sondern er verschließt die Person im Kreislauf der Suche nach sich selbst, die den anderen ausschließt und in der Verzweiflung endet. Und die Täuschung ist so groß, dass der Mensch sich bei der Anbetung des Götzen zu extremen Taten gezwungen sieht, im trügerischen Versuch, ihn dem eigenen Willen zu unterwerfen. Daher tun sich die Baalspropheten sogar weh, verwunden ihren Leib, durch eine auf dramatische Weise ironische Geste: Um eine Antwort, ein Lebenszeichen von ihrem Gott zu erhalten, bedecken sie sich mit Blut, bedecken sie sich symbolisch mit dem Tod.

Elija dagegen nimmt eine ganz andere Gebetshaltung ein. Er lädt das Volk ein, sich zu nähern und schließt es so in sein Handeln und in sein Gebet ein. Der Zweck der Herausforderung, die er an die Baalspropheten richtete, bestand darin, das Volk, das vom Weg abgekommen war, indem es den Götzen folgte, wieder zu Gott zurückzubringen; darum will er, dass Israel sich mit ihm vereint, indem es an seinem Gebet und am Geschehen als Hauptakteur teilhat. Dann errichtet der Prophet einen Altar und nimmt dazu, wie es im Text heißt, »zwölf Steine, nach der Zahl der Stämme der Söhne Jakobs, zu dem der Herr gesagt hatte: Israel soll dein Name sein« (V. 31). Diese Steine stehen für ganz Israel; sie sind die greifbare Erinnerung an die Geschichte der Erwählung, der besonderen Liebe und des Heils, deren Gegenstand das Volk war. Die liturgische Geste des Elija hat eine entscheidende Bedeutung; der Altar ist ein heiliger Ort, der die Gegenwart des Herrn anzeigt, aber die Steine, aus denen er sich zusammensetzt, stehen für das Volk, das jetzt durch die Mittlerschaft des Propheten symbolisch vor Gott steht und zum »Altar« wird, zum Ort der Hingabe und des Opfers.

Das Symbol muss jedoch zur Wirklichkeit werden. Israel muss den wahren Gott erkennen und seine eigene Identität als Volk des Herrn wiederfinden. Daher bittet Elija Gott, sich zu offenbaren, und jene zwölf Steine, die Israel an seine Wahrheit erinnern sollten, dienen auch dazu, den Herrn an seine Treue zu erinnern, an die der Prophet im Gebet appelliert. Die Worte seines Gebets sind voll von Bedeutung und Glauben: »Herr, Gott Abrahams, Isaaks und Israels, heute soll man erkennen, dass du Gott bist in Israel, dass ich dein Knecht bin und all das in deinem Auftrag tue. Erhöre mich, Herr, erhöre mich! Dieses Volk soll erkennen, dass du, Herr, der wahre Gott bist und dass du sein Herz zur Umkehr wendest« (V. 36–37; vgl. Gen 32,36–37). Indem Elija sich an den Herrn wendet und ihn den Gott der Väter nennt, ruft er unausgesprochen die göttlichen Verheißungen und die Geschichte der Erwählung und des Bundes in Erinnerung, die den Herrn untrennbar mit seinem Volk verbunden hat. Gott ist so sehr in die Geschichte der Menschheit eingebunden, dass sein Name nunmehr untrennbar mit dem der Erzväter verbunden ist, und der Prophet spricht diesen heiligen Namen aus, damit Gott sich erinnert und sich als treu erweist, aber auch damit Israel sich beim Namen gerufen fühlt und seine Treue wiederfindet.

Der göttliche Titel, den Elija ausspricht, erscheint in der Tat etwas überraschend. Anstelle der gewöhnlichen Formel »Gott Abrahams, Isaaks und Jakobs« verwendet er einen weniger gebräuchlichen Namen: »Gott Abrahams, Isaaks und Israels«. Der Austausch des Namens »Jakob« durch »Israel« ruft Jakobs Kampf an der Furt des Jabbok ins Gedächtnis, mit dem vom Erzähler ausdrücklich erwähnten Namenswechsel (vgl. Gen 32,31), über den ich in einer der letzen Kapitel gesprochen habe. Dieser Austausch erhält im Gebet des Elija eine prägnante Bedeutung. Der Prophet betet für das Volk des Nordreichs, das »Israel« hieß und sich von Juda, dem Südreich, absetzte. Und dieses Volk, das seinen Ursprung und seine besondere Beziehung zum Herrn vergessen zu haben scheint, fühlt sich jetzt beim Namen gerufen, als der Name Gottes – Gott des Erzvaters und Gott des Volkes – ausgesprochen wird: »Herr, Gott [...] Israels, heute soll man erkennen, dass du Gott bist in Israel.«

Das Volk, für das Elija betet, wird seiner eigenen Wahrheit gegenübergestellt, und der Prophet bittet, dass auch die Wahrheit des Herrn offenbar werden und er eingreifen möge, um Israel zu bekehren, es von der Täuschung des Götzendienstes abzubringen und es so zum Heil zu führen. Seine Bitte geht dahin, dass das Volk endlich wissen, vollkommen erkennen möge, wer wirklich sein Gott ist, und sich endgültig entscheiden möge, ihm allein, dem wahren Gott, zu folgen. Denn nur so wird Gott als das erkannt, was er ist – absolut und transzendent –, ohne die Möglichkeit, ihm andere Götter zur Seite zu stellen, die seine Absolutheit verleugnen würden, indem sie ihn relativieren. Das ist der Glaube, der Israel zum Volk Gottes macht; es ist der Glaube, der im wohlbekannten Text des Shema Israel verkündet wird: »Höre Israel! Jahwe, unser Gott, Jahwe ist einzig. Darum sollst du den Herrn, deinen Gott, lieben mit ganzem Herzen, mit ganzer Seele und mit ganzer Kraft« (Dtn 6,4–5).

Auf Gottes Absolutheit muss der Gläubige mit einer absoluten, allumfassenden Liebe antworten, die sein ganzes Leben, seine Kraft, sein Herz einbezieht. Und für das Herz seines Volkes erbittet der Prophet mit seinem Gebet die Umkehr: »Dieses Volk soll erkennen, dass du, Herr, der wahre Gott bist und dass du sein Herz zur Umkehr wendest« (1 Kön 18,37). Elija bittet durch seine Fürsprache Gott um das, was Gott selbst zu tun wünscht: sich zu offenbaren in seiner ganzen Barmherzigkeit, getreu seiner eigenen Wirklichkeit als Herr des Lebens, der vergibt, zur Umkehr führt, verwandelt.

Und das geschieht: »Da kam das Feuer des Herrn herab und verzehrte das Brandopfer, das Holz, die Steine und die Erde. Auch das Wasser im Garten leckte es auf. Das ganze Volk sah es, warf sich auf das

Angesicht nieder und rief: Jahwe ist Gott, Jahwe ist Gott« (V. 38–39). Das Feuer, dieses notwendige und zugleich schreckliche Element, das mit den göttlichen Offenbarungen des brennenden Dornbuschs und des Sinai verbunden ist, dient jetzt dazu, die Liebe Gottes aufzuzeigen, der auf das Gebet antwortet und sich seinem Volk offenbart. Baal, der stumme und ohnmächtige Gott, hatte auf die Gebete seiner Propheten nicht geantwortet; der Herr dagegen antwortet, und zwar in unmissverständlicher Weise, indem er nicht nur das Brandopfer verzehrt, sondern auch noch das ganze Wasser auftrocknet, das um den Altar herum ausgegossen war. Israel kann keine Zweifel mehr haben; die göttliche Barmherzigkeit ist seiner Schwachheit, seinen Zweifeln, seinem Mangel an Glauben entgegengekommen. Jetzt ist Baal, der leere Götze, besiegt, und das Volk, das verloren zu sein schien, hat den Weg der Wahrheit wiedergefunden und hat sich selbst wiedergefunden.

Was sagt uns diese Geschichte aus der Vergangenheit? Welches ist die Gegenwart dieser Geschichte? Vor allem geht es um die Frage der Priorität des ersten Gebots: Gott allein zu verehren. Wo Gott verschwindet, da gerät der Mensch in die Knechtschaft von Götzendiensten. Das haben in unserer Zeit die totalitären Regime gezeigt, und auch verschiedene Formen des Nihilismus zeigen es: Sie machen den Menschen von Götzen, vom Götzendienst abhängig; sie versklaven ihn. Zweitens ist das vorrangige Ziel des Gebets die Umkehr: das Feuer Gottes, das unser Herz verwandelt und uns fähig macht, Gott zu sehen und so gottgefällig zu leben und für den anderen zu leben. Und der dritte Punkt: Die Kirchenväter sagen uns, dass auch diese Geschichte eines Propheten prophetisch ist, wenn sie – wie sie sagen – den Schatten der Zukunft vorauswirft, der Zukunft, die Christus ist; sie ist ein Schritt auf dem Weg zu Christus hin. Und sie sagen uns, dass wir hier das wahre Feuer Gottes erblicken: die Liebe, die den Herrn bis zum Kreuz, bis zur völligen Selbsthingabe führt. Die wahre Anbetung Gottes bedeutet also, sich selbst Gott und den Menschen hinzugeben, die wahre Anbetung ist die Liebe. Und die wahre Anbetung Gottes zerstört nicht, sondern sie erneuert, verwandelt. Gewiss, das Feuer Gottes, das Feuer der Liebe brennt, verwandelt, läutert, aber gerade so zerstört es nicht, sondern es schafft vielmehr die Wahrheit unseres Daseins, es schafft unser Herz neu. Und so, als wirklich Lebende durch die Gnade des Feuers des Heiligen Geistes, der Liebe Gottes, sind wir Anbeter im Geist und in der Wahrheit.

Das betende Gottesvolk: die Psalmen

In den vorangegangenen Kapiteln haben wir einige Gestalten des Alten Testaments betrachtet, die für unsere Reflexion über das Gebet besonders bedeutsam sind. Ich habe über Abraham gesprochen, der für die fremden Städte Fürsprache hält, über Jakob, der im nächtlichen Kampf den Segen empfängt, über Mose, der um Vergebung für sein Volk bittet, und über Elija, der für die Bekehrung Israels betet. Mit diesem Kapitel möchte ich einen neuen Wegabschnitt beginnen: Anstatt bestimmte Abschnitte über betende Persönlichkeiten zu kommentieren, treten wir nun in das »Gebetbuch« schlechthin ein, das Buch der Psalmen. In den nächsten Kapiteln werden wir einige der schönsten Psalmen lesen und betrachten, die der Gebetstradition der Kirche besonders am Herzen liegen. Heute möchte ich sie einleiten, indem ich über das Buch der Psalmen als Ganzes spreche.

Der Psalter stellt sich uns als ein »Gebetsformular« dar, eine Sammlung von 150 Psalmen, die die biblische Überlieferung dem Volk der Gläubigen schenkt, damit sie sein eigen wird – unser Gebet, unsere Weise, uns an Gott zu wenden und mit ihm in Beziehung zu treten. In diesem Buch kommt die ganze menschliche Erfahrung in ihren zahlreichen Schattierungen zum Ausdruck und die ganze Bandbreite der Empfindungen, die das menschliche Dasein begleiten. In den Psalmen werden Freude und Leid, Sehnsucht nach Gott und Wahrnehmung der eigenen Unwürdigkeit, Glück und Verlassenheit, Vertrauen auf Gott und schmerzhafte Einsamkeit, Fülle des Lebens und Angst vor dem Tod miteinander verknüpft und zum Ausdruck gebracht. Die ganze Wirklichkeit des Gläubigen fließt in jene Gebete ein, die zunächst das Volk Israel und dann die Kirche als besondere Form der Vermittlung der Beziehung zu dem einen Gott und als angemessene Antwort auf seine Offenbarung in der Geschichte angenommen haben. Als Gebete sind die Psalmen Ausdrucksformen des Herzens und des Glaubens, in denen jeder sich wiedererkennen kann und in denen die Erfahrung der besonderen Nähe zu Gott vermittelt wird, zu der jeder Mensch berufen ist. Und die ganze Komplexität des menschlichen Daseins ist in der Komplexität der unterschiedlichen literarischen Formen der einzelnen Psalmen zusammengefasst: Lobgesänge, Klagelieder, individuelle und kollektive Danklieder, Bußpsalmen, weisheitliche Psalmen und andere

Gattungen lassen sich in diesen poetischen Texten wiederfinden. Trotz dieser vielfältigen Ausdrucksformen können zwei große Bereiche ausgemacht werden, in denen sich das Gebet des Psalters zusammenfassen lässt: die Bitte, die mit der Klage verbunden ist, und das Lob, zwei miteinander verbundene und gleichsam untrennbare Dimensionen. Denn die Bitte ist von der Gewissheit beseelt, dass Gott antworten wird, und das öffnet zum Lob und zur Danksagung; und Lob und Dank entspringen der Erfahrung des empfangenen Heils, das eine Hilfsbedürftigkeit voraussetzt, die die Bitte zum Ausdruck bringt. In der Bitte klagt der Beter und beschreibt seine Situation der Angst, der Gefahr, der Betrübnis, oder er bekennt wie in den Bußpsalmen die Schuld, die Sünde und bittet um Vergebung. Er legt dem Herrn seine Not dar im Vertrauen, erhört zu werden, und das setzt voraus, dass Gott als ein guter Gott erkannt wird, der das Wohl des Menschen will und »Freund des Lebens« ist (vgl. Weish 11,26), der bereit ist zu helfen, zu retten, zu vergeben. So betet der Psalmist zum Beispiel im Psalm 31: »Herr, ich suche Zuflucht bei dir. / Lass mich doch niemals scheitern [...] Du wirst mich befreien aus dem Netz, das sie mir heimlich legten; / denn du bist meine Zuflucht« (V. 2.5). Bereits in der Klage kann also etwas Lob hervorkommen, das sich in der Hoffnung auf das göttliche Eingreifen ankündigt und das dann ganz deutlich wird, wenn das göttliche Heil Wirklichkeit wird. Entsprechend erkennt man in den Dank- und Lobpsalmen, in denen man der empfangenen Gabe gedenkt oder die große Barmherzigkeit Gottes betrachtet, auch die eigene Kleinheit und Heilsbedürftigkeit an, die die Grundlage des Gebets ist. So bekennt man vor Gott die eigene Geschöpflichkeit, die unwiderruflich vom Tod geprägt ist und dennoch einen tief verwurzelten Wunsch nach Leben in sich trägt. Daher ruft der Psalmist im Psalm 86 aus: »Ich will dir danken, Herr, mein Gott, / aus ganzem Herzen, / will deinen Namen ehren immer und ewig. Du hast mich den Tiefen des Totenreichs entrissen. / Denn groß ist über mir deine Huld« (V. 12–13). So werden im Psalmgebet Bitte und Lob miteinander verknüpft und verschmelzen zu einem einzigen Gesang, der die ewige Gnade des Herrn feiert, der sich unserer Schwachheit annimmt.

Um das Volk der Gläubigen in diesen Gesang einstimmen zu lassen, wurde Israel und der Kirche der Psalter geschenkt. Die Psalmen lehren nämlich zu beten. In ihnen wird das Wort Gottes zum Wort des Gebets – und es sind die Worte des inspirierten Psalmisten –, das auch zum Wort des Beters wird, der die Psalmen betet. Das ist die Schönheit und die Besonderheit dieses biblischen Buches: Im Gegensatz zu anderen Gebeten, die wir in der Heiligen Schrift finden, sind die darin enthaltenen Gebete nicht in einen Erzählablauf eingefügt, der ihre Bedeutung und ihre Funktion erläutert. Die Psalmen wurden dem Gläubigen als Gebetstext geschenkt, dessen einziger Zweck darin besteht, zum Gebet dessen zu werden, der sie annimmt und sich mit ihnen an Gott wendet. Da sie Gottes Wort sind, spricht der Beter der Psalmen zu Gott mit eben den Worten, die Gott uns geschenkt hat. Er wendet sich an ihn mit den Worten, die Gott selbst uns schenkt. So lernt man beten, indem man die Psalmen betet. Sie sind eine Schule des Gebets.

Etwas Vergleichbares geschieht, wenn das Kind anfängt zu sprechen, wenn es also lernt, die eigenen Empfindungen, Gefühle, Bedürfnisse in Worte zu fassen, die ihm nicht von Geburt an zu eigen sind, sondern die es von seinen Eltern und von seinem Umfeld lernt. Das Kind will sein eigenes Erleben zum Ausdruck bringen, aber das Ausdrucksmittel haben andere. Das Kind eignet es sich nach und nach an, die von den Eltern empfangenen Worte werden zu seinen Worten, und durch diese Worte erlernt es auch eine Art des Denkens und Empfindens, findet es Zugang zu einer ganzen Begriffswelt, in der es heranwächst und in Beziehung zur Wirklichkeit, zu den Menschen und zu Gott tritt. Am Ende wird die Sprache seiner Eltern zu seiner Sprache, es spricht mit Worten, die es von anderen empfangen hat und die nunmehr seine Worte geworden sind. So ist es auch mit dem Gebet der Psalmen. Diese sind uns geschenkt worden, damit wir lernen, uns an Gott zu wenden, mit ihm zu kommunizieren, ihm mit seinen Worten von uns zu erzählen, eine Sprache für die Begegnung mit Gott zu finden. Und durch diese Worte wird es auch möglich, die Maßstäbe seines Handelns kennenzulernen und anzunehmen, sich dem Geheimnis seiner Gedanken und seiner Wege zu nähern (vgl. Jes 55,8–9), um so immer mehr im Glauben und in der Liebe zu wachsen. Ebenso wie unsere Worte nicht nur Worte sind, sondern uns eine reale und begriffliche Welt nahebringen, so bringen auch diese Gebete uns das Herz Gottes nahe. Daher können wir nicht nur mit Gott sprechen, sondern wir können lernen, wer Gott ist. Und indem wir lernen, mit ihm zu sprechen, erlernen wir das Menschsein, lernen wir, wir selbst zu sein.

In diesem Zusammenhang ist der Titel, den die jüdische Überlieferung dem Psalter gegeben hat, von Bedeutung. Er lautet tehillîm. Dieser jüdische Begriff bedeutet »Lob«, von jenem Verbstamm her, den wir im Ausdruck »Halleluja« wiederfinden, also wörtlich »lobt den Herrn«. Dieses Gebetbuch ist also, obgleich es mit seinen verschiedenen literarischen Gattungen und mit seiner Unterscheidung zwischen Lob und Bitte so vielgestaltig und komplex ist, letztlich ein Buch des Lobes, das lehrt, Dank zu sagen, die Größe der Gabe Gottes zu feiern, die Schönheit seiner Werke zu erkennen und seinen heiligen Namen zu rühmen. Das ist die beste Antwort auf die Offenbarung des Herrn und die Erfahrung seiner Güte. Indem sie uns beten lehren, lehren die Psalmen uns, dass auch in der Betrübnis, im Schmerz die Gegenwart Gottes erhalten bleibt, dass wunderbare Dinge und Trost aus ihr hervorgehen. Man darf weinen, bitten, Fürsprache halten, klagen, aber im Bewusstsein, dass wir auf das Licht zugehen, wo das Lob endgültig ist. Der Psalm 36 lehrt uns: »Bei dir ist die Quelle des Lebens, / in deinem Licht schauen wir das Licht« (Ps 36,10).

Aber über diesen allgemeinen Titel des Buches hinaus hat die jüdische Überlieferung viele Psalmen unter besondere Titel gestellt und hat sie zum größten Teil König David zugeschrieben. David ist eine Gestalt von beachtlichem menschlichem und theologischem Format und eine komplexe Persönlichkeit. Er hat die verschiedensten Grunderfahrungen des Lebens durchgemacht. Der junge Hirt der väterlichen Herde wird nach einigen zuweilen dramatischen Wechselfällen zum König von Israel, zum Hirten des Volkes Gottes. Als Mann des Friedens hat er viele Kriege geführt; als unermüdlicher und hartnäckiger Gottsucher hat er Gottes Liebe verraten, und das zeichnet ihn aus: Er ist stets ein Gottsucher geblieben, auch wenn er oftmals schwer gesündigt hat; als demütiger Büßer hat er die göttliche Vergebung und auch die göttliche Strafe empfangen und hat ein Schicksal angenommen, das vom Schmerz geprägt war. So war David mit all seinen Schwächen ein König »nach Gottes Herzen« (vgl. 1 Sam 13,14), also ein leidenschaftlicher Beter, ein Mann, der wusste, was bitten und loben bedeutet.

Die Verbindung der Psalmen mit diesem berühmten König von Israel ist also wichtig, denn er ist eine messianische Gestalt, vom Herrn gesalbt, in der das Geheimnis Christi gewissermaßen seinen Schatten vorauswirft. Ebenso wichtig und bedeutsam ist es, auf welche Weise und wie häufig die Worte der Psalmen vom Neuen Testament aufgegriffen werden. Hier nehmen sie jenen prophetischen Wert an, der aus der Verbindung des Psalters mit der messianischen Gestalt Davids hervorgeht, und heben ihn hervor. Im Herrn Jesus, der in seinem irdischen Leben die Psalmen gebetet hat, finden diese ihre endgültige Erfüllung und offenbaren ihren vollen und tiefsten Sinn. Die Gebete des Psalters, durch die wir zu Gott sprechen, berichten uns von ihm, berichten uns vom Sohn, dem Ebenbild des unsichtbaren Gottes (Kol 1,15), der uns das Antlitz des Vaters in ganzer Fülle offenbart. Wenn der Christ also die Psalmen betet, dann betet er zum Vater in Christus und mit Christus, indem er jene Gesänge in einer neuen Perspektive annimmt, deren endgültiger Interpretationsschlüssel das Ostergeheimnis ist. Der Horizont des Beters öffnet sich so zu unerwarteten Wirklichkeiten, jeder Psalm bekommt ein neues Licht in Christus, und der Psalter kann in seinem ganzen unendlichen Reichtum erstrahlen.

Nehmen wir also dieses heilige Buch zur Hand, lassen wir uns von Gott unterweisen, wie wir uns an ihn wenden sollen, machen wir den Psalter zu einem Leitfaden, der uns auf dem täglichen Weg des Gebets hilft und begleitet. Und bitten auch wir, wie die Jünger Jesu: »Herr, lehre uns beten« (Lk 11,1), indem wir das Herz öffnen, um das Gebet des Meisters aufzunehmen, in dem alle Gebete zur Erfüllung kommen. Zu Söhnen im Sohn geworden, können wir mit Gott sprechen und ihn »Unser Vater« nennen.

Psalm 3: »Stehe auf, Jehova! Rette mich, mein Gott!«

In der »Schule des Gebets« möchte ich mit der Betrachtung einiger Psalmen beginnen, die das »Gebetbuch« schlechthin darstellen. Der erste Psalm, dem ich mich widme, ist ein Klage- und Bittpsalm, durchdrungen von tiefem Vertrauen, in dem die Gewissheit der Gegenwart Gottes das Gebet begründet, das einer äußerst schwierigen Lage entspringt, in der der Beter sich befindet. Es handelt sich um Psalm 3, den die jüdische Überlieferung David zuschreibt, als er vor seinem Sohn Abschalom flieht (vgl. V. 1): eines der dramatischsten und leidvollsten Ereignisse im Leben des Königs, als sein Sohn den Königsthron an sich reißt und ihn zwingt, Jerusalem zu verlassen, um sein Leben zu retten (vgl. 2 Sam 15ff.). Die gefährliche Lage und die Angst, die David erlebt, ist also der Hintergrund dieses Gebets und trägt zu seinem Verständnis bei, indem es sich als typische Situation darstellt, in der ein solcher Psalm gebetet werden kann. Im Hilferuf des Psalmisten kann jeder Mensch die Empfindungen des Schmerzes, der Verbitterung und gleichzeitig des Vertrauens auf Gott wiedererkennen, die dem biblischen Bericht zufolge die Flucht Davids aus seiner Stadt begleitet hatten.

Der Psalm beginnt mit einer Anrufung des Herrn: »Herr, wie zahlreich sind meine Bedränger; so viele stehen gegen mich auf. Viele gibt es, die von mir sagen: Er findet keine Hilfe bei Gott « (V. 2–3). Die Beschreibung, die der Beter von der Situation gibt, ist also von hochdramatischen Tönen geprägt. Dreimal wird der Gedanke der Übermacht hervorgehoben: »zahlreich«, »so viele«, »viele«. Im Originaltext wird es mit derselben hebräischen Wurzel zum Ausdruck gebracht, um das ungeheure Ausmaß der Gefahr noch mehr zu betonen, immer wieder, es gleichsam »einzuhämmern«. Die Betonung der großen Überzahl der Feinde soll zum Ausdruck bringen, dass der Psalmist ein absolutes Missverhältnis zwischen ihm und seinen Bedrängern wahrnimmt. Dieses Missverhältnis rechtfertigt und begründet die Dringlichkeit seines Hilferufs: Die Widersacher sind viele, sie nehmen überhand, während der Beter seinen Bedrängern allein und wehrlos ausgeliefert ist. Dennoch ist »Herr« das erste Wort, das der Psalmist spricht; sein Hilferuf beginnt mit einer Anrufung Gottes. Eine Übermacht steht ihm drohend gegenüber und erhebt sich gegen ihn. Die Angst, die sie erzeugt, lässt die Bedrohung anwachsen und noch gröcher erscheinen. Der Beter jedoch lässt sich angesichts des Todes nicht unterkriegen. Er hält die Beziehung zum Gott des Lebens aufrecht und wendet sich als erstes hilfesuchend an ihn. Aber die Feinde versuchen auch, dieses Band mit Gott zu zerreißen und dem Glauben ihres Opfers Schaden zuzufügen. Sie unterstellen, dass der Herr nicht eingreifen kann, und behaupten, dass nicht einmal Gott ihn retten kann. Es ist also nicht nur ein physischer Angriff, sondern er berührt die geistliche Dimension. »Er findet keine Hilfe bei Gott«, sagen sie. Damit wird der Psalmist tief im Innern seines Herzens angegriffen. Es ist die höchste Versuchung, der der Gläubige unterworfen ist, es ist die Versuchung, den Glauben, das Vertrauen in Gottes Nähe zu verlieren. Der Gerechte besteht die letzte Prüfung, er bleibt standhaft im Glauben und in der Gewissheit um die Wahrheit und im vollen Vertrauen auf Gott, und so findet er das Leben und die Wahrheit. Mir scheint, dass der Psalm uns hier ganz persönlich berührt: In vielen Problemen sind wir versucht zu meinen, dass vielleicht auch Gott mich nicht rettet, mich nicht kennt, vielleicht nicht die Möglichkeit dazu hat. Die Versuchung gegen den Glauben ist der letzte Angriff des Feindes, und ihm müssen wir widerstehen: So finden wir Gott und finden wir das Leben. Der Beter unseres Psalms ist also aufgerufen, mit dem Glauben auf die Angriffe der Gottlosen zu antworten. Wie gesagt, streiten die Feinde ab, dass Gott ihm helfen könne, aber er ruft ihn an, er ruft ihn beim Namen: »Herr«. Und dann wendet er sich an ihn mit einem emphatischen »Du«, das eine feste, stabile Beziehung zum Ausdruck bringt und die Gewissheit der göttlichen Antwort in sich birgt: »Du aber, Herr, bist ein Schild für mich, du bist meine Ehre und richtest mich auf. Ich habe laut zum Herrn gerufen; da erhörte er mich von seinem heiligen Berg« (V. 4–5). Die Feinde verschwinden nun aus dem Blickfeld. Sie haben nicht gewonnen, denn wer an Gott glaubt, ist sicher, dass Gott sein Freund ist: Es bleibt nur das »Du« Gottes, den »vielen« ist jetzt ein einziger entgegengesetzt, der jedoch viel größer und mächtiger ist als die vielen Feinde. Der Herr ist Hilfe, Verteidigung, Heil; wie ein Schild schützt er den, der sich ihm anvertraut, und er lässt ihn sein Haupt erheben, in einer Geste des Triumphs und des Sieges. Der Mensch ist nicht mehr allein, die Feinde sind nicht unschlagbar, wie es zuvor schien, denn der Herr erhört den Ruf des Bedrängten und antwortet vom Ort seiner Gegenwart, von seinem heiligen Berg. Der Mensch ruft in Angst, in Gefahr, im Schmerz; der Mensch bittet um Hilfe, und Gott antwortet.

Diese Verknüpfung von menschlichem Rufen und göttlicher Antwort ist die Dialektik des Gebets und der Schlüssel zur ganzen Heilsgeschichte. Der Ruf bringt die Hilfsbedürftigkeit zum Ausdruck und appelliert an die Treue des anderen; rufen bedeutet, eine Geste des Glaubens an die Nähe Gottes und seine Bereitschaft zur Erhörung durchzuführen. Das Gebet bringt die Gewissheit einer bereits erfahrenen und geglaubten göttlichen Gegenwart zum Ausdruck, die sich in Gottes Heilsantwort in Fülle offenbart. Von Bedeutung ist, dass in unserem Gebet die Gewissheit der Gegenwart Gottes wichtig, gegenwärtig ist. So bekennt der Psalmist, der sich vom Tod umzingelt sieht, seinen Glauben an den Gott des Lebens, der ihn wie ein Schild mit einem unverwundbaren Schutz umhüllt. Wer meinte, bereits verloren zu sein, kann das Haupt erheben, weil der Herr ihn rettet; dem bedrohten und verspotteten Beter wird Ehre zuteil, weil Gott seine Ehre ist.

Die göttliche Antwort, die das Gebet erhört, schenkt dem Psalmisten völlige Sicherheit; auch die Angst ist beendet, und der Ruf verebbt im stillen Frieden, in einer tiefen inneren Ruhe: »Ich lege mich nieder und schlafe ein, ich wache wieder auf, denn der Herr beschützt mich. Viele Tausende von Kriegern fürchte ich nicht, wenn sie mich ringsum belagern« (V. 6–7). Auch inmitten von Gefahr und Kampf kann der Beter ruhig einschlafen, in einer unmissverständlichen Haltung vertrauensvoller Hingabe. Ringsum lagern die Feinde, sie umzingeln ihn, es sind viele, sie erheben sich gegen ihn, verspotten ihn und versuchen, ihn zu Fall zu bringen. Er aber legt sich nieder und schläft ruhig und friedlich, der Gegenwart Gottes gewiss. Und beim Erwachen findet er Gott noch immer bei sich, als Hüter, der nicht schläft (vgl. Ps 121,3–4), der ihn erhält, ihn bei der Hand hält, ihn niemals verlässt. Die Angst vor dem Tod ist überwunden durch den, der nicht stirbt. Und eben die Nacht, die mit Urängsten erfüllt ist, die schmerzhafte Nacht der Einsamkeit und der angstvollen Erwartung, verwandelt sich jetzt: Was den Tod heraufbeschwört, wird zur Gegenwart des Ewigen.

Der Sichtbarkeit des massiven, heftigen Angriffs des Feindes wird die unsichtbare Gegenwart Gottes mit all seiner unüberwindlichen Macht gegenübergestellt. Und an ihn richtet der Psalmist nach seinen vertrauensvollen Worten erneut das Gebet: »Herr, erhebe dich, mein Gott, bring mir Hilfe!« (V. 8a). Die Bedränger standen gegen ihr Opfer auf (vgl. V. 2), wer jedoch »aufstehen« wird, ist der Herr, und zwar, um sie niederzuschlagen. Gott wird ihn retten und seinen Ruf erhören. Daher endet der Psalm mit der Aussicht auf die Befreiung aus der tödlichen Gefahr und aus der Versuchung, die zum Tod führen kann. Nach der Bitte an den Herrn, sich zu erheben, um Hilfe zu bringen, beschreibt der Beter den göttlichen Sieg: Die Feinde, die durch ihr unrechtes und grausames Bedrängen Symbol für all das sind, was sich Gott und seinem Heilsplan widersetzt, werden besiegt. Auf den Mund getroffen können sie nicht mehr mit ihrer zerstörerischen Gewalt angreifen und nicht mehr das Übel des Zweifels an der Gegenwart und am Wirken Gottes verbreiten: Ihr unsinniges und gotteslästerliches Reden ist endgültig widerlegt und durch den rettenden Eingriff des Herrn zum Schweigen gebracht (vgl. V. 8b). So kann der Psalmist sein Gebet mit einem Wort beschließen, das liturgische Anklänge hat und in Dankbarkeit und Lob den Gott des Lebens preist: »Beim Herrn findet man Hilfe. Auf dein Volk komme dein Segen!« (V. 9).

Der Psalm 3 hat uns eine vertrauensvolle und trostreiche Bitte vor Augen gestellt. Wenn wir diesen Psalm beten, können wir uns die Empfindungen des Psalmisten zu eigen machen, der Gestalt des verfolgten Gerechten, die in Jesus ihre Erfüllung findet. Im Schmerz, in der Gefahr, in der Verbitterung des Unverständnisses und der Verletzung öffnen die Worte des Psalms unser Herz auf die tröstliche Gewissheit des Glaubens hin. Gott ist immer nahe, auch in den Schwierigkeiten, in den Problemen, in den finsteren Stunden des Lebens. Er erhört, antwortet und rettet auf seine Weise. Aber man muss seine Gegenwart erkennen und seine Wege annehmen können, wie David in der demütigenden Flucht vor seinem Sohn Abschalom, wie der verfolgte Gerechte im Buch der Weisheit und letztlich in aller Fülle wie unser Herr Jesus auf Golgota. Wenn Gott in den Augen der Gottlosen nicht einzugreifen scheint und der Sohn stirbt, gerade dann werden für alle Gläubigen die wahre Herrlichkeit und die endgültige Verwirklichung des Heils offenbar. Der Herr schenke uns Glauben, er komme uns zu Hilfe in unserer Schwachheit, und er mache uns fähig zu glauben und zu beten in jeder Angst, in den schmerzhaften Nächten des Zweifels und an den langen Tagen des Schmerzes, indem wir uns mit Vertrauen hingeben an ihn, der unser »Schild« und unsere »Ehre« ist.

Psalm 22: »Mein Gott, mein Gott, warum hast du mich verlassen?«

In diesem Kapitel möchte ich einen Psalm mit starken christologischen Bezügen aufgreifen, der in den Berichten von der Passion Jesu mit ihrem doppelten Aspekt – Erniedrigung und Verherrlichung, Tod und Leben – immer wieder auftaucht. Es ist Psalm 22 in der hebräischen Überlieferung, Psalm 21 in der griechisch-lateinischen Überlieferung, ein schmerzerfülltes und ergreifendes Gebet. Seine menschliche Dichte und sein theologischer Reichtum machen diesen Psalm zu einem der meistgebeteten und meiststudierten Psalmen des ganzen Psalters. Es handelt sich um ein langes poetisches Werk, und wir werden uns insbesondere mit seinem ersten Teil befassen, in dem die Klage im Mittelpunkt steht, um einige Dimensionen zu vertiefen, die für das an Gott gerichtete Bittgebet bedeutsam sind.

Dieser Psalm zeigt die Gestalt eines unschuldig Verfolgten, der von Bedrängern umgeben ist, die seinen Tod wollen; und er wendet sich an Gott in einer schmerzerfüllten Klage, die sich in der Gewissheit des Glaubens auf geheimnisvolle Weise zum Lobpreis öffnet. In seinem Gebet wechseln sich die bedrängende Wirklichkeit der Gegenwart und die tröstliche Erinnerung an die Vergangenheit ab, in einer leidvollen Bewusstwerdung seiner verzweifelten Lage, die jedoch nicht auf die Hoffnung verzichten will. Seine Anfangsworte sind ein Appell, der an einen Gott gerichtet ist, der fern zu sein scheint, der nicht antwortet und der ihn scheinbar verlassen hat: »Mein Gott, mein Gott, warum hast du mich verlassen, bist fern meinem Schreien, den Worten meiner Klage? Mein Gott, ich rufe bei Tag, doch du gibst keine Antwort; ich rufe bei Nacht und finde doch keine Ruhe« (V. 2–3).

Gott schweigt, und dieses Schweigen zerreißt das Herz des Beters, der unablässig ruft, aber keine Antwort findet. Tage und Nächte vergehen, in einer unermüdlichen Suche nach einem Wort, nach einer Hilfe, die nicht kommt. Gott scheint so fern, so abwesend zu sein, scheint ihn vergessen zu haben. Das Gebet bittet um Hören und Erhörung, es will einen Kontakt herstellen, es sucht nach einer Beziehung, die Trost und Heil spenden kann. Aber wenn Gott nicht antwortet, dann verhallt der Hilferuf im Leeren, und die Einsamkeit wird unerträglich. Und dennoch nennt der Beter unseres Psalms in seinem Ruf den Herrn gleich dreimal »mein« Gott, in einem Akt äußersten Vertrauens und Glaubens. Allem Anschein zum Trotz kann der Psalmist nicht glauben, dass die Verbindung mit dem Herrn vollkommen abgebrochen ist; und während er nach dem Warum für das vermeintliche Verlassensein fragt, das ihm unverständlich ist, sagt er, dass »sein« Gott ihn nicht verlassen kann.

Bekanntlich wird der Ruf, der am Anfang des Psalms steht – »mein Gott, mein Gott, warum hast du mich verlassen« –, vom Matthäus- und vom Markusevangelium als der Ruf überliefert, den der sterbende Jesus am Kreuz ausstieß (vgl. Mt 27,46; Mk 15,34). Er bringt die ganze trostlose Lage des Messias, des Sohnes Gottes zum Ausdruck, der dem Drama des Todes gegenübersteht, einer Wirklichkeit, die in völligem Gegensatz zum Herrn des Lebens steht. Fast gänzlich von den Seinen verlassen, von den Jüngern verraten und verleugnet, umgeben von Menschen, die ihn beleidigen, steht Jesus unter der erdrückenden Last einer Sendung, die durch Erniedrigung und Tod hindurchführen muss. Darum ruft er zum Vater, und sein Leiden nimmt die schmerzerfüllten Worte des Psalms an. Aber sein Ruf ist kein verzweifelter Ruf, ebenso wenig wie der des Psalmisten: Er beschreitet in seiner Bitte einen qualvollen Weg, der am Ende jedoch in den Lobpreis einmündet, in das Vertrauen auf den göttlichen Sieg. Den Anfang eines Psalms zu zitieren, bedeutete nach jüdischem Brauch eine Bezugnahme auf das ganze poetische Werk, und so tat sich das schmerzerfüllte Gebet Jesu, obgleich es auch weiterhin unsagbar leidvoll war, zur Gewissheit der Herrlichkeit auf. »Musste nicht der Messias all das erleiden, um so in seine Herrlichkeit zu gelangen?«, wird der Auferstandene zu den Emmausjüngern sagen (Lk 24,26). In seiner Passion, im Gehorsam gegenüber dem Vater, geht der Herr Jesus durch Verlassenheit und Tod, um zum Leben zu gelangen und es allen Gläubigen zu schenken. Auf dieses Flehen, das am Anfang unseres Psalms 22 steht, folgt – in schmerzlichem Gegensatz dazu – die Erinnerung an die Vergangenheit: »Dir haben unsre Väter vertraut, sie haben vertraut, und du hast sie gerettet. Zu dir riefen sie und wurden befreit, dir vertrauten sie und wurden nicht zuschanden« (V. 5–6).

Jener Gott, der dem Psalmisten heute so fern erscheint, ist dennoch der barmherzige Herr, den Israel in seiner Geschichte immer erfahren hat. Das Volk, dem der Beter angehört, war Gegenstand der Liebe

Gottes und kann seine Treue bezeugen. Begonnen bei den Erzvätern und dann in Ägypten und in der langen Pilgerschaft in der Wüste, im Aufenthalt im Gelobten Land, wo es mit aggressiven und feindlichen Völkern in Berührung kam, bis hin zur Finsternis der Verbannung war die ganze biblische Geschichte eine Geschichte der Hilferufe des Volkes und der rettenden Erhörung durch Gott. Und der Psalmist erwähnt den unerschütterlichen Glauben seiner Väter: Sie »vertrauten« – dieses Wort wird dreimal wiederholt –, ohne jemals zuschanden zu werden. Doch diese Verkettung von vertrauensvollem Gebet und göttlicher Erhörung scheint jetzt unterbrochen zu sein; die Lage des Psalmisten scheint die gesamte Heilsgeschichte zu verleugnen, und das macht die gegenwärtige Wirklichkeit noch schmerzhafter.

Aber Gott kann sich selbst nicht widersprechen, und daher beschreibt das Gebet jetzt wieder die qualvolle Lage des Beters, um den Herrn dazu zu bringen, Erbarmen zu zeigen und einzugreifen, wie er es in der Vergangenheit stets getan hatte. Der Psalmist sagt von sich selbst, er sei ein »Wurm und kein Mensch, der Leute Spott, vom Volk verachtet« (V. 7). Er wird verlacht, verhöhnt (vgl. V. 8) und ausgerechnet im Glauben verletzt: »Er wälze die Last auf den Herrn, / der soll ihn befreien! Der reiße ihn heraus, / wenn er an ihm Gefallen hat« (V. 9), sagen sie. Unter den höhnischen Schlägen des Spottes und der Verachtung scheint der Verfolgte fast seine menschliche Gestalt zu verlieren, wie der im Gottesknecht (vgl. Jes 52,14; 53,2b–3). Und wie der bedrängte Gerechte im Buch der Weisheit (vgl. 2,12–20), wie Jesus auf Golgota (vgl. Mt 27,39–43) sieht der Psalmist seine Beziehung zu seinem Herrn in Frage gestellt, in der grausamen und sarkastischen Hervorhebung dessen, was ihm Leid verursacht: das Schweigen Gottes, seine scheinbare Abwesenheit. Und dennoch war Gott im Leben des Beters gegenwärtig, mit unbestreitbarer Nähe und Liebe. Daran erinnert der Psalmist den Herrn: »Du bist es, der mich aus dem Schoß meiner Mutter zog, / mich barg an der Brust der Mutter. Von Geburt an bin ich geworfen auf dich« (V. 10–11a).

Der Herr ist der Gott des Lebens, der das neugeborene Kind zur Welt kommen lässt und es mit väterlicher Liebe umsorgt. Und wenn vorher die Treue Gottes in der Geschichte des Volkes ins Gedächtnis gerufen wurde, so ruft der Beter jetzt seine persönliche Geschichte der Beziehung zum Herrn in Erinnerung, indem er zu dem besonders bedeutenden Augenblick des Beginns seines Lebens zurückkehrt. Und dort erkennt der Psalmist trotz der Trostlosigkeit der Gegenwart eine göttliche Nähe und Liebe, die so tief verwurzelt sind, dass er jetzt in einem Bekenntnis, das mit Glauben erfüllt ist und Hoffnung erzeugt, ausrufen kann:»Vom Mutterleib an bist du mein Gott« (V. 11b). Die Wehklage wird nun zum herzzerreißenden Flehen:»Sei mir nicht fern, denn die Not ist nahe, / und niemand ist da, der hilft« (V. 12). Die einzige Nähe, die der Psalmist spürt und die ihn erschreckt, ist die der Feinde. Daher muss Gott zu ihm kommen und ihm beistehen, denn die Feinde umgeben den Beter, sie umringen ihn, und sie sind wie mächtige Stiere, wie Löwen, die den Rachen aufsperren, um zu brüllen und zu reißen (vgl. V. 13-14). Die Angst verändert die Wahrnehmung der Gefahr, lässt sie größer erscheinen.

Die Feinde scheinen unbesiegbar, sie sind zu wilden, gefährlichen Tieren geworden, während der Psalmist gleichsam ein kleiner, machtloser, wehrloser Wurm ist. Aber diese im Psalm verwendeten Bilder sollen auch zum Ausdruck bringen, dass im Menschen, wenn er brutal wird und seinen Bruder angreift, etwas Animalisches die Oberhand gewinnt und er alle menschlichen Züge zu verlieren scheint; die Gewalt birgt immer etwas Bestialisches in sich, und nur das rettende Eingreifen Gottes kann dem Menschen seine Menschlichkeit zurückgeben. Für den Psalmisten, der so grausamen Angriffen ausgesetzt ist, scheint es nunmehr kein Entrinnen zu geben, und der Tod beginnt, von ihm Besitz zu ergreifen:»Ich bin hingeschüttet wie Wasser, / gelöst haben sich all meine Glieder [...] Meine Kehle ist trocken wie ein Scherbe, / die Zunge klebt mir am Gaumen [...] Sie verteilen unter sich meine Kleider / und werfen das Los um mein Gewand« (V. 15.16.19). Mit dramatischen Bildern, die wir in den Berichten von der Passion Christi wiederfinden, wird die Vernichtung des Leibes des Verurteilten beschrieben, der unerträgliche brennende Durst, der den Sterbenden quält und der einen Widerhall findet in der Bitte Jesu:»Mich dürstet« (Joh 19,28), um schließlich zur letzten Tat der Bedränger zu gelangen, die, wie die Soldaten unter dem Kreuz, die Kleidung des bereits tot geglaubten Opfers unter sich verteilen (vgl. Mt 27,35; Mk 15,24; Lk 23,34; Joh 19,23-24).

Dann folgt erneut die eindringliche Bitte um Beistand:»Du aber, Herr, halte dich nicht fern! / Du, meine Stärke, eil mir zu Hilfe! [...] Rette mich« (V. 20.22a). Dieser Ruf öffnet die Himmel, denn er verkündigt einen Glauben, eine Gewissheit, die über jeden Zweifel, jede Finsternis und jede Verzweiflung erhaben ist. Und die Klage verwandelt sich, macht dem Lobpreis Platz in der Annahme des Heils:»Du hast

mich erhört. Ich will deinen Namen meinen Brüdern verkünden, /
inmitten der Gemeinde dich preisen« (V. 22c–23). So öffnet sich der
Psalm zur Danksagung, zum großen abschließenden Lobgesang, der
das ganze Volk einschließt, die Gottesfürchtigen, die liturgische Gemeinde, die künftigen Geschlechter (vgl. V. 24–32). Der Herr ist zu
Hilfe gekommen, er hat den Armen errettet und ihm sein barmherzi-
ges Antlitz gezeigt. Tod und Leben sind einander begegnet, in einem
untrennbaren Geheimnis, und das Leben hat triumphiert, der Gott
des Heils hat sich als unbestrittener Herr erwiesen, den alle Enden
der Erde preisen und vor dem alle Völkerfamilien sich niederwerfen
werden. Es ist der Sieg des Glaubens, der den Tod in das Geschenk
des Lebens umwandeln kann, den Abgrund des Schmerzes in einen
Quell der Hoffnung.

Dieser Psalm hat uns nach Golgota geführt, unter das Kreuz Jesu,
um sein Leiden erneut zu durchleben und an der fruchtbringenden
Freude der Auferstehung teilzuhaben. Lassen wir uns also vom Licht
des Ostergeheimnisses durchdringen, auch in der scheinbaren Abwesenheit Gottes, auch im Schweigen Gottes, und lernen wir, wie
die Emmausjünger hinter allem Anschein die wahre Wirklichkeit zu
erkennen, indem wir den Weg der Erhöhung gerade in der Erniedrigung erkennen und die volle Offenbarung des Lebens im Tod, im
Kreuz. Wenn wir so unser Vertrauen und unsere Hoffnung auf Gott,
den Vater, setzen, dann können auch wir in allen Ängsten gläubig
zu ihm beten, und unser Hilferuf wird sich in Lobpreis verwandeln.

Psalm 23: »Denn du bist bei mir«

Sich im Gebet an den Herrn zu wenden, setzt einen radikalen Akt des Vertrauens voraus, im Bewusstsein, sich Gott anzuvertrauen: Er ist »ein barmherziger und gnädiger Gott, langmütig, reich an Huld und Treue« (Ex 34,6; vgl. Ps 86,15; Joël 2,13; Jona 4,2; Ps 103,8; 145,8; Neh 9,17). Daher möchte ich mit euch über einen Psalm nachdenken, der ganz vom Vertrauen durchdrungen ist und in dem der Psalmist seine feste Gewissheit zum Ausdruck bringt, geleitet, geschützt und vor jeder Gefahr in Sicherheit gebracht zu sein, denn der Herr ist sein Hirte. Es handelt sich um Psalm 23 – nach der griechisch-lateinischen Zählung 22 –, einen allen vertrauten und bei allen beliebten Text.

»Der Herr ist mein Hirte, / nichts wird mir fehlen«: So beginnt dieses schöne Gebet, das uns das nomadische Umfeld des Hirtenlebens vor Augen führt sowie die Erfahrung gegenseitiger Vertrautheit, die sich zwischen dem Hirten und den Schafen, aus denen seine kleine Herde besteht, einstellt. Das Bild ist von einer Atmosphäre des Vertrauens, der Vertrautheit, der Fürsorge geprägt: Der Hirte kennt jedes einzelne seiner Schafe, er ruft sie beim Namen, und sie folgen ihm, weil sie ihn kennen und ihm vertrauen (vgl. Joh 10,2–4). Er kümmert sich um sie, er hütet sie wie ein kostbares Gut, stets bereit, sie zu verteidigen, ihr Wohlergehen sicherzustellen, dafür zu sorgen, dass sie in Ruhe leben können. Nichts wird fehlen, wenn der Hirte bei ihnen ist. Auf diese Erfahrung nimmt der Psalmist Bezug, wenn er Gott seinen Hirten nennt und sich von ihm zu sicheren Weiden führen lässt:

»Er lässt mich lagern auf grünen Auen
und führt mich zum Ruheplatz am Wasser.
Er stillt mein Verlangen;
er leitet mich auf rechten Pfaden,
treu seinem Namen« (V. 2–3).

Vor unseren Augen tut sich ein Bild von grünen Weiden und klaren Wasserquellen auf, Oasen des Friedens, zu denen der Hirte die Herde führt, Symbole der Orte des Lebens, zu denen der Herr den Psalmisten führt: Dieser fühlt sich gleichsam wie die Schafe, die auf dem

Gras an einer Quelle lagern, in Ruhe, nicht angespannt oder aufgeregt, sondern vertrauensvoll und ruhig, weil der Platz sicher ist,
das Wasser frisch, und der Hirte über sie wacht. Und hier dürfen wir
nicht vergessen, dass die Szene, die der Psalm uns vor Augen stellt,
in einem Land angesiedelt ist, das großenteils aus sonnenverseng-
ter Wüste besteht, wo der halbnomadische Hirte des Nahen Ostens
mit seiner Herde in den dürren Steppen lebt, die sich um die Dörfer
herum ausbreiten. Aber der Hirte weiß, wo man Gras und frisches
Wasser findet, die lebenswichtig sind. Er ist in der Lage, zur Oase
zu führen, wo das Verlangen »gestillt« wird und man Kraft und neue
Energie schöpft, um sich wieder auf den Weg zu machen. Wie der
Psalmist sagt, führt Gott ihn zu »grünen Auen« und zum »Ruheplatz
am Wasser«, wo alles in Überfülle vorhanden ist, wo alles überreich
geschenkt wird. Wenn der Herr der Hirte ist, dann schwindet auch in
der Wüste, einem Ort der Einsamkeit und des Todes, die Gewissheit
um eine tief verwurzelte Gegenwart des Lebens nicht, und man kann
sagen: »Nichts wird mir fehlen.« Denn dem Hirten liegt das Wohl seiner Herde am Herzen, er passt seinen eigenen Rhythmus und seine
eigenen Bedürfnisse denen seiner Schafe an, er wandert und lebt
mit ihnen, führt sie auf »rechten«, also auf den für sie geeigneten
Pfaden, er achtet auf ihre und nicht auf seine eigenen Bedürfnisse.
Die Sicherheit seiner Herde steht für ihn an erster Stelle, und nach
ihr richtet er sich, wenn er die Herde führt.

Wenn wir, wie der Psalmist, hinter dem »guten Hirten« hergehen
– so schwierig, unwegsam oder lang die Pfade unseres Lebens uns
auch erscheinen mögen, zuweilen auch in geistlichen Wüstenregio-
nen ohne Wasser, unter der sengenden Sonne des Rationalismus –,
geführt vom guten Hirten, Christus, so sind auch wir sicher, dass wir
auf den »rechten« Wegen gehen und dass der Herr uns führt und immer bei uns ist und uns nichts fehlen wird. Daher kann der Psalmist
sagen, dass er ruhig und zuversichtlich lebt, ohne Ungewissheiten
und Ängste:

»Muss ich auch wandern in finsterer Schlucht,
ich fürchte kein Unheil; denn du bist bei mir,
dein Stock und dein Stab geben mir Zuversicht« (V. 4).

Wer mit dem Herrn wandert, der fühlt sich sicher, auch in der finsteren Schlucht des Leidens, der Ungewissheit und aller menschlichen

Probleme. Du bist bei mir: Das ist die Gewissheit, die uns stützt. Die nächtliche Finsternis mit ihren wechselnden Schatten, ihren schwer erkennbaren Gefahren, ihrer von unverständlichen Lauten erfüllten Stille macht Angst. Wenn die Herde nach Sonnenuntergang wandert, wenn die Sichtbarkeit nachlässt, dann ist es normal, dass die Schafe unruhig sind, dann besteht die Gefahr zu straucheln oder sich zu entfernen und zu verirren, und man hat auch Angst vor möglichen Angreifern, die in der Finsternis verborgen sind.

Wenn er von der »finsteren« Schlucht spricht, gebraucht der Psalmist einen hebräischen Begriff, der die Finsternis des Todes bezeichnet; die zu durchquerende Schlucht ist also ein furchteinflößender Ort, an dem schreckliche Bedrohungen und Todesgefahr lauern. Dennoch schreitet der Beter zuversichtlich und furchtlos voran, denn er weiß, dass der Herr bei ihm ist. »Du bist bei mir« ist ein Ausdruck unerschütterlichen Vertrauens, der die Erfahrung tief verwurzelten Glaubens zusammenfasst; die Nähe Gottes verändert die Wirklichkeit, die finstere Schlucht verliert all ihre Gefährlichkeit und ihre Bedrohungen. Die Herde kann jetzt ruhig wandern, begleitet vom vertrauten Klang des Stabes, der auf die Erde stößt und die beruhigende Gegenwart des Hirten anzeigt. Mit diesem tröstlichen Bild schließt der erste Teil des Psalms und macht einer anderen Szene Platz. Wir sind noch immer in der Wüste, wo der Hirte mit seiner Herde lebt, aber jetzt werden wir in sein Zelt geführt, das sich öffnet, um Gastfreundschaft zu schenken:

»Du deckst mir den Tisch vor den Augen meiner Feinde.
Du salbst mein Haupt mit Öl,
du füllst mir reichlich den Becher« (V. 5).

Der Herr erscheint jetzt als derjenige, der den Beter aufnimmt, mit den Zeichen einer großherzigen und fürsorglichen Gastfreundschaft. Der göttliche Gastgeber bereitet mit Speisen den »Tisch«. Das hebräische Wort bezeichnete ursprünglich die Tierhaut, die auf dem Boden ausgebreitet wurde und auf der die Speisen für das gemeinsame Mahl angerichtet wurden. Durch diese Geste wird nicht nur die Speise, sondern auch das Leben miteinander geteilt, werden Gemeinschaft und Freundschaft angeboten, was Bindungen schafft und Solidarität zum Ausdruck bringt. Und dann ist da die großherzige Gabe des duftenden Öls auf dem Haupt, das in der heißen Wüstensonne

Erleichterung schenkt, der Haut Frische und Linderung verleiht und das Herz mit seinem Duft erfreut. Schließlich fügt der reichlich gefüllte Becher noch eine festliche Note hinzu durch seinen erlesenen Wein, der mit überreicher Freigebigkeit geteilt wird. Speisen, Öl, Wein: Das sind die Gaben, die Leben und Freude schenken, weil sie über das strikt Notwendige hinausgehen und die Unentgeltlichkeit und den übergroßen Reichtum der Liebe zum Ausdruck bringen. Im Psalm 104, der die Güte der Vorsehung des Herrn preist, heißt es:

»Du lässt Gras wachsen für das Vieh, /
auch Pflanzen für den Menschen,
die er anbaut, damit er Brot gewinnt von der Erde /
und Wein, der das Herz des Menschen erfreut,
damit sein Gesicht von Öl erglänzt /
und Brot das Menschenherz stärkt« (V. 14–15).

Dem Psalmisten wird viel Fürsorge zuteil, daher betrachtet er sich gleichsam als Wanderer, der in einem gastfreundlichen Zelt Unterschlupf findet, während seine Feinde das Nachsehen haben, ohne eingreifen zu können, weil jener, den sie als ihre Beute betrachteten, in Sicherheit gebracht wurde, zum heiligen, unantastbaren Gast geworden ist. Und der Psalmist sind wir, wenn wir wirklich Gläubige in Gemeinschaft mit Christus sind. Wenn Gott sein Zelt öffnet, um uns aufzunehmen, dann kann uns nichts Böses geschehen. Wenn der Wanderer später wieder aufbricht, dann bleibt der göttliche Schutz bestehen und begleitet ihn auf seiner Reise:

»Lauter Güte und Huld werden mir folgen mein Leben lang,
und im Haus des Herrn darf ich wohnen für lange Zeit« (V. 6).

Gottes Güte und Huld sind der Geleitschutz, der den Psalmisten, der aus dem Zelt heraustritt und sich wieder auf den Weg macht, begleitet. Dieser Weg erhält jedoch einen neuen Sinn und wird zur Pilgerreise zum Tempel des Herrn, dem heiligen Ort, an dem der Beter für immer »wohnen« und zu dem er auch »zurückkehren« will. Das hier verwendete hebräische Verb bedeutet »zurückkehren«, aber durch eine kleine Vokalverschiebung kann es als »wohnen« aufgefasst werden, und so wird er von den antiken Übertragungen und von den meisten modernen Übersetzungen auch wiedergegeben. Beide Bedeutungen können erhalten bleiben. Zum Tempel zurückzukehren und dort zu wohnen, ist der Wunsch eines jeden Israeliten, und bei Gott zu wohnen, in seiner Nähe und Güte, ist das Verlangen und die Sehnsucht eines jeden Gläubigen: dort wirklich wohnen zu können, wo Gott ist, nahe bei Gott. Die Nachfolge des Hirten führt zu seinem Haus. Das ist das Ziel eines jeden Weges, die ersehnte Oase in der Wüste, das Zelt, das Unterschlupf bietet auf der Flucht vor den Feinden, der Ort des Friedens, an dem man die Güte und die treue Liebe Gottes erfährt, Tag für Tag, im Frieden und in der Freude einer Zeit ohne Ende.

Die Bilder dieses Psalms mit ihrem Reichtum und ihrer Tiefe haben die ganze Geschichte und die religiöse Erfahrung des Volkes Israel begleitet und begleiten die Christen. Die Gestalt des Hirten erinnert insbesondere an die Ursprungszeit des Auszugs aus Ägypten, an den langen Weg durch die Wüste, wie eine Herde unter der Führung des göttlichen Hirten (vgl. Jes 63,11–14; Ps 77,20–21; 78,52–54). Und im Gelobten Land hatte der König die Aufgabe, die Herde des Herrn zu weiden, wie David, der von Gott auserwählte Hirte und das Urbild des Messias (vgl. 2 Sam 5,1–2.7–8; Ps 78,70–72). Dann, nach der Babylonischen Gefangenschaft, gleichsam in einem neuen Auszug aus Ägypten (vgl. Jes 40,3–5.9–11; 43,16–21), wird Israel wieder in die Heimat zurückgebracht wie ein verlorenes und wiedergefundenes Schaf, das von Gott auf üppige Weiden und Ruheplätze zurückgeführt wird (vgl. Ez 34,11–16.23–31). Im Herrn Jesus kommt jedoch die ganze Sinnfälligkeit unseres Psalms zur Vollendung, findet sie ihre Bedeutungsfülle.

Jesus ist der »gute Hirt«, der auf die Suche geht nach dem verlorenen Schaf, der seine Schafe kennt und sein Leben für sie hingibt (vgl. Mt 18,12–14; Lk 15,4–7; Joh 10.2–4.11–18), er ist der Weg, der rechte Pfad, der uns zum Leben führt (vgl. Joh 14,6), das Licht, das die finstere Schlucht erleuchtet und all unsere Ängste überwindet (vgl. Joh, 1,9; 8,12; 9,5; 12,46). Er ist der großherzige Gastgeber, der uns aufnimmt, uns vor den Feinden in Sicherheit bringt und uns den Tisch seines Leibes und seines Blutes bereitet (vgl. Mt 26,26–29; Mk 14,22–25; Lk 22,19–20) sowie das endgültige messianischen Hochzeitsmahl im Himmel (vgl. Lk 14,15ff; Offb 3,20; 19,9). Er ist der königliche Hirte, König in Barmherzigkeit und in Vergebung, am glorreichen Holz des Kreuzes erhöht (vgl. Joh 3,13–15; 12,32; 17,4–5). Der Psalm 23 lädt uns ein, unseren Glauben an Gott zu erneuern und uns völlig seinen Händen zu überlassen.

Bitten wir daher mit Glauben, dass der Herr uns gewähre, auch auf den schwierigen Wegen unserer Zeit stets als fügsame und gehorsame Herde auf seinen Pfaden zu wandern, dass er uns in sein Haus, an seinen Tisch aufnehme und uns zum »Ruheplatz am Wasser« führe, damit wir die Gabe seines Heiligen Geistes annehmen und aus seiner Quelle trinken können, der sprudelnden Quelle, »deren Wasser ewiges Leben schenkt« (Joh 4,14; vgl. 7,37–39).

Psalm 126: »Wende doch, Herr, unser Geschick«

In den vorangegangenen Kapiteln haben wir einige Psalmen der Klage und des Vertrauens betrachtet. Nun möchte ich mit euch über einen Psalm nachdenken, der von Freude geprägt ist, ein Gebet, das freudig die Großtaten Gottes besingt. Es ist Psalm 126 – nach der griechisch-lateinischen Zählung 125 –, der die großen Dinge preist, die der Herr an seinem Volk vollbracht hat und die er ohne Unterlass an jedem Gläubigen vollbringt.

Der Psalmist beginnt sein Gebet damit, dass er im Namen von ganz Israel die beglückende Erfahrung des Heils in Erinnerung ruft:

»Als der Herr das Los der Gefangenschaft Zions wendete,
da waren wir alle wie Träumende.
Da war unser Mund voll Lachen
und unsere Zunge voll Jubel« (V. 1–2a).

Der Psalm spricht von einem »gewendeten Los«: Das heißt, dass der Urzustand in all seiner einstigen Positivität wiederhergestellt wurde. Der Ausgangspunkt ist also eine Situation des Leidens und der Not, auf die Gott antwortet, indem er Heil wirkt und den Beter in den vorherigen Zustand zurückversetzt, der jetzt sogar bereichert und zum Besseren gewandelt ist. Es ist das, was Ijob widerfährt, als der Herr ihm alles, was er verloren hatte, zurückerstattet, es auf das Doppelte mehrt und einen noch größeren Segen spendet (vgl. Ijob 42,10–13). Dasselbe erfährt das Volk Israel, als es aus dem Babylonischen Exil heimkehrt. Dieser Psalm wird mit Bezug auf das Ende der Verbannung in ein fremdes Land ausgelegt: Der Ausdruck »das Los Zions wenden« wird in der Überlieferung als »die Gefangenen Zions heimkehren lassen« ausgelegt und verstanden. In der Tat ist die Rückkehr aus dem Exil das Muster für jedes rettende göttliche Eingreifen, denn die Eroberung Jerusalems und die Verschleppung nach Babylonien waren für das auserwählte Volk eine erschütternde Erfahrung, nicht nur auf politischer und sozialer Ebene, sondern auch und vor allem auf religiöser und geistlicher Ebene. Der Verlust des Landes, das Ende der davidischen Monarchie und die Zerstörung des Tempels erscheinen wie ein Widerruf der göttlichen Verheißungen, und das Volk des Bundes, das unter den Heiden versprengt ist, steht schmerzerfüllt vor der Frage nach einem Gott, der es verlassen zu haben scheint. Das Ende der Verbannung und die Rückkehr in die Heimat werden daher als eine wunderbare Rückkehr zum Glauben, zum Vertrauen, zur Gemeinschaft mit dem Herrn erfahren; dieses »Wenden des Loses« bringt auch die Bekehrung des Herzens mit sich, die Vergebung, die wiedergefundene Freundschaft mit Gott, das Bewusstsein um seine Barmherzigkeit und die Möglichkeit, ihn wieder zu preisen (vgl. Jer 29,12–14; 30,18–20; 33,6–11; Ez 39,25–29). Es ist eine Erfahrung grenzenloser Freude, voll Lachen und Jubelrufen. Sie ist so schön, dass alle »wie Träumende« sind. Das göttliche Eingreifen nimmt oft unerwartete Formen an, die die Vorstellungskraft des Menschen übersteigen; und dann entlädt sich das Staunen und die Freude im Lobpreis: »Der Herr hat Großes getan.« Das sagen die Völker, und das verkündet Israel:

»Da sagte man unter den andern Völkern:
Der Herr hat an ihnen Großes getan.
Ja, Großes hat der Herr an uns getan.
Da waren wir fröhlich« (V. 2b–3).

Gott tut Wunder in der Geschichte der Menschen. Indem er Heil wirkt, offenbart er sich allen als mächtiger und barmherziger Herr, als Zuflucht für den Bedrückten; er vergisst nicht den Notschrei der Armen (vgl. Ps 9,10.13), er liebt Gerechtigkeit und Recht, die Erde ist erfüllt von seiner Huld (vgl. Ps 33,5). So erkennen angesichts der Befreiung des Volkes Israel alle Völker das Große und Wunderbare, das Gott für sein Volk vollbringt, und feiern den Herrn in seiner Wirklichkeit als Retter. Und Israel schließt sich dem Jubelruf der Völker an, es greift ihn auf und wiederholt ihn, aber als Hauptakteur, als unmittelbarer Empfänger des göttlichen Wirkens: »Großes hat der Herr an uns getan«; »an uns«, oder noch genauer gesagt »mit uns«, in Hebräisch »'immanû«. So bekräftigt es die besondere Beziehung, die der Herr zu seinen Auserwählten unterhält und die im Namen »Immanuel«, »Gott ist mit uns«, den Jesus erhält, ihren Höhepunkt und ihre volle Offenbarung findet (vgl. Mt 1,23).
In unserem Gebet sollten wir öfter darauf blicken, wie der Herr uns in den Wechselfällen unseres Lebens geschützt, geleitet, geholfen hat, und ihn loben für das, was er für uns getan hat und tut. Wir müssen mehr auf die guten Dinge achten, die der Herr uns gibt. Wir achten

immer auf die Probleme, auf die Schwierigkeiten, und fast wollen wir nicht merken, dass es schöne Dinge gibt, die vom Herrn kommen. Diese Achtsamkeit, die zur Dankbarkeit wird, ist sehr wichtig für uns und schenkt uns eine Erinnerung an das Gute, die uns auch in den dunklen Stunden hilft. Gott vollbringt große Dinge, und wer sie erfährt – achtsam gegenüber der Güte des Herrn mit der Achtsamkeit des Herzens –, ist erfüllt von Freude. Mit dieser freudigen Feststellung endet der erste Teil des Psalms. Gerettet zu sein und aus dem Exil in die Heimat zurückzukehren, ist wie eine Rückkehr ins Leben: Die Befreiung öffnet sich zum Lachen, aber gleichzeitig auch zur Erwartung einer Erfüllung, die noch aussteht und noch erbeten werden muss. Das ist der zweite Teil unseres Psalms, der so lautet:

»Wende doch, Herr, unser Geschick,
wie du versiegte Bäche
wieder füllst im Südland.
Die mit Tränen säen,
werden mit Jubel ernten.
Sie gehen hin unter Tränen
und tragen den Samen zur Aussaat.
Sie kommen wieder mit Jubel
und bringen ihre Garben ein« (V. 4–6).

Wenn der Psalmist am Anfang seines Gebets die Freude über ein Los feierte, das der Herr nunmehr gewendet hat, so erbittet er es jetzt als etwas, das erst noch verwirklicht werden muss. Wenn man diesen Psalm auf die Rückkehr aus dem Exil bezieht, dann erklärt sich dieser scheinbare Gegensatz durch die geschichtliche Erfahrung, die Israel gemacht hat: die Erfahrung einer schwierigen, nur teilweise verwirklichten Rückkehr in die Heimat, die den Beter dazu bringt, ein weiteres göttliches Eingreifen zu erbitten, um die Wiederherstellung des Volkes zur Vollendung zu bringen.

Der Psalm geht jedoch über das rein Geschichtliche hinaus, um sich breiteren Dimensionen theologischer Natur zu öffnen. Die tröstliche Erfahrung der Befreiung aus Babylonien ist auf jeden Fall noch unvollständig. Sie ist »schon« geschehen, aber »noch nicht« von der endgültigen Fülle gekennzeichnet. Während das Gebet freudig das empfangene Heil feiert, öffnet es sich so auf die Erwartung der vollen Verwirklichung hin. Daher gebraucht der Psalm besondere Bilder, die in ihrer Vielschichtigkeit auf die geheimnisvolle Wirklichkeit der Erlösung verweisen, in der das empfangene und noch zu erwartende Geschenk, Leben und Tod, träumerische Freude und leidvolle Tränen miteinander verknüpft sind. Das erste Bild nimmt Bezug auf die versiegten Bäche der Wüste im Südland, die sich durch die Regenfälle mit tobendem Wasser füllen, das der ausgedörrten Erde wieder Leben schenkt und sie neu erblühen lässt. Der Psalmist bittet also, dass das Wenden des Geschicks des Volkes und die Rückkehr aus dem Exil wie dieses Wasser sein mögen: überwältigend, unaufhaltsam, und fähig, die Wüste in eine riesige Weite aus grünem Gras und Blumen zu verwandeln.

Das zweite Bild geht von den dürren und felsigen Hügeln des Südlands über zu den Feldern, die die Bauern bebauen, um Nahrung daraus zu gewinnen. Um über das Heil zu sprechen, wird hier auf die Erfahrung verwiesen, die sich in der Landwirtschaft Jahr für Jahr wiederholt: die schwierige und mühselige Zeit der Aussaat und dann die Freude, die über die Ernte ausbricht. Die Aussaat ist von Tränen begleitet, weil man das aussät, was noch zu Brot werden könnte, und sich damit einer Erwartung voller Ungewissheiten aussetzt: Der Bauer arbeitet, er bereitet den Boden, streut den Samen aus, aber – wie das Gleichnis vom Sämann gut erläutert – er weiß nicht, wohin dieser Samen fallen wird, ob die Vögel ihn fressen werden, ob er aufgehen, Wurzeln treiben wird, ob er zur Ähre werden wird (vgl. Mt 13,3–9; Mk 4,2–9; Lk 8,4–8). Die Aussaat ist eine Geste des Vertrauens und der Hoffnung; der Fleiß des Menschen ist notwendig, aber dann tritt für ihn ein ohnmächtiges Warten ein, wohl wissend, dass viele Faktoren für das Gelingen der Ernte entscheidend sein werden und dass die Gefahr des Scheiterns ständig lauert. Dennoch wiederholt der Bauer Jahr für Jahr sein Handeln und streut seinen Samen aus. Und wenn dieser zur Ähre wird und die Felder sich mit Getreide füllen, dann herrscht Freude angesichts dieses wunderbaren Ereignisses. Jesus kannte diese Erfahrung gut und sprach zu seinen Jüngern darüber. »Er sagte: Mit dem Reich Gottes ist es so, wie wenn ein Mann Samen auf seinen Acker sät; dann schläft er und steht wieder auf, es wird Nacht und wird Tag, der Samen keimt und wächst, und der Mann weiß nicht, wie« (Mk 4,26–27). Es ist das verborgene Geheimnis des Lebens, es sind die wunderbaren »großen Dinge« des Heils, das Gott in der Geschichte der Menschen wirkt und dessen Geheimnis die Menschen nicht kennen. Wenn das göttliche Eingreifen in ganzer Fülle offenbar wird, dann nimmt es gewaltige Dimensionen an, wie die Bäche im Südland und wie das Getreide auf den Feldern, wobei Letzteres auch ein Missverhältnis deutlich macht, das für die Dinge Gottes bezeichnend ist: das Missverhältnis zwischen der Mühe der Aussaat und der grenzenlosen Freude über die Ernte, zwischen dem ängstlichen Warten und dem beruhigenden Anblick der vollen Speicher, zwischen den kleinen Samen, die auf die Erde gestreut werden, und den großen sonnenvergoldeten Garbenhaufen. Zur Zeit der Ernte hat sich alles gewandelt, das Weinen hat ein Ende, es hat freudigem Jubel Platz gemacht. Auf all das nimmt der Psalmist Bezug, um über das Heil zu sprechen, über die Befreiung, das gewendete Los, die Rückkehr aus dem Exil. Die Verschleppung nach Babylonien – ebenso wie jede andere Situation des Leidens und der Krise mit ihrer schmerzlichen Dunkelheit aus Zweifeln und der scheinbaren Abwesenheit Gottes – ist in Wirklichkeit, so sagt unser Psalm, wie eine Aussaat. Im Geheimnis Christi, im Licht des Neuen Testaments wird die Botschaft noch deutlicher und klarer: Der Gläubige, der durch diese Finsternis hindurchgeht, ist wie das Weizenkorn, das in die Erde gefallen ist und stirbt, um jedoch reiche Frucht zu bringen (vgl. Joh 12,24). Oder er ist, wenn man ein weiteres Bild aufgreift, das Jesus sehr am Herzen lag, wie die Frau, die Geburtswehen erleidet, um zur Freude darüber zu gelangen, neues Leben zur Welt gebracht zu haben (vgl. Joh 16,21).

Dieser Psalm lehrt uns, dass wir in unserem Gebet stets offen für die Hoffnung und fest im Glauben an Gott bleiben müssen. Wenn unsere Geschichte auch oft die Spuren von Schmerz, von Unsicherheit, von Augenblicken der Krise trägt, so ist sie doch Heilsgeschichte, in der »das Los gewendet« wird. In Jesus endet unser Exil, und jede Träne wird getrocknet, im Geheimnis seines Kreuzes, des in Leben verwandelten Todes, wie das Weizenkorn, das in der Erde aufbricht und zur Ähre wird. Auch für uns ist die Entdeckung Jesu Christi die große Freude über das »Ja« Gottes, der unser Los gewendet hat. Aber wie jene, die voll Freude aus Babylonien zurückgekehrt sind und ein verarmtes, verwüstetes Land vorgefunden haben, und jene, die vor der schwierigen Aussaat standen und unter Tränen gelitten haben, ohne zu wissen, ob es am Ende wirklich eine Ernte geben würde, so finden auch wir nach der großen Entdeckung Jesu Christi – unser Leben, die Wahrheit, der Weg –, wenn wir den Boden des Glaubens, das »Land des Glaubens« betreten, oft ein dunkles, hartes, schwieriges Leben vor, eine Aussaat unter Tränen, aber in der Gewissheit, dass Christus uns am Ende wirklich die große Ernte schenkt. Und das müssen wir auch in den dunklen Nächten lernen; wir dürfen nicht vergessen, dass das Licht da ist, dass Gott schon mitten in unserem Leben ist und dass wir die Aussaat vornehmen können im großen Vertrauen, dass das »Ja« Gottes stärker ist als wir alle. Es ist wichtig, die Erinnerung an die Gegenwart Gottes in unserem Leben nicht zu verlieren, die tiefe Freude, dass Gott in unser Leben eingetreten ist und uns befreit hat: die Dankbarkeit für die Entdeckung Jesu Christi, der zu uns gekommen ist. Und diese Dankbarkeit verwandelt sich in Hoffnung, sie ist der Stern der Hoffnung, der uns Vertrauen schenkt, sie ist das Licht, denn gerade die Schmerzen der Aussaat sind der Beginn des neuen Lebens, der großen und endgültigen Freude Gottes.

Psalm 136 (135): Das »große Hallel«

Nun möchte ich mit euch einen Psalm betrachten, der die ganze Heilsgeschichte zusammenfasst, von der das Alte Testament uns Zeugnis gibt. Es handelt sich um ein großes Loblied, das den Herrn in den zahlreichen immer wiederkehrenden Offenbarungen seiner Güte in der Geschichte der Menschheit preist; es ist Psalm 136 – oder 135 nach der griechisch-lateinischen Überlieferung. Als feierliches Dankgebet, bekannt als das »große Hallel«, wird dieser Psalm traditionell am Ende des jüdischen Passahmahls gesungen, und auch Jesus hat ihn wohl beim Letzten Abendmahl gebetet, das er mit seinen Jüngern feierte. Denn darauf scheint die Bemerkung der Evangelisten hinzuweisen: »Nach dem Lobgesang gingen sie zum Ölberg hinaus« (Mt 26,30; Mk 14,26). Der Horizont des Lobes erleuchtet so den schweren Gang nach Golgota. Der ganze Psalm 136 läuft in litaneiartiger Form ab, unterteilt von der antiphonalen Wiederholung »denn seine Huld währt ewig«. In dem Werk werden die vielen Wunder Gottes in der Geschichte der Menschheit sowie seine ständigen Eingriffe zugunsten seines Volkes aufgezählt. Und auf jede Verkündigung des Heilswirkens des Herrn antwortet die Antiphon, wobei der Hauptbeweggrund der Lobpreis ist: die ewige Liebe Gottes, eine Liebe, die – entsprechend dem hebräischen Begriff, der hier verwendet wird – Treue, Barmherzigkeit, Güte, Gnade, Fürsorge einschließt.

Dies ist das Leitmotiv des ganzen Psalms, das stets in derselben Form wiederholt wird, während seine konkreten, paradigmatischen Ausdrucksformen wechseln: die Schöpfung, die Befreiung durch den Exodus, das Geschenk des Landes, der unablässige fürsorgliche Beistand, den der Herr seinem Volk und allen Geschöpfen gewährt. Nach einer dreifachen Aufforderung, Gott, dem Herrscher, zu danken (V. 1–3), wird der Herr gepriesen als der, der »große Wunder tut« (V. 4). Das erste von ihnen ist die Schöpfung: der Himmel, die Erde, die Gestirne (V. 5–9). Die geschaffene Welt ist nicht einfach nur ein Hintergrund, vor dem das Heilswirken Gottes stattfindet, sondern sie ist der Anfang jenes wunderbaren Wirkens. Durch die Schöpfung zeigt sich der Herr in all seiner Güte und Schönheit, er geht eine Bindung mit dem Leben ein und offenbart sein Wohlwollen, aus dem jedes andere Heilswirken hervorgeht. Und in unserem Psalm, in dem das erste Kapitel der Genesis Widerhall findet, wird die geschaffene Welt in ihren Hauptelementen zusammengefasst, wobei insbesondere die Gestirne hervorgehoben werden, die Sonne, der Mond, die Sterne: wunderbare Geschöpfe, die den Tag und die Nacht regieren. Von der Schöpfung des Menschen wird hier nicht gesprochen, aber er ist immer gegenwärtig; Sonne und Mond sind für ihn – für den Menschen – da, um der Zeit des Menschen einen Rhythmus zu verleihen und ihn, vor allem durch das Anzeigen der liturgischen Zeiten, in Beziehung zum Schöpfer zu stellen. Und gleich darauf wird das Passahfest in Erinnerung gerufen. Der Übergang zur Offenbarung Gottes in der Geschichte beginnt mit dem großen Ereignis der Befreiung aus der ägyptischen Knechtschaft, dem Exodus, der in seinen bedeutendsten Elementen dargelegt wird: die Befreiung aus Ägypten mit der Plage, die über die Erstgeburt Ägyptens kommt, der Auszug aus Ägypten, der Durchzug durch das Rote Meer, der Weg durch die Wüste bis zum Einzug in das Gelobte Land (V. 10–20). Wir sind in der Ursprungszeit der Geschichte Israels. Gott hat machtvoll eingegriffen, um sein Volk in die Freiheit zu führen: Durch Mose, seinen Gesandten, hat er sich gegen den Pharao durchgesetzt und sich in seiner ganzen Größe offenbart. Und schließlich hat er den Widerstand der Ägypter gebrochen mit der schrecklichen Geißel des Todes der Erstgeborenen. So kann Israel das Land der Knechtschaft verlassen, mit dem Gold seiner Unterdrücker (vgl. Ex 12,35–36), die Hand »voll Zuversicht« (Ex 14,8) erhoben im jubelnden Zeichen des Sieges.

Auch am Roten Meer handelt der Herr mit barmherziger Macht. Israel ist beim Anblick der Ägypter, die ihm nachstellen, so erschrocken, dass es bereut, Ägypten verlassen zu haben (vgl. Ex 14,10–12). Unser Psalm sagt, dass Gott vor ihm »das Schilfmeer zerschnitt in zwei Teile [...] und Israel hindurchführte zwischen den Wassern [...] und den Pharao ins Meer stürzte samt seinem Heer« (V. 13–15). Das Bild vom Roten Meer, das in zwei Teile »zerschnitten« ist, erinnert an die Idee vom Meer als einem großen Ungeheuer, das in zwei Teile zerschlagen und so außer Gefecht gesetzt wird. Die Macht des Herrn überwindet die gefährlichen Gewalten der Natur und die des von Menschen aufgestellten Heeres: Das Meer, das dem Volk Gottes den Weg zu versperren schien, lässt Israel trockenen Fußes hindurchziehen und schließt sich dann wieder über den Ägyptern und verschlingt sie. »Die starke Hand und der hoch erhobene Arm« des Herrn (vgl. Dtn 5,15; 7,19; 26,8) zeigen sich so in all ihrer rettenden Kraft: Der ungerechte Unterdrücker ist besiegt, vom Wasser verschlungen, während das Volk Gottes »hindurchzieht«, um seinen Weg in die Freiheit fortzusetzen. Auf diesen Weg nimmt unser Psalm jetzt Bezug, indem er mit einem ganz kurzen Satz den langen Pilgerweg Israels in das Gelobte Land beschreibt: »der sein Volk durch die Wüste führte, / denn seine Huld währt ewig« (V. 16). Diese wenigen Worte enthalten eine Erfahrung von 40 Jahren, eine entscheidende Zeit für Israel: Indem es sich vom Herrn führen lässt, lernt es, aus dem Glauben, im Gehorsam und in der Fügsamkeit gegenüber dem Gesetz Gottes zu leben. Es sind schwere Jahre, die von der Härte des Lebens in der Wüste geprägt sind, aber auch glückliche Jahre – Jahre der Zuversicht auf den Herrn, des kindlichen Vertrauens; es ist die Zeit der »Jugend «, wie der Prophet Jeremia sagt, als er im Namen des Herrn zu Israel spricht, mit Worten voll Zärtlichkeit und Sehnsucht: »Ich denke an deine Jugendtreue, an die Liebe deiner Brautzeit, wie du mir in die Wüste gefolgt bist, im Land ohne Aussaat« (Jer 2,2). Wie der Hirte im Psalm 23, den wir in einer Katechese betrachtet haben, hat der Herr sein Volk 40 Jahre lang geführt. Er hat es erzogen und geliebt und ins Gelobte Land geführt, indem er auch die Widerstände und die Gegnerschaft feindlicher Völker überwunden hat, die seinen Heilsweg behindern wollten (vgl. V. 17–20).

In der Abfolge der »großen Wunder«, die unser Psalm aufzählt, gelangt man so zum Augenblick des abschließenden Geschenks der Erfüllung der göttlichen Verheißung, die an die Väter ergangen war: »Und der ihr Land zum Erbe gab, / denn seine Huld währt ewig, der es Israel gab, seinem Knecht, / denn seine Huld währt ewig« (V. 21–22). Im Lobpreis der immerwährenden Huld des Herrn wird jetzt das Geschenk des Landes in Erinnerung gerufen, ein Geschenk, das das Volk empfangen muss, ohne es sich jemals anzueignen; es soll stets in einer Haltung erkenntlicher und dankbarer Annahme leben. Israel empfängt das Land, in dem es leben soll, zum »Erbe«: Dieser Ausdruck bezeichnet ganz allgemein den Besitz eines Gutes, das von einem anderen empfangen wurde, ein Eigentumsrecht, das sich insbesondere auf den väterlichen Besitz bezieht.

Eine der besonderen Eigenschaften Gottes ist das »Schenken«; und jetzt, am Ende des Exodus, tritt Israel, der Empfänger des Geschenks, wie ein Sohn in das Land der erfüllten Verheißung ein. Die Zeit des Umherwanderns, das Leben in Zelten, das von Vorläufigkeit geprägt war, ist beendet. Jetzt ist die glückliche Zeit der Stabilität angebrochen, der Freude, Häuser zu bauen, Weinberge zu pflanzen, in Sicherheit zu leben (vgl. Dtn 8,7-13). Es ist jedoch auch die Zeit der Versuchung zur Götzenverehrung, der Verunreinigung durch die Heiden, der Unabhängigkeit, die den göttlichen Ursprung des Geschenks vergessen lässt. Daher erwähnt der Psalmist die Erniedrigung und die Feinde, eine todbringende Wirklichkeit, in der der Herr sich noch einmal als Retter erweist: »der an uns dachte in unserer Erniedrigung, / denn seine Huld währt ewig, und uns den Feinden entriss, / denn seine Huld währt ewig« (V. 23-24).

An diesem Punkt stellt sich die Frage: Wie können wir diesen Psalm zu unserem Gebet machen, wie können wir uns diesen Psalm für unser Gebet aneignen? Wichtig ist der Rahmen des Psalms, am Anfang und am Ende: Es ist die Schöpfung. Wir werden auf diesen Punkt noch einmal zurückkommen: die Schöpfung als das große Geschenk Gottes, von dem wir leben, in dem er sich in seiner Güte und Größe offenbart. Die Vergegenwärtigung der Schöpfung als Geschenk Gottes stellt also einen gemeinsamen Aspekt für uns alle dar. Dann folgt die Heilsgeschichte. Natürlich können wir sagen: Die Befreiung aus Ägypten, die Zeit der Wüste, der Einzug in das Heilige Land und all die anderen Probleme sind sehr fern von uns, sind nicht unsere Geschichte. Wir müssen jedoch auf die Grundstruktur dieses Gebets achten. Die Grundstruktur ist, dass Israel der Güte des Herrn gedenkt.

In dieser Geschichte gibt es viele finstere Täler, es geht oft durch Schwierigkeiten und Tod hindurch, aber Israel erinnert sich, dass Gott gut war, und kann in diesem finsteren Tal überleben, in diesem Tal des Todes, weil es sich erinnert. Es besitzt die Erinnerung an die Güte des Herrn, an seine Macht; seine Barmherzigkeit währt ewig. Und das ist auch für uns wichtig: Erinnerung an die Güte des Herrn zu besitzen. Die Erinnerung wird zur Kraft der Hoffnung. Die Erinnerung sagt uns: Gott ist da, Gott ist gut, seine Barmherzigkeit währt ewig. Und so öffnet die Erinnerung auch an einem finsteren Tag, in einer finsteren Zeit den Weg in die Zukunft: Sie ist das Licht und der Stern, die uns leiten. Auch wir besitzen eine Erinnerung an das Gute, an die barmherzige, ewige Liebe Gottes. Bereits die Geschichte Israels stellt auch für uns eine Erinnerung dar: dass Gott sich offenbart, sich sein Volk erschaffen hat. Dann ist Gott Mensch geworden, einer von uns: Er hat mit uns gelebt, er hat mit uns gelitten, er ist für uns gestorben. Er bleibt bei uns im Sakrament und im Wort. Es ist eine Geschichte, eine Erinnerung an die Güte Gottes, die uns seine Güte zusichert: Seine Huld währt ewig.

Und auch in den 2000 Jahren der Kirchengeschichte zeigt sich immer wieder die Güte des Herrn. Nach der finsteren Zeit der nationalsozialistischen und kommunistischen Verfolgung hat Gott uns befreit, hat er gezeigt, dass er gut ist, dass er Kraft hat, dass seine Barmherzigkeit ewig währt. Und so wie diese Erinnerung an Gottes Güte in der gemeinsamen, kollektiven Geschichte gegenwärtig ist, uns hilft, für uns zum Stern der Hoffnung wird, so hat jeder auch seine persönliche Heilsgeschichte, und wir müssen uns diese Geschichte wirklich zunutze machen, müssen die großen Dinge, die er auch in meinem Leben getan hat, stets in Erinnerung behalten, um Vertrauen zu haben: Seine Huld währt ewig. Und wenn ich heute in der dunklen Nacht bin, dann befreit er mich morgen, denn seine Huld währt ewig.

Wenden wir uns wieder dem Psalm zu, denn am Ende kommt er auf die Schöpfung zurück. Er sagt, dass der Herr »allen Geschöpfen Nahrung gibt, / denn seine Huld währt ewig« (V. 25). Das Gebet des Psalms schließt mit einer Aufforderung zum Lobpreis: »Danket dem Gott des Himmels, / denn seine Huld währt ewig«. Der Herr ist ein guter und fürsorglicher Vater, der seinen Kindern das Erbe schenkt und allen Nahrung zum Leben gibt. Der Gott, der Himmel und Erde und die großen himmlischen Leuchten erschaffen hat, der in die Geschichte der Menschen eintritt, um all seine Kinder zum Heil zu führen, ist der Gott, der das Universum mit seiner guten Gegenwart erfüllt, indem er für das Leben Sorge trägt und Brot gibt. Die unsichtbare Kraft des Schöpfers und Herrn, die im Psalm gepriesen wird, offenbart sich im kleinen sichtbaren Brot, das er uns gibt, durch das er uns leben lässt. Und so symbolisiert und umfasst dieses tägliche Brot die Liebe Gottes als Vater und öffnet uns hin zur neutestamentlichen Vollendung, zu jenem »Brot des Lebens«, der Eucharistie, die uns in unserem Leben als Gläubige begleitet und die ein Vorgeschmack ist auf die Freude des messianischen Mahls im Himmel.

Der Lobpreis des Psalms 136 hat uns Rückschau halten lassen auf die wichtigsten Abschnitte der Heilsgeschichte, bis hin zum Paschamysterium, in dem das Heilswirken Gottes seinen Höhepunkt erreicht. Mit dankbarer Freude wollen wir daher den Schöpfer, Retter und treuen Vater preisen. Er »hat die Welt so sehr geliebt, dass er seinen einzigen Sohn hingab, damit jeder, der an ihn glaubt, nicht zugrunde geht, sondern das ewige Leben hat« (Joh 3,16). In der Fülle der Zeiten wird der Sohn Gottes Mensch, um das Leben hinzugeben, zum Heil eines jeden von uns, und schenkt sich hin als Brot im eucharistischen Geheimnis, um uns in seinen Bund eintreten zu lassen, der uns zu Kindern macht. So viel erlangt die barmherzige Güte Gottes und die Erhabenheit seiner »immerwährenden Huld«. Daher möchte ich diese Katechese beenden, indem ich mir die Worte zu eigen mache, die der hl. Johannes in seinem Ersten Brief schreibt und die wir uns in unserem Gebet stets vergegenwärtigen sollten: »Seht, wie groß die Liebe ist, die der Vater uns geschenkt hat: Wir heißen Kinder Gottes, und wir sind es« (1 Joh 3,1).

Psalm 119 (118): »Ich berge deinen Spruch im Herzen«

In den vergangenen Kapiteln haben wir einige Psalmen betrachtet, die Beispiele sind für die Gattungen, die das Gebet kennzeichnen: Klage, Vertrauen, Lobpreis. In diesem Kapitel möchte ich über Psalm 119 nach der hebräischen – 118 nach der griechisch-lateinischen – Überlieferung sprechen: Es ist ein ganz besonderer, einzigartiger Psalm. Das ist er zunächst schon wegen seiner Länge, denn er besteht aus 176 Versen, die in 22 Strophen mit jeweils acht Versen unterteilt sind. Außerdem hat er die Besonderheit, ein »alphabetisches Akrostichon« zu sein: Er ist also nach dem hebräischen Alphabet aufgebaut, das aus 22 Buchstaben besteht. Jede Strophe entspricht einem Buchstaben dieses Alphabets, und mit diesem Buchstaben beginnt das erste Wort der acht Verse der Strophe. Es handelt sich um ein originelles und sehr anspruchsvolles literarisches Werk, in dem der Autor des Psalms sein ganzes Können aufbieten musste.

Das Wichtigste für uns ist jedoch das zentrale Thema dieses Psalms: Es handelt sich um ein eindrucksvolles und feierliches Gebet über die Tora des Herrn, also über sein Gesetz. Dieser Begriff muss in seinem weitesten und vollendeten Sinn als Lehre, Anweisung, Lebensunterweisung verstanden werden; die Tora ist Offenbarung, ist Wort Gottes, das Fragen an den Menschen richtet und als Antwort vertrauensvollen Gehorsam und großherzige Liebe hervorruft. Und von Liebe zum Wort Gottes ist dieser Psalm ganz durchdrungen; er feiert seine Schönheit, seine rettende Kraft, seine Fähigkeit, Freude und Leben zu schenken. Denn das göttliche Gesetz ist kein schweres Joch der Knechtschaft, sondern eine Gnadengabe, die frei macht und zur Glückseligkeit führt. »Ich habe meine Freude an deinen Gesetzen, / dein Wort will ich nicht vergessen«, sagt der Psalmist (V. 16); und dann: »Führe mich auf dem Pfad deiner Gebote! / Ich habe an ihm Gefallen« (V. 35); und mehr noch: »Wie lieb ist mir deine Weisung; / ich sinne über sie nach den ganzen Tag« (V. 97). Das Gesetz des Herrn, sein Wort ist der Mittelpunkt des Lebens des Beters; in ihm findet er Trost, er macht es zum Gegenstand der Betrachtung, er bewahrt es in seinem Herzen: »Ich berge deinen Spruch im Herzen, / damit ich gegen dich nicht sündige« (V. 11), und das ist das Geheimnis des Glücks des Psalmisten; und dann noch: »Stolze verbreiten über mich Lügen, / aber ich halte mich von ganzem Herzen an deine Befehle« (V. 69).

Die Treue des Psalmisten entspringt dem Hören auf das Wort, das er im Innersten bewahren muss, indem er darüber nachdenkt und es liebt, genau wie Maria. Sie »bewahrte alles, was geschehen war, in ihrem Herzen und dachte darüber nach«: die Worte, die an sie gerichtet waren, und die wunderbaren Ereignisse, in denen Gott sich offenbarte und um ihre gläubige Zustimmung bat (vgl. Lk 2,19.51). Und wenn unser Psalm in den ersten Versen damit beginnt, dass er jene selig preist, »die leben nach der Weisung des Herrn« (V. 1b) und »die seine Vorschriften befolgen« (V. 2a), so ist es wiederum die Jungfrau Maria, die die vollkommene Gestalt des Gläubigen, die der Psalmist beschreibt, zur Vollendung bringt. Denn sie ist wahrhaft »selig«, wie Elisabet verkündigt, weil sie »geglaubt hat, dass sich erfüllt, was der Herr ihr sagen ließ« (Lk 1,45). Und von ihr und ihrem Glauben legt Jesus selbst Zeugnis ab, als er der Frau, die gerufen hatte: »Selig die Frau, deren Leib dich getragen«, antwortet: »Selig sind vielmehr die, die das Wort Gottes hören und es befolgen« (Lk 11,27–28). Gewiss, Maria ist selig, weil ihr Leib den Erlöser getragen hat, vor allem aber, weil sie die Verkündigung Gottes angenommen, weil sie sein Wort fürsorglich und liebevoll bewahrt hat.

Der Psalm 119 ist also von diesem Wort des Lebens und der Glückseligkeit ganz durchwoben. Wenn sein zentrales Thema das »Wort« und das »Gesetz« des Herrn ist, so tauchen neben diesen Begriffen in fast allen Versen Synonyme auf, wie »Weisungen«, »Vorschriften«, »Befehle«, »Lehren«, »Verheißung«, »Urteile«, und außerdem viele mit ihnen in Beziehung stehende Verben wie befolgen, bewahren, verstehen, erkennen, lieben, überdenken, leben. Das ganze Alphabet zieht sich durch die 22 Strophen dieses Psalms hin und ebenso das ganze Vokabular der vertrauensvollen Beziehung des Gläubigen zu Gott; wir finden dort den Lobpreis, den Dank, das Vertrauen, aber auch die Bitte und die Klage, jedoch stets durchdrungen von der Gewissheit um die göttliche Gnade und die Kraft des Wortes Gottes. Auch die Verse, die mehr vom Schmerz und vom Gefühl der Finsternis geprägt sind, bleiben offen für die Hoffnung und sind vom Glauben durchdrungen. »Meine Seele klebt am Boden. / Durch dein Wort belebe mich!« (V. 25), betet der Psalmist vertrauensvoll; »ich bin wie ein Schlauch voller Risse, / doch deine Gesetze habe ich nicht vergessen« (V. 83), lautet der Schrei des Gläubigen. Seine Treue, auch wenn sie auf die Probe gestellt wird, findet Kraft im Wort des Herrn: »Dann kann ich dem, der mich schmäht, erwidern; / denn ich vertraue auf dein Wort« (V. 42), sagt er mit Bestimmtheit; und auch angesichts des Todes, der Angst einflößt, sind die Befehle des Herrn sein Bezugspunkt und seine Hoffnung auf den Sieg: »Fast hätte man mich von der Erde ausgetilgt; / dennoch halte ich fest an deinen Befehlen« (V. 87).

Das göttliche Gesetz, Gegenstand der leidenschaftlichen Liebe des Psalmisten und eines jeden Gläubigen, ist Quell des Lebens. Der Wunsch, es zu verstehen, es zu befolgen, das ganze Sein darauf auszurichten, ist das Merkmal des gerechten und dem Herrn treuen Mannes, der über es »nachsinnt bei Tag und Nacht«, wie es in Psalm 1 heißt (V. 2); Gottes Gesetz ist ein Gesetz, das man »auf dem Herzen« haben muss, wie es im wohlbekannten Text des Shema im Deuteronomium heißt: »Höre, Israel! ... Diese Worte, auf die ich dich heute verpflichte, sollen auf deinem Herzen geschrieben stehen. Du sollst sie deinen Söhnen wiederholen. Du sollst von ihnen reden, wenn du zu Hause sitzt und wenn du auf der Straße gehst, wenn du dich schlafen legst und wenn du aufstehst« (6,4.6–7).

Als Mittelpunkt der Existenz verlangt Gottes Gesetz das Hören des Herzens, ein Hören nicht aus knechtischem, sondern aus kindlichem, vertrauensvollem, bewusstem Gehorsam heraus. Das Hören des Wortes ist eine persönliche Begegnung mit dem Herrn des Lebens, eine Begegnung, die in konkreten Entscheidungen Ausdruck finden und zu Weg und Nachfolge werden muss. Als er gefragt wird, was man tun muss, um das ewige Leben zu gewinnen, weist Jesus den Weg der Befolgung des Gesetzes, sagt aber gleichzeitig, wie man es zur Vollendung bringt: »Eines fehlt dir noch: Geh, verkaufe, was du hast, gib das Geld den Armen, und du wirst einen bleibenden Schatz im Himmel haben; dann komm und folge mir nach!« (Mk 10,21 und Par.). Die Erfüllung des Gesetzes ist es, Jesus nachzufolgen, auf dem Weg Jesu zu gehen, in Begleitung Jesu.

Der Psalm 119 bringt uns also zur Begegnung mit dem Herrn und richtet uns auf das Evangelium aus. In ihm gibt es einen Vers, über den ich jetzt sprechen möchte. Es ist der V. 57: »Mein Anteil ist der Herr; / ich habe versprochen, dein Wort zu beachten.« Auch in anderen Psalmen sagt der Beter, dass der Herr sein »Anteil«, sein Erbe ist: »Du, Herr, gibst mir das Erbe und reichst mir den Becher«, heißt es in Psalm 16 (V. 5a), »Gott ist der Fels meines Herzens / und mein Anteil auf ewig«, verkündigt der Gläubige im Psalm 73 (V. 26b). Und auch im Psalm 142 ruft der Psalmist zum Herrn: »Meine Zuflucht bist du, / mein Anteil im Land der Lebenden« (V. 6b). Dieser Begriff »Anteil« lässt an das Ereignis der Aufteilung des Gelobten Landes unter den Stämmen Israels denken, als den Leviten kein Teil des Landes zugeteilt wurde, weil ihr »Anteil« der Herr selbst war. Zwei Texte des Pentateuch sind in dieser Hinsicht sehr deutlich und gebrauchen den Begriff, um den es hier geht: »Der Herr sprach zu Aaron: Du sollst in ihrem Land keinen erblichen Besitz haben. Dir gehört unter ihnen kein Besitzanteil; ich bin dein Besitz und dein Erbteil mitten unter den Israeliten«, so heißt es im Buch Numeri (18,20), und das Deuteronomium bekräftigt: »Deshalb erhielt Levi nicht wie seine Brüder Landanteil und Erbbesitz. Der Herr ist sein Erbbesitz, wie es der Herr, dein Gott, ihm zugesagt hat« (Dtn 10,9; vgl. Dtn 18,2; Jos 13,33; Ez 44,28).

Die Priester, die dem Stamm Levi angehören, können keine Landeigentümer sein in dem Land, das Gott seinem Volk zum Erbe gab, indem er die an Abraham ergangene Verheißung zur Erfüllung brachte (vgl. Gen 12,1–7). Der Landbesitz, grundlegendes Element für die Stabilität und die Möglichkeit zum Überleben, war Zeichen des Segens, weil er die Möglichkeit gab, ein Haus zu bauen, dort Kinder aufzuziehen, die Felder zu bestellen und von den Früchten der Erde zu leben. Dennoch können die Leviten, Mittler des Heiligen und des göttlichen Segens, nicht wie die anderen Israeliten dieses äußere Zeichen des Segens und diesen Quell des Lebensunterhalts besitzen. Sie sind ganz dem Herrn hingegeben und müssen von ihm allein leben, sich auf seine fürsorgliche Liebe und auf die Großherzigkeit der Brüder verlassen, ohne ein Erbe zu haben, denn Gott ist ihr Erbteil, Gott ist ihr Land, das sie in Fülle leben lässt.

Und jetzt bezieht der Beter des Psalms 119 diese Wirklichkeit auf sich selbst: »Mein Anteil ist der Herr.« Seine Liebe zu Gott und zu seinem Wort bringt ihn zu der radikalen Entscheidung, den Herrn als einziges Gut zu haben und auch seine Worte als kostbares Geschenk zu wahren, das wertvoller ist als jedes Erbteil und als jeder Landbesitz. Unser Vers kann nämlich in zweifacher Weise übersetzt werden. Man könnte ihn auch folgendermaßen wiedergeben: »Ich habe versprochen: Mein Anteil, Herr, ist es, dein Wort zu beachten.« Die beiden Übersetzungen widersprechen einander nicht, sondern ergänzen einander sogar: Der Psalmist sagt, dass sein Anteil der Herr ist, aber dass es auch sein Erbteil ist, die göttlichen Worte zu beachten, wie er später in V. 111 sagen wird: »Deine Vorschriften sind auf ewig mein Erbteil; / denn sie sind die Freude meines Herzens.« Das ist das Glück des Psalmisten: Ihm wurde wie den Leviten das Wort Gottes zum Erbteil gegeben.

Diese Verse sind auch heute für uns alle von großer Bedeutung: vor allem für die Priester, die berufen sind, nur vom Herrn und von seinem Wort zu leben, ohne andere Sicherheiten, und ihn als einziges Gut und einzigen Quell des wahren Lebens zu haben. In diesem Licht versteht man die freie Entscheidung für den Zölibat für das Himmelreich, der in seiner Schönheit und Kraft wiederentdeckt werden muss. Aber diese Verse sind auch wichtig für alle Gläubigen, für das Gottesvolk, das nur ihm gehört, »eine königliche Priesterschaft« für den Herrn (vgl. 1 Petr 2,9; Offb 1,6; 5,10), zur Radikalität des Evangeliums berufen, Zeugen des Lebens, das Christus gebracht hat, der neue und endgültige »Hohepriester«, der sich zum Opfer dargebracht hat für das Heil der Welt (vgl. Hebr 2,17; 4,14–16; 5,5–10; 9,11ff.). Der Herr und sein Wort: Sie sind unser »Land«, in dem wir in Gemeinschaft und Freude leben können. Lassen wir uns also vom Herrn diese Liebe zu seinem Wort ins Herz legen. Er gewähre, dass sein heiliger Wille stets im Mittelpunkt unseres Lebens stehe. Bitten wir, dass unser Gebet und unser ganzes Leben vom Wort Gottes erleuchtet sein mögen, meinem Fuß eine Leuchte, ein Licht für meine Pfade, wie es in Psalm 119 heißt (vgl. V. 105), damit wir sicher wandeln im Land der Menschen. Und Maria, die das Wort empfangen und hervorgebracht hat, möge uns Führung und Trost sein, Leitstern, der den Weg der Glückseligkeit weist. Dann werden auch wir, wie der Beter von Psalm 16, uns freuen können über die unerwarteten Gaben des Herrn und das unverdiente Erbe, das uns zugefallen ist:

»Du, Herr, gibst mir das Erbe und reichst mir den Becher ... Auf schönem Land fiel mir mein Anteil zu. / Ja, mein Erbe gefällt mir gut« (Ps 16,5.6).

Psalm 110 (109): »Der Herr steht dir zur Seite«

Mit diesem Kapitel möchte ich meine Katechesen über das Gebet des Psalters beenden und einen der berühmtesten »Königspsalmen« betrachten, einen Psalm, den Jesus selbst zitiert hat und den die Autoren des Neuen Testaments oft wieder aufgegriffen und mit Bezug auf den Messias, auf Christus, ausgelegt haben. Es handelt sich um Psalm 110 nach der jüdischen, 109 nach der griechisch-lateinischen Überlieferung, einen in der Alten Kirche und bei den Gläubigen aller Zeiten sehr beliebten Psalm. Anfangs war dieses Gebet vielleicht mit der Inthronisierung eines davidischen Königs verbunden; seine Bedeutung geht jedoch über den einfachen historischen Bezug hinaus, öffnet sich zu größeren Dimensionen und wird so zum Lobpreis des siegreichen Messias, der zur Rechten Gottes verherrlicht ist. Der Psalm beginnt mit einer feierlichen Erklärung:

»So spricht der Herr zu meinem Herrn:
Setze dich mir zur Rechten,
und ich lege dir deine Feinde als Schemel
unter die Füße« (V. 1).

Gott selbst inthronisiert den König in Herrlichkeit, lässt ihn zu seiner Rechten sitzen, ein Zeichen größter Ehre und eines absoluten Privilegs. Auf diese Weise darf der König an der göttlichen Herrschaft teilhaben, deren Mittler beim Volk er ist. Diese Herrschaft des Königs wird auch im Sieg über die Gegner verdeutlicht; sie werden ihm von Gott selbst zu Füßen gelegt; der Sieg über die Feinde gehört dem Herrn, aber er lässt den König daran teilhaben, und sein Triumph wird zum Zeugnis und Zeichen der göttlichen Macht. Die königliche Verherrlichung, die hier am Anfang des Psalms zum Ausdruck gebracht wird, wurde vom Neuen Testament als messianische Prophetie aufgenommen; der Vers gehört daher zu denen, die von den neutestamentlichen Autoren am häufigsten verwendet werden, entweder als ausdrückliches Zitat oder als Anspielung. Jesus selbst hat diesen Vers im Zusammenhang mit dem Messias verwendet, um zu zeigen, dass der Messias mehr ist als David, dass er der Herr Davids ist (vgl. Mt 22,41–45; Mk 12,35–37; Lk 20,41–44). Und Petrus greift ihn in seiner Pfingstpredigt wieder auf und verkündet, dass die Inthronisierung des Königs in der Auferstehung Christi verwirklicht wird und Christus von nun an zur Rechten des Vaters sitzt, an der Herrschaft Gottes über die Welt teilhat (vgl. Apg 2,29–35). Denn Christus ist der erhöhte Herr, der Menschensohn, der zur Rechten Gottes sitzt und auf den Wolken des Himmels kommt, wie Jesus im Verhör vor dem Hohen Rat über sich selbst sagt (vgl. Mt 26,63–64; Mk 14,61–62; vgl. auch Lk 22,66–69). Er ist der wahre König, der durch die Auferstehung in die Herrlichkeit eingegangen ist und zur Rechten des Vaters sitzt (vgl. Röm 8,34; Eph 2,5; Kol 3,1; Hebr 8,1; 12,2), erhabener als die Engel, der im Himmel über allen Mächten sitzt und dem alle Feinde zu Füßen liegen, bis auch der letzte Feind, der Tod, endgültig entmachtet ist (vgl. 1 Kor 15,24–26; Eph 1,20–23; Hebr 1,3–4.13; 2,5–8; 10,12–13; 1 Petr 3,22).

Und man versteht sofort, dass dieser König, der zur Rechten Gottes sitzt und an seiner Herrschaft teilhat, keiner der menschlichen Nachfolger Davids ist, sondern allein der neue David, der Sohn Gottes, der den Tod überwunden und wirklich an der Herrlichkeit Gottes teilhat. Er ist unser König, der uns auch das ewige Leben schenkt. Zwischen dem König, der von unserem Psalm gepriesen wird, und Gott besteht also eine unlösliche Beziehung; beide regieren gemeinsam in einer einzigen Herrschaft, so dass der Psalmist sogar sagen kann, dass Gott selbst das Zepter des Herrschers ausstreckt und ihm die Aufgabe erteilt, über seine Feinde zu herrschen, wie es in Vers 2 heißt:

Vom Zion strecke der Herr
das Zepter deiner Macht aus:
»Herrsche inmitten deiner Feinde!«

Die Ausübung der Macht ist ein Auftrag, den der König unmittelbar vom Herrn erhält, eine Verantwortung, die er in Abhängigkeit und Gehorsam leben muss. So wird er im Volk zum Zeichen der mächtigen und vorsehenden Gegenwart Gottes. Die Herrschaft über die Feinde, die Herrlichkeit und der Sieg sind empfangene Gaben, die den Herrscher zum Mittler des göttlichen Triumphs über das Böse machen. Er herrscht über die Feinde und verwandelt sie, er überwindet sie mit seiner Liebe.

Im folgenden Vers wird daher die Größe des Königs gepriesen. Die Auslegung von Vers 3 ist in Wirklichkeit mit einigen Schwierigkeiten verbunden. Der hebräische Originaltext nimmt Bezug auf die

Einberufung des Heeres, auf die das Volk großherzig antwortet, indem es sich am Tag seiner Krönung um den Herrscher schart. Die griechische Übersetzung der Septuaginta, die auf das dritte bis zweite Jahrhundert vor Christus zurückgeht, nimmt dagegen Bezug auf die göttliche Sohnschaft des Königs, auf seine Geburt oder Zeugung von Seiten des Herrn, und dieser Interpretation folgt die ganze Überlieferung der Kirche. Der Vers lautet daher folgendermaßen:

Dein ist die Herrschaft am Tage deiner Macht,
(wenn du erscheinst) in heiligem Schmuck;
ich habe dich gezeugt noch vor dem
Morgenstern, wie den Tau in der Frühe.

Dieser göttliche Spruch über den König würde also von einer göttlichen Zeugung sprechen, die mit Glanz und Geheimnis bedeckt ist, von einem geheimen und unergründlichen Ursprung, verbunden mit der mysteriösen Schönheit des Morgensterns und dem Wunder des Taus, der im frühen Morgenlicht auf den Feldern glänzt und sie fruchtbar macht. So wird, unlöslich verbunden mit der himmlischen Wirklichkeit, die Gestalt des Königs beschrieben, der wirklich von Gott kommt, des Messias, der dem Volk das göttliche Leben bringt und der Mittler der Heiligkeit und des Heils ist. Auch hier sehen wir, dass all dies nicht von der Gestalt eines davidischen Königs verwirklicht wird, sondern vom Herrn Jesus Christus, der wirklich von Gott kommt; er ist das Licht, das das göttliche Leben in die Welt bringt. Mit diesem eindrucksvollen und rätselhaften Bild endet die erste Strophe des Psalms, auf die ein weiterer Spruch folgt, der eine neue Perspektive öffnet, auf der Linie einer priesterlichen Dimension, die mit dem Königtum verbunden ist. Vers 4 lautet:

Der Herr hat geschworen,
und nie wird's ihn reuen:
»Du bist Priester auf ewig nach
der Ordnung Melchisedeks.«

Melchisedek war der Priesterkönig von Salem, der Abraham gesegnet und Brot und Wein dargeboten hatte nach dem siegreichen Feldzug, den der Erzvater führte, um seinen Neffen Lot aus den Händen der Feinde zu befreien, die ihn gefangengenommen hatten (vgl. Gen

14). In der Gestalt Melchisedeks laufen die königliche und die priesterliche Macht zusammen und werden jetzt vom Herrn verkündigt in einer Erklärung, die Ewigkeit verspricht: Der im Psalm gepriesene König ist Priester auf ewig, Mittler der göttlichen Gegenwart in seinem Volk, durch den Segen, der von Gott kommt und der im liturgischen Handeln auf die segnende Antwort des Menschen trifft. Der Brief an die Hebräer nimmt ausdrücklichen Bezug auf diesen Vers (vgl. 5,5−6.10; 6,19−20) und richtet das ganze Kapitel 7 darauf aus, in der Darlegung seiner Reflexion über das Priestertum Christi. Jesus, so sagt uns der Brief an die Hebräer im Licht von Psalm 110 (109), Jesus ist der wahre und endgültige Priester, der die Eigenschaften des Priestertums des Melchisedek erfüllt und zur Vollendung bringt. Melchisedek war, wie es im Brief an die Hebräer heißt, »ohne Vater, ohne Mutter und ohne Stammbaum« (7,3a), ein Priester also, der nicht den dynastischen Regeln des levitischen Priestertums entsprach. Daher bleibt er »Priester für immer« (7,3c), Vorausbild Christi, des vollkommenen Hohenpriesters, »der nicht, wie das Gesetz es fordert, aufgrund leiblicher Abstammung Priester geworden ist, sondern durch die Kraft unzerstörbaren Lebens« (7,16). Im Herrn Jesus, der auferstanden und in den Himmel aufgefahren ist, wo er zur Rechten des Vaters sitzt, erfüllt sich die Prophetie unseres Psalms und wird das Priestertum des Melchisedek zur Erfüllung gebracht, weil es absolut und ewig und zu einer unvergänglichen Wirklichkeit geworden ist (vgl. 7,24). Und die Darbietung von Brot und Wein durch Melchisedek zur Zeit Abrahams findet ihre Erfüllung im eucharistischen Handeln Jesu, der in Brot und Wein sich selbst darbringt und, nachdem er den Tod überwunden hat, alle Gläubigen zum Leben führt. Ein ewiger Priester, »der heilig ist, unschuldig, makellos« (7,26). Er kann, wie es im Brief an die Hebräer weiter heißt, »auch die, die durch ihn vor Gott hintreten, für immer retten; denn er lebt allezeit, um für sie einzutreten« (7,25).

Nach diesem göttlichen Spruch in Vers 4 mit seinem feierlichen Schwur ändert sich die Szene des Psalms, und der Dichter wendet sich direkt an den König und verkündet: »Der Herr steht dir zur Seite« (V. 5a). Während in Vers 1 der König sich zur Rechten Gottes setzte als Zeichen des höchsten Ansehens und der Ehre, so steht der Herr jetzt dem Herrscher zur Seite, um ihn mit dem Schild in der Schlacht zu schützen und ihn aus jeder Gefahr zu retten. Der König ist in Sicherheit, Gott ist sein Verteidiger, und gemeinsam bekämpfen und besiegen sie alles Übel. So werden die letzten Verse des Psalms mit dem Anblick des triumphierenden Herrschers eröffnet, der mit Unterstützung des Herrn und nachdem er von ihm Macht und Herrlichkeit empfangen hat (vgl. V. 2), den Feinden entgegentritt, die Gegner niederwirft und über die Nationen urteilt. Die Szene ist in kräftigen Farben gemalt, um die Dramatik des Kampfes und die Vollkommenheit des königlichen Sieges zum Ausdruck zu bringen. Der Herrscher, der unter dem Schutz des Herrn steht, reißt jedes Hindernis nieder und geht sicher dem Sieg entgegen. Er sagt uns: Ja, in der Welt gibt es viel Böses, es gibt einen ständigen Kampf zwischen Gut und Böse, und das Böse scheint stärker zu sein. Nein, der Herr ist stärker, unser wahrer König und Priester Christus, denn er kämpft mit der ganzen Kraft Gottes, und trotz aller Dinge, die uns am positiven Ausgang der Geschichte zweifeln lassen, siegt Christus und siegt das Gute, siegt die Liebe und nicht der Hass. Hier fügt sich das eindrucksvolle Bild ein, mit dem unser Psalm endet und das auch ein rätselhaftes Wort ist:

Er trinkt aus dem Bach am Weg;
so kann er (von neuem) das Haupt
erheben (V. 7).

Mitten in der Beschreibung des Kampfes erscheint die Gestalt des Königs, der in einem Augenblick des Waffenstillstands und der Ruhe aus einem Bach trinkt und in ihm Erquickung und neue Kraft findet, um so seinen siegreichen Weg wieder aufzunehmen, mit erhobenem Haupt, als Zeichen des endgültigen Sieges. Natürlich war dieses äußerst rätselhafte Wort eine Herausforderung für die Kirchenväter, da es sich unterschiedlich auslegen ließ. So sagt zum Beispiel der hl. Augustinus: Dieser Bach ist der Mensch, die Menschheit, und Christus hat aus diesem Bach getrunken, indem er Mensch geworden ist. So hat er, indem er die Menschennatur des Menschen angenommen hat, sein Haupt erhoben und ist jetzt das Haupt des mystischen Leibes, ist unser Haupt, ist der endgültige Sieger (vgl. Enarratio in Psalmum CIX, 20: PL 36,1462).
Die Kirche ist der Auslegungslinie des Neuen Testaments gefolgt und hat diesem Psalm als einem der bedeutendsten messianischen Texte große Beachtung geschenkt. Und insbesondere haben die Kirchenväter sich immer wieder darauf bezogen und ihn christologisch

ausgelegt: Der vom Psalmisten gepriesene König ist letztendlich Christus, der Messias, der das Reich Gottes errichtet und die Mächte der Welt überwindet, er ist das Wort, das der Vater vor aller Schöpfung, vor dem Morgenstern gezeugt hat, der menschgewordene, gestorbene und auferstandene Sohn Gottes, der im Himmel sitzt, der ewige Priester, der im Geheimnis von Brot und Wein die Vergebung der Sünden und die Versöhnung mit Gott schenkt, der König, der das Haupt erhebt und durch die Auferstehung über den Tod triumphiert. Es genügt, noch einmal einen Abschnitt aus dem Kommentar des hl. Augustinus zu diesem Psalm zu zitieren, der schreibt: »Es war notwendig, den einzigen Sohn Gottes kennenzulernen, der zu den Menschen kommen sollte, um den Menschen anzunehmen und um durch die angenommene Natur Mensch zu werden: Er ist gestorben, auferstanden, aufgefahren in den Himmel, er sitzt zur Rechten des Vaters und hat unter den Völkern vollbracht, was er verheißen hat ... All dies musste daher prophezeit, musste angekündigt werden. Sein Kommen musste angezeigt werden, damit es nicht plötzlich kommen und Schrecken verursachen würde, sondern vielmehr angekündigt sei und mit Glauben, Freude angenommen und erwartet werde. In den Bereich dieser Verheißungen gehört dieser Psalm, der mit so sicheren und deutlichen Worten unseren Herrn und Erlöser Jesus Christus vorhersagt, dass wir nicht im Geringsten daran zweifeln können, dass in ihm wirklich Christus verkündigt wird« (vgl. Enarratio in Psalmum CIX, 3: PL 36,1447).

Das Osterereignis Christi wird so zur Wirklichkeit, die der Psalm uns einlädt zu betrachten: Christus zu betrachten, um die Bedeutung des wahren Königtums zu verstehen, das im Dienst und in der Selbsthingabe gelebt werden muss, in einem Weg des Gehorsams und der »bis zur Vollendung« erwiesenen Liebe (vgl. Joh 13,1 und 19,30). Wenn wir diesen Psalm beten, wollen wir also den Herrn bitten, dass auch wir auf seinen Wegen fortschreiten mögen, in der Nachfolge Christi, des Königs und Messias, bereit, mit ihm den Berg des Kreuzes zu besteigen, um mit ihm zur Herrlichkeit zu gelangen und ihn zu betrachten, der zur Rechten des Vaters sitzt, als siegreicher König und barmherziger Priester, der allen Menschen Vergebung und Heil schenkt. Und auch wir, die wir durch die Gnade Gottes »ein auserwähltes Geschlecht, eine königliche Priesterschaft, ein heiliger Stamm« geworden sind (1 Petr 2,9), können voll Freude aus den Quellen des Heils schöpfen (vgl. Jes 12,3) und der ganzen

Welt die Wunder dessen verkünden, der uns »aus der Finsternis in sein wunderbares Licht gerufen hat« (vgl. 1 Petr 2,9).

In diesen vorangegangenen Kapiteln wollte ich euch einige Psalmen vorstellen, wertvolle Gebete, die wir in der Bibel finden und die die verschiedenen Situationen des Lebens widerspiegeln sowie die verschiedenen inneren Haltungen, die wir Gott gegenüber einnehmen können. Ich möchte daher alle erneut einladen, die Psalmen zu beten und sich das Stundengebet der Kirche wenn möglich zur Gewohnheit zu machen: die Laudes am Morgen, die Vesper am Abend, die Komplet vor dem Einschlafen. Unsere Beziehung zu Gott kann auf dem täglichen Weg zu ihm nur bereichert und mit größerer Freude und größerem Vertrauen umgesetzt werden.

DAS GEBET IM NEUEN TESTAMENT
Das Gebet Jesu

Das Gebet nach der Taufe Jesu

In den letzten Kapiteln haben wir über einige Beispiele für das Gebet im Alten Testament nachgedacht. Nun möchte ich beginnen, auf Jesus zu blicken, auf sein Gebet, das sein ganzes Leben durchzieht, wie ein verborgener Kanal, der das Leben, die Beziehungen, das Handeln bewässert und ihn mit immer größerer Entschlossenheit zur völligen Selbsthingabe führt, gemäß dem Liebesplan Gottes, des Vaters. Jesus ist der Lehrmeister auch für unser Gebet, und er stützt auf wirksame und brüderliche Weise unsere Hinwendung zum Vater. Ein Titel des Kompendiums des Katechismus der Katholischen Kirche fasst es so zusammen:»In Jesus wird das Gebet vollständig offenbart und verwirklicht« (541–547). Auf ihn wollen wir in den nächsten Kapiteln blicken.

Ein besonders bedeutender Augenblick seines Weges ist das Gebet, das auf die Taufe folgt, der er sich im Jordan unterzieht. Der Evangelist Lukas sagt, dass Jesus, nachdem er zusammen mit dem ganzen Volk durch die Hand Johannes' des Täufers die Taufe empfangen hat, in ein sehr persönliches und langes Gebet eintritt:»Zusammen mit dem ganzen Volk ließ auch Jesus sich taufen. Und während er betete, öffnete sich der Himmel, und der Heilige Geist kam ... auf ihn herab« (Lk 3,21–22). Gerade dieses»Beten«, dieses Verharren im Gespräch mit dem Vater erleuchtet die Tat, die er vollzogen hat, zusammen mit vielen Menschen seines Volkes, die an das Ufer des Jordan hinausgezogen sind. Durch das Gebet verleiht er seiner Geste, der Taufe, einen ausschließlichen und persönlichen Zug.

Der Täufer hatte einen eindringlichen Aufruf an das Volk gerichtet, wirklich wie»Kinder Abrahams« zu leben, sich zum Guten zu bekehren und Früchte hervorzubringen, die dieser Umkehr würdig sind (vgl. Lk 3,7–9). Und eine große Zahl von Israeliten hatte sich aufgemacht, wie der Evangelist Markus in Erinnerung ruft, der schreibt: »Ganz Judäa und alle Einwohner Jerusalems zogen zu ihm [Johannes] hinaus; sie bekannten ihre Sünden und ließen sich im Jordan von ihm taufen« (Mk 1,5). Der Täufer brachte etwas wirklich Neues: Sich der Taufe zu unterziehen sollte eine entscheidende Wende darstellen, man sollte ein neues Leben beginnen. Auch Jesus nimmt diese Einladung an und begibt sich unter die graue Schar der Sünder, die am Ufer des Jordan warten. Aber wie bei den ersten Christen kommt auch in uns die Frage auf: Warum unterzieht sich Jesus freiwillig dieser Taufe der Buße und der Umkehr? Er hat keine Sünden zu bekennen, er war ohne Sünde, daher brauchte er auch nicht umzukehren. Warum also diese Geste? Der Evangelist Matthäus berichtet, dass der Täufer erstaunt sagt: »Ich müsste von dir getauft werden, und du kommst zu mir?« (Mt 3,14), und Jesus antwortet: »Lass es nur zu! Denn nur so können wir die Gerechtigkeit (die Gott fordert) ganz erfüllen« (V. 15). Das Wort »Gerechtigkeit« bedeutet in der biblischen Welt, den Willen Gottes völlig anzunehmen.

Jesus zeigt seine Nähe zu jenem Teil seines Volkes, das in der Nachfolge des Täufers erkennt, dass es nicht ausreicht, sich einfach nur als Kinder Abrahams zu betrachten, sondern das den Willen Gottes erfüllen und sich bemühen will, durch das eigene Verhalten eine treue Antwort auf den Bund zu geben, den Gott in Abraham angeboten hat. Indem er in den Jordan hinabsteigt, macht Jesus, der ohne Sünde ist, seine Solidarität mit jenen sichtbar, die ihre Sünden bekennen, sie bereuen und ihr Leben ändern wollen. Er gibt zu verstehen: Zum Volk Gottes zu gehören bedeutet, in die Perspektive der Neuheit des Lebens, eines gottgefälligen Lebens einzutreten. Durch diese Geste nimmt Jesus das Kreuz vorweg. Er beginnt sein Wirken damit, dass er den Platz der Sünder einnimmt, die Last der Schuld der gesamten Menschheit auf sich nimmt und so den Willen des Vaters erfüllt. Indem er sich im Gebet sammelt, zeigt Jesus die innige Verbindung mit dem Vater im Himmel, erfährt seine Vaterschaft, erfasst die anspruchsvolle Schönheit seiner Liebe; und im Gespräch mit dem Vater empfängt er die Bestätigung seiner Sendung. In den Worten, die aus dem Himmel ertönen (vgl. Lk 3,22), liegt vorausnehmend der Hinweis auf das Ostergeheimnis, auf das Kreuz und auf die Auferstehung. Die göttliche Stimme bezeichnet ihn als »mein geliebter Sohn« und erinnert damit an Isaak, den geliebten Sohn, den der Vater Abraham zu opfern bereit war, auf Gottes Geheiß (vgl. Gen 22,1–14). Jesus ist nicht nur der »Sohn Davids«, der Messias königlicher Abstammung, oder der gottgefällige »Knecht«, sondern er ist auch – wie Isaak – »der einzige Sohn, der geliebte«, den Gott, der Vater, für das Heil der Welt hingibt. In dem Augenblick, in dem Jesus durch das Gebet die eigene Sohnschaft und die Erfahrung der Vaterschaft Gottes zutiefst erlebt (vgl. Lk 3,22b), kommt der Heilige Geist herab (vgl. Lk 3,22a), der ihn in seiner Sendung leitet und den er ausgießen wird, nachdem er am Kreuz erhöht worden ist (vgl. Joh 1,32–34; 7,37–39), damit er das Wirken der Kirche erleuchtet. Im Gebet lebt Jesus ununterbrochen in Berührung mit dem Vater, um den Liebesplan für die Menschen bis ins Letzte zu verwirklichen.

Vor dem Hintergrund dieses außerordentlichen Gebets steht das ganze Leben Jesu, das er in einer Familie verbrachte, die zutiefst mit der religiösen Tradition des Volkes Israel verbunden war. Das zeigen die Hinweise, die wir in den Evangelien finden: seine Beschneidung (vgl. Lk 2,21) und seine Darstellung im Tempel (vgl. 2,22–24) ebenso wie seine Erziehung und Ausbildung in Nazaret, im heiligen Haus (vgl. Lk 2,39–40 und 2,51–52). Es handelt sich um »etwa 30 Jahre« (Lk 3,23), eine lange Zeit des verborgenen alltäglichen Lebens, wenngleich unter Teilnahme an Augenblicken gemeinschaftlicher religiöser Erfahrungen, wie an den Pilgerreisen nach Jerusalem (vgl. Lk 2,41). Durch die Übermittlung der Episode des zwölfjährigen Jesus im Tempel, der mitten unter den Lehrern sitzt (vgl. Lk 2,42–52), lässt der Evangelist Lukas uns erkennen, dass für Jesus, der nach der Taufe im Jordan betet, das innige Gebet zu Gott, dem Vater, eine langgepflegte Gewohnheit ist, verwurzelt in den Traditionen, im Stil seiner Familie, in den entscheidenden Erfahrungen, die er in ihr erlebt. Die Antwort, die der Zwölfjährige Maria und Josef gibt, weist bereits auf die göttliche Sohnschaft hin, die die himmlische Stimme nach der Taufe offenbart: »Warum habt ihr mich gesucht? Wusstet ihr nicht, dass ich in dem sein muss, was meinem Vater gehört?« (Lk 2,49). Nachdem er dem Wasser des Jordan entstiegen ist, beginnt Jesus nicht mit seinem Gebet, sondern setzt seine beständige, gewohnte Beziehung zum Vater fort; und in dieser innigen Vereinigung mit ihm findet sein Übergang vom verborgenen Leben in Nazaret zu seinem öffentlichen Wirken statt.

Die Lehre Jesu über das Gebet entspringt gewiss seiner Art zu beten, die er in der Familie erworben hat; sie hat jedoch ihren tiefen und wesentlichen Ursprung in seiner göttlichen Sohnschaft, in seiner einzigartigen Beziehung zu Gott, dem Vater. Das Kompendium des Katechismus der Katholischen Kirche antwortet auf die Frage: »Von wem hat Jesus beten gelernt?«, so: »In seinem menschlichen Herzen hat Jesus von seiner Mutter und von der jüdischen Tradition beten gelernt. Sein Gebet entspringt aber auch einer anderen verborgenen Quelle: Er ist der ewige Sohn Gottes, der in seiner heiligen Menschheit das vollkommene kindliche Gebet an den Vater richtet« (541).

Im Evangeliumsbericht ist das Gebet Jesu stets am Schnittpunkt zwischen der Einbindung in die Überlieferung seines Volkes und der Neuheit einer einzigartigen persönlichen Beziehung zu Gott verortet. »Der einsame Ort« (vgl. Mk 1,35; Lk 5,16), an den er sich oft zurückzieht, »der Berg«, auf den er steigt, um zu beten (vgl. Lk 6,12; 9,28), »die Nacht«, die ihm die Einsamkeit erlaubt (vgl. Mk 1,35; 6,46–47; Lk 6,12), rufen Augenblicke des Weges der Offenbarung Gottes im Alten Testament in Erinnerung und weisen auf die Kontinuität seines Heilsplans hin. Gleichzeitig jedoch stellen sie Augenblicke dar, die besonders wichtig sind für Jesus, der sich bewusst in diesen Plan einfügt und dem Willen des Vaters vollkommen treu ist.

Auch in unserem Gebet müssen wir immer mehr lernen, in diese Heilsgeschichte einzutreten, deren Höhepunkt Jesus ist, vor Gott unsere persönliche Entscheidung erneuern, uns seinem Willen zu öffnen, ihn um die Kraft bitten, unseren Willen dem seinen anzupassen, in unserem ganzen Leben, im Gehorsam gegenüber seinem Liebesplan für uns.

Das Gebet Jesu berührt alle Phasen seines Wirkens und alle seine Tage. Die Mühsal bringt es nicht zum Halt. Die Evangelien lassen sogar erkennen, dass Jesus die Gewohnheit hatte, einen Teil der Nacht im Gebet zu verbringen. Der Evangelist Markus berichtet von einer solchen Nacht, nach dem anstrengenden Tag der Brotvermehrung, und schreibt: »Gleich darauf forderte er seine Jünger auf, ins Boot zu steigen und ans andere Ufer nach Betsaida vorauszufahren. Er selbst wollte inzwischen die Leute nach Hause schicken. Nachdem er sich von ihnen verabschiedet hatte, ging er auf einen Berg, um zu beten. Spät am Abend war das Boot mitten auf dem See, er aber war allein an Land« (Mk 6,45–47). Wenn die Entscheidungen dringend und schwierig werden, wird sein Gebet länger und tiefer. Bei der unmittelbar bevorstehenden Wahl der zwölf Apostel zum Beispiel hebt Lukas hervor, dass das vorbereitende Gebet Jesu die ganze Nacht andauerte: »In diesen Tagen ging er auf einen Berg, um zu beten. Und er verbrachte die ganze Nacht im Gebet zu Gott. Als es Tag wurde, rief er seine Jünger zu sich und wählte aus ihnen zwölf aus; sie nannte er auch Apostel« (Lk 6,12–13).

Wenn wir auf das Gebet Jesu blicken, muss in uns eine Frage auf-
kommen: Wie bete ich? Wie beten wir? Welche Zeit widme ich der
Beziehung zu Gott? Findet heute eine ausreichende Erziehung und
Heranbildung zum Gebet statt? Und wer kann der Lehrmeister sein?
Im Apostolischen Schreiben *Verbum Domini* habe ich über die Bedeutung des betenden Lesens der Heiligen Schrift gesprochen. Indem ich das aufgegriffen habe, was aus der Versammlung der Bi-
schofssynode hervorgegangen war, habe ich besonderen Nachdruck
auf die spezifische Form der »Lectio divina« gelegt. Hören, nachdenken, schweigen vor dem Herrn, der spricht, ist eine Kunst, die
man lernt, indem man sie mit Beständigkeit ausübt. Gewiss ist das
Gebet ein Geschenk, es muss jedoch angenommen werden; es ist
das Werk Gottes, aber es verlangt Bemühen und Kontinuität unsererseits; vor allem Kontinuität und Beständigkeit sind wichtig. Gerade die beispielhafte Erfahrung Jesu zeigt, dass sein Gebet, das von
der Vaterschaft Gottes und von der Gemeinschaft mit dem Heiligen
Geist beseelt war, sich durch lange und treue Übung vertieft hat, bis
hin zum Ölberg und zum Kreuz. Heute sind die Christen aufgerufen,
Zeugen des Gebets zu sein, gerade weil unsere Welt oft verschlossen
ist gegenüber der göttlichen Dimension und der Hoffnung, die die
Begegnung mit Gott bringt. In der tiefen Freundschaft mit Jesus und
indem wir in ihm und mit ihm durch unser treues und beständiges
Gebet die kindliche Beziehung zum Vater leben, können wir Fenster
zum Himmel Gottes öffnen. Ja, indem wir den Weg des Gebets beschreiten, ohne auf menschliche Belange zu schauen, können wir
anderen helfen, ihn zu beschreiten. Auch für das christliche Gebet
gilt: Beim Gehen öffnen sich die Wege.
Wir wollen uns zu einer tiefen Beziehung zu Gott erziehen, zu einem
Gebet, das nicht sporadisch ist, sondern beständig, voll Vertrauen,
das unser Leben erleuchten kann, wie Jesus uns lehrt. Und wir wollen ihn bitten, dass wir den Menschen, die uns nahestehen, denen
wir auf unserem Weg begegnen, die Freude über die Begegnung mit
dem Herrn vermitteln können, Licht für unser Leben.

Das Juwel des Jubelrufs

Die Evangelisten Matthäus und Lukas (vgl. Mt 11,25–30 und Lk 10,21–22) haben uns ein »Juwel« im Beten Jesu überliefert, das oft als »Jubelruf« oder »messianischer Jubelruf« bezeichnet wird. Wie wir gehört haben, handelt es sich um ein Dankgebet und einen Lobpreis. Im griechischen Original der Evangelien lautet das Verb, mit dem dieser Lobpreis beginnt und das die Haltung Jesu bei seiner Hinwendung zum Vater zum Ausdruck bringt, »exomologoumai«, was oft übersetzt wird mit »ich preise« (vgl. Mt 11,25 und Lk 10,21). In den Schriften des Neuen Testaments bezeichnet dieses Verb jedoch hauptsächlich zwei Dinge: erstens »bis ins Letzte erkennen« – zum Beispiel verlangte Johannes der Täufer von jenen, die sich von ihm taufen ließen, die eigenen Sünden bis ins Letzte zu erkennen (vgl. Mt 3,6) – und zweitens »übereinstimmen«. Der Ausdruck, mit dem Jesus sein Gebet beginnt, enthält also sein »tiefstes Erkennen«, seine vollkommene Erkenntnis des Handelns Gottes, des Vaters, und gleichzeitig sein »völliges, bewusstes und freudiges Übereinstimmen« mit diesem Handeln, mit dem Plan des Vaters. Der Jubelruf ist der Höhepunkt eines Weges des Gebets, in dem die tiefe und innige Gemeinschaft Jesu mit dem Leben des Vaters im Heiligen Geist deutlich zutage tritt und seine Gottessohnschaft offenbar wird.

Jesus wendet sich an Gott und nennt ihn »Vater«. Dieser Begriff bringt das Bewusstsein und die Gewissheit Jesu zum Ausdruck, »der Sohn« zu sein, in inniger und ständiger Gemeinschaft mit ihm, und das ist der Mittelpunkt und die Quelle allen Betens Jesu. Das sehen wir deutlich im letzten Teil des Lobpreises, der den gesamten Text erleuchtet. Jesus sagt: »Mir ist von meinem Vater alles übergeben worden; niemand weiß, wer der Sohn ist, nur der Vater, und niemand weiß, wer der Vater ist, nur der Sohn und der, dem es der Sohn offenbaren will« (Lk 10,22). Jesus sagt also, dass nur »der Sohn« den Vater wirklich erkennt. Jedes Erkennen zwischen Personen – das erfahren wir alle in unseren zwischenmenschlichen Beziehungen – bringt ein Eingebundensein mit sich, eine innere Verbindung zwischen dem Erkennenden und dem Erkannten, auf mehr oder weniger tiefer Ebene: Man kann nicht erkennen ohne eine Seinsgemeinschaft. Im Jubelruf, wie in all seinem Beten, zeigt Jesus, dass die wahre Erkenntnis Gottes die Gemeinschaft mit ihm voraussetzt: Nur wenn ich mit dem anderen in Gemeinschaft stehe, beginne ich zu erkennen. Und so auch mit Gott: Nur wenn ich einen echten Kontakt habe, wenn ich in Gemeinschaft stehe, kann ich ihn auch erkennen. Die wahre Erkenntnis ist also dem »Sohn« vorbehalten, dem Einzigen, der seit jeher am Herzen des Vaters ruht (vgl. Joh 1,18), in vollkommener Gemeinschaft mit ihm. Nur der Sohn erkennt Gott wirklich, da er in enger Seinsgemeinschaft mit ihm steht; nur der Sohn kann offenbaren, wer Gott wirklich ist. Auf den Namen »Vater« folgt ein weiterer Titel: »Herr des Himmels und der Erde«. Mit diesem Ausdruck fasst Jesus den Schöpfungsglauben zusammen und lässt die ersten Worte der Heiligen Schrift anklingen: »Im Anfang schuf Gott Himmel und Erde« (Gen 1,1). Im Gebet ruft er die große biblische Erzählung der Geschichte der Liebe Gottes zum Menschen in Erinnerung, die mit dem Schöpfungsakt beginnt. Jesus fügt sich in diese Geschichte der Liebe ein, er ist ihr Höhepunkt und ihre Erfüllung. In seiner Gebetserfahrung wird die Heilige Schrift erleuchtet und lebt in ihrer ganzen Fülle auf: Verkündigung des Geheimnisses Gottes und Antwort des verwandelten Menschen. Aber der Ausdruck »Herr des Himmels und der Erde« lässt uns auch erkennen, dass in Jesus, dem Offenbarer des Vaters, dem Menschen wieder die Möglichkeit eröffnet wird, zu Gott zu gelangen.

Stellen wir uns jetzt die Frage. Wem will der Sohn die Geheimnisse Gottes offenbaren? Zu Beginn des Lobpreises bringt Jesus seine Freude darüber zum Ausdruck, dass es der Wille des Vaters ist, all das den Klugen und Weisen zu verbergen, den Unmündigen aber zu offenbaren (vgl. Lk 10,21). In diesem Ausdruck seines Gebets offenbart Jesus seine Gemeinschaft mit der Entscheidung des Vaters, der seine Geheimnisse jenen enthüllt, die ein einfaches Herz haben: Der Wille des Sohnes ist eins mit dem des Vaters. Die göttliche Offenbarung geschieht nicht nach der irdischen Logik, für die es die gescheiten und mächtigen Leute sind, die die wichtigen Erkenntnisse besitzen und sie den einfacheren Menschen, den Kleinen vermitteln. Gott hat einen ganz anderen Stil angewandt: Die Empfänger seiner Mitteilung waren gerade die »Kleinen«. Das ist der Wille des Vaters, und der Sohn teilt ihn voll Freude. Im Katechismus der Katholischen Kirche heißt es: »In seinem Jubelruf ›Ja, Vater‹ äußert sich die Tiefe seines Herzens: das Einverständnis mit dem, was dem Vater gefällt. Es klingt das Fiat der Mutter Jesu bei seiner Empfängnis nach. Der Ausruf Christi ist wie ein Vorspiel zu dem Ja, das er dem Vater vor seinem Tod sagen wird. Das ganze Gebet Jesu hat seinen Platz in dieser liebenden Zustimmung seines menschlichen Herzens gegenüber dem Vater und dem ›Geheimnis seines Willens‹ (Eph 1,9)« (2603).

Hier entspringt die Bitte, die wir im Vaterunser an Gott richten: »Dein Wille geschehe, wie im Himmel so auf Erden«: Gemeinsam mit Christus und in Christus bitten auch wir, mit dem Willen des Vaters in Übereinstimmung zu treten, und so werden auch wir seine Kinder. In diesem Jubelruf bringt Jesus also den Willen zum Ausdruck, in seine Erkenntnis, die er als Sohn von Gott hat, all jene einzubeziehen, die der Vater daran teilhaben lassen will; und jene, die dieses Geschenk annehmen, sind die »Kleinen«. Was aber bedeutet es, »klein zu sein«, einfach zu sein? Was ist »die Kleinheit«, die den Menschen zur kindlichen Vertrautheit mit Gott und zur Annahme seines Willens hin öffnet? Was muss die Grundhaltung unseres Gebets sein? Blicken wir auf die »Bergpredigt«, wo Jesus sagt: »Selig, die ein reines Herz haben; denn sie werden Gott schauen« (Mt 5,8). Die Reinheit des Herzens gestattet es, das Antlitz Gottes in Jesus Christus zu erkennen; es bedeutet, ein einfaches Herz zu haben, wie das der Kinder, ohne die Anmaßung dessen, der sich in sich selbst verschließt und meint, niemanden zu brauchen, auch nicht Gott.

Interessant ist auch zu sehen, bei welcher Gelegenheit Jesus in diesen Jubelruf zum Vater ausbricht. Im Evangeliumsbericht des Matthäus ist es die Freude darüber, dass es trotz Widerstand und Ablehnung »Kleine« gibt, die sein Wort annehmen und sich dem Geschenk des Glaubens an ihn öffnen. Denn vor dem Jubelruf steht der Gegensatz zwischen dem Lob Johannes' des Täufers – einer der »Kleinen«, die das Wirken Gottes in Christus Jesus erkannt haben (vgl. Mt 11,2–19) – und den Vorwürfen aufgrund der Ungläubigkeit der galiläischen Städte, »in denen er die meisten Wunder getan hatte« (vgl. Mt 11,20–24). Matthäus sieht den Jubel also in Beziehung zu den Worten, mit denen Jesus die Wirksamkeit seines Wortes und seines Handelns feststellt: »Geht und berichtet Johannes, was ihr hört und seht: Blinde sehen wieder, und Lahme gehen; Aussätzige werden rein, und Taube hören; Tote stehen auf, und den Armen wird das Evangelium verkündet. Selig ist, wer an mir keinen Anstoß nimmt« (Mt 11,4–6).

Auch der hl. Lukas stellt den Jubelruf in Zusammenhang mit einem Augenblick der Entwicklung in der Verkündigung des Evangeliums. Jesus hat die »72 Jünger« ausgesandt (vgl. Lk 10,1), und sie sind aufgebrochen mit dem ängstlichen Gefühl, dass ihre Sendung möglicherweise misslingen könnte. Auch Lukas hebt die Ablehnung hervor, denen sie in den Städten begegnen, in denen der Herr gepredigt und wunderbare Zeichen getan hat. Aber die 72 Jünger kehren voll Freude zurück, weil ihre Sendung Erfolg hatte; sie haben festgestellt, dass durch die Kraft des Wortes Jesu die Übel des Menschen überwunden werden. Und Jesus teilt ihre Zufriedenheit: »In dieser Stunde«, in diesem Augenblick jubelt er voll Freude.

Noch zwei weitere Elemente möchte ich hervorheben. Der Evangelist Lukas leitet das Gebet mit der Bemerkung ein, dass Jesus »vom Heiligen Geist erfüllt, voll Freude« (Lk 10,21) jubelte. Jesus freut sich aus seinem Innersten, seinem Tiefsten heraus: aus der einzigartigen Gemeinschaft der Erkenntnis und der Liebe mit dem Vater, der Fülle des Heiligen Geistes. Indem er uns in seine Sohnschaft einbezieht, lädt Jesus auch uns ein, uns dem Licht des Heiligen Geistes zu öffnen, denn – wie der Apostel Paulus sagt – »wir wissen nicht, worum wir in rechter Weise beten sollen; der Geist selber tritt jedoch für uns ein mit Seufzen, das wir nicht in Worte fassen können ... so, wie Gott es will« (Röm 8,26–27) und offenbart uns die Liebe des Vaters. Im Evangelium nach Matthäus finden wir nach dem Jubelruf einen der ergreifendsten Aufrufe Jesu: »Kommt alle zu mir, die ihr euch plagt und schwere Lasten zu tragen habt. Ich werde euch Ruhe verschaffen« (Mt 11,28). Jesus sagt, dass wir zu ihm gehen sollen, der die wahre Weisheit ist, zu ihm, der »gütig und von Herzen demütig« ist; er bietet »sein Joch« an, den Weg der Weisheit des Evangeliums. Dieser Weg ist keine Lehre, die man lernt, und auch kein ethisches Angebot, sondern eine Person, der man nachfolgen soll: er selbst, der einzige Sohn, in vollkommener Gemeinschaft mit dem Vater. Wir haben für einen Augenblick den Reichtum dieses Gebets Jesu gekostet. Auch wir können uns mit der Gabe seines Geistes an Gott wenden, im Gebet, mit kindlichem Vertrauen und ihn als Vater anrufen, »Abba«. Aber wir müssen das Herz der Kleinen haben, derer, »die arm sind vor Gott«, um zu erkennen, dass wir uns nicht selbst genügen, dass wir unser Leben nicht allein aufbauen können, sondern dass wir Gott brauchen, dass wir ihm begegnen, ihm zuhören, mit ihm sprechen müssen. Das Gebet öffnet uns, die Gabe Gottes zu empfangen, seine Weisheit, die Jesus selbst ist, um den Willen des Vaters für unser Leben zu tun und so Ruhe zu finden in den Mühen unseres Weges.

Jesu Gebet bei Heilungen

Nun möchte ich mit euch über das Gebet Jesu nachdenken, das mit seinen wunderbaren Heilungen verbunden ist. In den Evangelien werden verschiedene Situationen aufgezeigt, in denen Jesus angesichts des segensreichen und heilenden Wirkens Gottes, des Vaters, der durch ihn wirkt, betet. Dieses Gebet offenbart noch einmal die einzigartige Beziehung der Erkenntnis und der Gemeinschaft mit dem Vater, während Jesus große menschliche Anteilnahme am Leiden seiner Freunde zeigt, zum Beispiel des Lazarus und seiner Familie oder der vielen Armen und Kranken, denen er konkret helfen will.

Ein bedeutsamer Fall ist die Heilung des Taubstummen (vgl. Mk 7,32–37). Der Bericht des Evangelisten Markus – den wir soeben gehört haben – zeigt, dass das Heilungswirken Jesu mit seiner tiefen Beziehung zum Nächsten, dem Kranken, und auch zum Vater verbunden ist. Das Wunder wird eingehend beschrieben: »Er nahm ihn beiseite, von der Menge weg, legte ihm die Finger in die Ohren und berührte dann die Zunge des Mannes mit Speichel; danach blickte er zum Himmel auf, seufzte und sagte zu dem Taubstummen: Effata!, das heißt: Öffne dich!« (7,33–34). Jesus will, dass die Heilung »beiseite, von der Menge weg« stattfindet. Der Grund dafür scheint nicht nur in der Tatsache zu liegen, dass das Wunder vor den Menschen verborgen gehalten werden soll, um zu vermeiden, dass sich über die Person Jesu einschränkende oder verzerrte Urteile bilden. Durch die Entscheidung, den Kranken beiseite zu nehmen, sind Jesus und der Taubstumme im Augenblick der Heilung allein, stehen in besonders naher Beziehung zueinander. Mit einer Geste berührt der Herr die Ohren und die Zunge des Kranken, also die besonderen Stellen seiner Krankheit. Die tiefe Fürsorge Jesu zeigt sich auch in den ungewöhnlichen Umständen der Heilung: Er benutzt die eigenen Finger und sogar den eigenen Speichel. Auch die Tatsache, dass der Evangelist das ursprüngliche Wort wiedergibt, das vom Herrn gesprochen wurde – »Effata!, das heißt: Öffne dich!« –, hebt die Einzigartigkeit der Szene hervor.

Aber der zentrale Punkt dieser Episode ist die Tatsache, dass Jesus in dem Augenblick, in dem er die Heilung vornimmt, die direkte Beziehung zum Vater sucht. Denn im Bericht heißt es: Er »blickte ...

zum Himmel auf, seufzte« (V. 34). Die Aufmerksamkeit gegenüber dem Kranken, Jesu Fürsorge für ihn, sind mit einer tiefen Gebetshaltung gegenüber Gott verbunden. Und das Ausstoßen des Seufzers wird mit einem Verb umschrieben, das im Neuen Testament das Verlangen nach etwas Gutem anzeigt, das noch fehlt (vgl. Röm 8,23). Der ganze Bericht zeigt also, dass das menschliche Mitgefühl mit dem Kranken Jesus zum Beten bringt. Wiederum wird seine einzigartige Beziehung zum Vater deutlich, seine Identität als der einzige Sohn. In ihm, durch seine Person tritt das heilende und segensreiche Wirken Gottes zutage. Es ist kein Zufall, dass das, was die Menschen abschließend über das Wunder sagen, das Urteil über die Schöpfung am Anfang der Genesis in Erinnerung ruft: »Er hat alles gut gemacht« (Mk 7,37). Zum Heilungswirken Jesu gehört ganz klar das Gebet mit seinem Aufblicken zum Himmel. Die Kraft, die den Taubstummen geheilt hat, wird gewiss vom Mitleid mit ihm hervorgerufen, kommt aber aus dem Gebet zum Vater. Es begegnen sich diese beiden Beziehungen: die menschliche Beziehung des Mitleids mit dem Menschen, die in Beziehung zu Gott tritt und so zur Heilung wird.

Im johanneischen Bericht von der Auferweckung des Lazarus wird dieselbe Dynamik mit noch größerer Deutlichkeit bezeugt (vgl. Joh 11,1–44). Auch hier werden auf der einen Seite die Verbindung Jesu mit einem Freund und mit seinem Leiden und auf der anderen Seite seine Sohnesbeziehung zum Vater miteinander verknüpft. Die menschliche Anteilnahme Jesu an der Geschichte des Lazarus hat besondere Züge. Im ganzen Bericht wird wiederholt die Freundschaft mit ihm sowie mit seinen Schwestern Marta und Maria in Erinnerung gerufen. Jesus selbst sagt: »Lazarus, unser Freund, schläft; aber ich gehe hin, um ihn aufzuwecken« (Joh 11,11).

Die aufrichtige Liebe zu dem Freund wird auch von den Schwestern des Lazarus hervorgehoben, ebenso wie von den Juden (vgl. 11,3; 11,36); sie zeigt sich in der tiefen Erschütterung Jesu beim Anblick des Schmerzes von Marta und Maria und aller Freunde des Lazarus und mündet in das – zutiefst menschliche – Weinen bei der Annäherung an das Grab: »Als Jesus sah, wie sie [Marta] weinte und wie auch die Juden weinten, die mit ihr gekommen waren, war er im Innersten erregt und erschüttert. Er sagte: Wo habt ihr ihn bestattet? Sie antworteten ihm: Herr, komm und sieh! Da weinte Jesus« (Joh 11,33–35). Dieses Freundschaftsband, die Anteilnahme und die

Erschütterung Jesu angesichts des Schmerzes der Verwandten und Bekannten des Lazarus sind im ganzen Bericht mit einer ständigen tiefen Beziehung zum Vater verknüpft. Von Anfang an setzt Jesus das Ereignis in Beziehung zu seiner eigenen Identität und Sendung sowie zur Verherrlichung, die ihn erwartet. Denn als er von der Krankheit des Lazarus erfährt, sagt er:»Diese Krankheit wird nicht zum Tod führen, sondern dient der Verherrlichung Gottes: Durch sie soll der Sohn Gottes verherrlicht werden« (Joh 11,4). Auch die Nachricht vom Tod des Freundes wird von Jesus mit tiefem menschlichem Schmerz aufgenommen, aber stets deutlich in Zusammenhang gestellt mit der Beziehung zu Gott und mit der Sendung, die er ihm anvertraut hat.

Er sagt:»Lazarus ist gestorben. Und ich freue mich für euch, dass ich nicht dort war; denn ich will, dass ihr glaubt« (Joh 11,14–15). Der Augenblick, in dem Jesus vor dem Grab ausdrücklich zum Vater betet, ist das natürliche Ziel des ganzen Ereignisses, das im zweifachen Spannungsfeld zwischen der Freundschaft mit Lazarus und der Sohnesbeziehung zu Gott steht. Auch hier gehören die beiden Formen der Beziehung zusammen.»Jesus aber erhob seine Augen und sprach: Vater, ich danke dir, dass du mich erhört hast« (Joh 11,41): Es ist eine Danksagung, eine Eucharistie. Der Satz zeigt, dass Jesus keinen Augenblick lang nachgelassen hat, für das Leben des Lazarus zu beten. Dieses unablässige Gebet hat das Band mit dem Freund sogar noch gestärkt und gleichzeitig die Entscheidung Jesu bestätigt, in Gemeinschaft mit dem Willen des Vaters zu bleiben, mit seinem Liebesplan, in dem die Krankheit und der Tod des Lazarus als ein Ort betrachtet werden, an dem die Herrlichkeit Gottes offenbar wird. Wenn wir diese Erzählung lesen, ist jeder von uns aufgerufen zu verstehen, dass wir beim Gebet zum Herrn nicht die unmittelbare Erfüllung dessen erwarten dürfen, worum wir bitten, sondern uns vielmehr dem Willen des Vaters anvertrauen und jedes Ereignis im Hinblick auf seine Herrlichkeit, auf seinen Liebesplan verstehen müssen, der in unseren Augen oft geheimnisvoll ist. Daher müssen in unserem Gebet immer Bitte, Lob und Danksagung in eins gehen, auch wenn Gott nicht auf unsere konkreten Erwartungen zu antworten scheint. Die Hingabe an die Liebe Gottes, die uns vorausgeht und uns immer begleitet, ist eine der Grundhaltungen in unserem Gespräch mit ihm. Der Katechismus der Katholischen Kirche kommentiert das Gebet Jesu im Bericht der Auferweckung des Lazarus so: »Das Gebet Jesu, das von Danksagung getragen ist, offenbart uns, wie wir bitten sollen: Schon bevor die Gabe geschenkt wird, stimmt Jesus Gott zu, der gibt und der sich selbst in seinen Gaben schenkt. Der Geber ist wertvoller als die gewährte Gabe. Er ist der Schatz, und bei ihm ist das Herz seines Sohnes. Die Gabe selbst wird dazugegeben (vgl. Mt 6,21.33)« (2604). Das scheint mir sehr wichtig: bevor die Gabe gewährt wird, dem zuzustimmen, der gibt; der Geber ist wertvoller als die Gabe. Über all das hinaus, was Gott uns gibt, wenn wir ihn bitten, ist die größte Gabe, die er uns geben kann, seine Freundschaft, seine Gegenwart, seine Liebe. Er ist der kostbare Schatz, um den wir bitten und den wir stets bewahren müssen.

Das Gebet, das Jesus spricht, als der Stein vom Eingang des Grabes des Lazarus weggenommen wird, nimmt außerdem eine einzigartige und unerwartete Wendung. Denn nachdem er Gott, dem Vater, gedankt hat, fügt er hinzu: »Ich wusste, dass du mich immer erhörst; aber wegen der Menge, die um mich herum steht, habe ich es gesagt; denn sie sollen glauben, dass du mich gesandt hast« (Joh 11,42). Mit seinem Gebet will Jesus zum Glauben führen, zum völligen Vertrauen auf Gott und auf seinen Willen, und will zeigen, dass dieser Gott, der den Menschen und die Welt so sehr geliebt hat, dass er seinen einzigen Sohn sandte (vgl. Joh 3,16), der Gott des Lebens ist, der Gott, der Hoffnung bringt und in der Lage ist, menschlich unmögliche Situationen umzukehren. Das vertrauensvolle Gebet eines Gläubigen ist also ein lebendiges Zeugnis für die Gegenwart Gottes in der Welt, seine Fürsorge für den Menschen, sein Wirken zur Umsetzung seines Heilsplans.

Die beiden soeben betrachteten Gebete Jesu, die die Heilung des Taubstummen und die Auferweckung des Lazarus begleiten, zeigen, dass die tiefe Verbindung zwischen Gottesliebe und Nächstenliebe auch in unser Gebet eintreten muss. Die Fürsorge gegenüber dem anderen, besonders dann, wenn er arm und leidtragend ist, die Erschütterung angesichts des Schmerzes einer befreundeten Familie bringen Jesus dazu, sich an den Vater zu wenden, in jener grundlegenden Beziehung, die sein ganzes Leben leitet. Aber auch umgekehrt: Die Gemeinschaft mit dem Vater, das ständige Gespräch mit ihm, spornen Jesus an, auf einzigartige Weise Sorge zu tragen für die konkreten Situationen des Menschen, um dorthin den Trost und die Liebe Gottes zu bringen. Die Beziehung zum Menschen führt uns zur Beziehung zu Gott, und die Beziehung zu Gott führt uns wieder zum Nächsten.

Unser Gebet öffnet die Tür für Gott, der uns lehrt, ständig aus uns herauszukommen, um in der Lage zu sein, auf die anderen zuzugehen, besonders in Zeiten der Prüfung, um ihnen Trost, Hoffnung und Licht zu bringen. Der Herr schenke uns die Fähigkeit zu einem immer tieferen Gebet, um unsere persönliche Beziehung zu Gott, dem Vater, zu stärken, unser Herz zu öffnen gegenüber den Nöten derer, die uns nahe sind, und die Schönheit zu spüren, »Söhne im Sohn« zu sein, zusammen mit vielen Brüdern.

Das Gebet und die Heilige Familie von Nazaret

Die Geburt des Retters ist ein Geheimnis des Lichts, das die Menschen jeder Epoche im Glauben und im Gebet erneut leben können. Gerade durch das Gebet werden wir fähig, uns Gott in inniger Vertrautheit und Tiefe zu nähern. Unter dem Gesichtspunkt des Themas des Gebets möchte ich euch daher einladen, darüber nachzudenken, wie das Gebet Teil des Lebens der Heiligen Familie von Nazaret ist. Denn das Haus von Nazaret ist eine Schule des Gebets, wo man lernt zuzuhören, nachzudenken, in die tiefe Bedeutung der Offenbarung des Sohnes Gottes einzudringen, indem man sich Maria, Josef und Jesus zum Vorbild nimmt.

Der Diener Gottes Paul VI. hielt bei seinem Besuch in Nazaret eine denkwürdige Ansprache. Der Papst sagte: In der Schule der Heiligen Familie »verstehen wir, warum wir eine geistliche Disziplin wahren müssen, wenn wir der Lehre des Evangeliums folgen und Jünger Christi werden wollen«. Und er fügte hinzu: »Das erste, was wir in Nazaret lernen, ist seine Stille. Wenn wir doch nur von neuem ihren großen Wert schätzen würden. Wir brauchen diesen wunderbaren Zustand der Seele. Gerade weil wir wie benommen sind vom üblen Lärm des schrillen Protests und der widersprüchlichen Ansprüche, die so charakteristisch sind für unsere unruhigen Zeiten. Die Stille von Nazaret möge uns lehren, wie wir in Frieden und Ruhe das tief Geistliche betrachten und reflektieren können und wie wir offen werden gegenüber der Stimme der inneren Weisheit Gottes und dem Rat der wahren Lehrmeister« (Besuch der Verkündigungsbasilika in Nazaret, 5. Januar 1964).

Aus den Evangeliumsberichten über die Kindheit Jesu können wir einige Anhaltspunkte über das Gebet der Heiligen Familie, über ihre Beziehung zu Gott gewinnen. Wir können mit der Episode der Darstellung Jesu im Tempel beginnen. Der hl. Lukas berichtet über Maria und Josef: »Dann kam für sie der Tag der vom Gesetz des Mose vorgeschriebenen Reinigung. Sie brachten das Kind nach Jerusalem hinauf, um es dem Herrn zu weihen« (2,22). Wie jede gesetzestreue jüdische Familie begeben sich die Eltern Jesu zum Tempel, um den Erstgeborenen Gott zu weihen und um das Opfer darzubringen. Bewegt von der Treue zu den Vorschriften brechen sie von Betlehem auf und begeben sich mit Jesus, der gerade 40 Tage alt ist, nach Jerusalem; statt eines einjährigen Lammes bringen sie das Opfer der einfachen Familien dar, also zwei Tauben. Die Pilgerreise der Heiligen Familie dient dem Glauben, der Darbringung der Gaben, Symbol des Gebets, und der Begegnung mit dem Herrn, den Maria und Josef bereits in ihrem Sohn Jesus sehen.

Die Betrachtung Christi hat in Maria ihr unübertreffliches Vorbild. Das Antlitz des Sohnes gehört in besonderer Weise zu ihr, denn in ihrem Schoß hat er Gestalt angenommen und von ihr menschliche Gestalt empfangen. Niemand hat sich mehr als Maria der Betrachtung des Antlitzes Christi hingegeben. Die Augen ihres Herzens sind in gewisser Weise schon bei der Verkündigung auf ihn gerichtet, als sie ihn durch das Wirken des Heiligen Geistes empfängt. In den folgenden Monaten beginnt sie allmählich seine Gegenwart zu spüren, bis zum Tag der Geburt, als ihre Augen mit mütterlicher Zärtlichkeit das Angesicht des Sohnes betrachten können, während sie ihn in Windeln wickelt und in die Krippe legt. Die Erinnerungen an Jesus, die in ihrem Gedächtnis und in ihrem Herzen verankert sind, haben jeden Augenblick von Marias Leben geprägt. Sie lebt mit dem Blick auf Christus und hütet jedes seiner Worte wie einen Schatz. Der hl. Lukas sagt: »Maria aber bewahrte alles, was geschehen war, in ihrem Herzen und dachte darüber nach« (Lk 2,19). So beschreibt er Marias Haltung gegenüber dem Geheimnis der Menschwerdung, eine Haltung, die sie ihr ganzes Leben hindurch einnehmen wird: Sie bewahrt alles in ihrem Herzen und denkt darüber nach. Lukas ist der Evangelist, der uns Marias Herz, ihren Glauben (vgl. 1,45), ihre Hoffnung und ihren Gehorsam (vgl. 1,38), vor allem ihre Innerlichkeit und ihr Gebet (vgl. 1,46–56), ihre freie Zustimmung zu Christus (vgl. 1,55) nahebringt. Und all das geht aus der Gabe des Heiligen Geistes hervor, der über sie kommt (vgl. 1,35), wie er der Verheißung Christi gemäß auf die Apostel herabkommen wird (vgl. Apg 1,8). Dieses Bild Marias, das der hl. Lukas uns schenkt, zeigt die Gottesmutter als Vorbild für jeden Gläubigen, der die Worte und Taten Jesu bewahrt und sie einander gegenüberstellt; diese Gegenüberstellung ist immer ein Fortschreiten in der Erkenntnis Jesu. Auf der Spur des seligen Papstes Johannes Paul II. (vgl. Apostolisches Schreiben *Rosarium Virginis Mariae*) können wir sagen, dass das Rosenkranzgebet sein Vorbild in Maria besitzt, weil es darin besteht, die Geheimnisse Christi in geistlicher Vereinigung mit der Mutter des Herrn zu betrachten. Marias Fähigkeit, vom Blick Gottes zu leben, ist sozusagen ansteckend. Der erste, der diese Erfahrung gemacht hat, war der hl. Josef. Seine demütige und aufrichtige Liebe zu seiner Verlobten und die Entscheidung, sein Leben mit Marias Leben zu verbinden, hat auch ihn, der »gerecht« war (Mt 1,19), in eine einzigartige Vertrautheit mit Gott hineingezogen und eingeführt. Denn mit Maria und dann vor allem mit Jesus beginnt er, eine neue Beziehung zu Gott herzustellen, ihn in sein eigenes Leben aufzunehmen, in seinen Heilsplan einzutreten, indem er seinen Willen erfüllt. Nachdem er vertrauensvoll der Weisung des Engels gefolgt ist – »fürchte dich nicht, Maria als deine Frau zu dir zu nehmen« (Mt 1,20) –, hat er Maria zu sich genommen und sein Leben mit ihr geteilt; er hat sich wirklich ganz und gar Maria und Jesus hingegeben, und das hat seine Antwort auf die empfangene Berufung zur Vollkommenheit geführt. Wie wir wissen, ist im Evangelium kein einziges Wort von Josef überliefert: Seine Gegenwart ist eine schweigende, aber treue, beständige, tätige Gegenwart. Wir können uns vorstellen, dass auch er, wie seine Verlobte und in inniger Übereinstimmung mit ihr, die Jahre der Kindheit und Jugend Jesu gelebt hat, indem er sozusagen seine Gegenwart in ihrer Familie genossen hat. Josef hat seine väterliche Aufgabe völlig erfüllt, in jeder Hinsicht. Sicher hat er Jesus zum Gebet erzogen, gemeinsam mit Maria. Insbesondere wird er ihn mit in die Synagoge genommen haben, zum Sabbatgottesdienst, sowie nach Jerusalem, zu den großen Festen des Volkes Israel. Gemäß der jüdischen Tradition wird Josef das häusliche Gebet geleitet haben, sowohl im Alltag – am Morgen, am Abend, bei den Mahlzeiten – als auch an den wichtigsten religiösen Festen. So hat Jesus im Rhythmus der Tage, die er in Nazaret zwischen dem bescheidenen Haus und Josefs Werkstatt verbracht hat, gelernt, Gebet und Arbeit abzuwechseln und auch die Mühen, um der Familie das nötige Brot zu verdienen, Gott als Opfer darzubringen.

Schließlich gibt es noch eine weitere Episode, die die Heilige Familie von Nazaret gemeinsam zum Gebet versammelt sieht. Wir haben gehört, dass der zwölfjährige Jesus sich mit den Seinen zum Tempel von Jerusalem begibt. Diese Episode findet im Rahmen der Pilgerreise statt, wie der hl. Lukas hervorhebt: »Die Eltern Jesu gingen jedes Jahr zum Paschafest nach Jerusalem. Als er zwölf Jahre alt geworden war, zogen sie wieder hinauf, wie es dem Festbrauch entsprach« (2,41–42). Die Pilgerreise ist ein Ausdruck der Frömmigkeit, die aus dem Gebet Nahrung zieht und es gleichzeitig nährt. Hier geht es um jene zum Paschafest, und der Evangelist gibt uns zu verstehen, dass die Familie Jesu sie jedes Jahr durchführt, um an den Riten in der Heiligen Stadt teilzunehmen. Ebenso wie die christliche Familie betet die jüdische Familie im häuslichen Familienkreis, aber sie betet auch zusammen mit der Gemeinschaft und bekennt sich so als Teil des Volkes Gottes, das unterwegs ist, und die Pilgerreise bringt gerade dieses Unterwegssein des Volkes Gottes zum Ausdruck. Mittel- und Höhepunkt des Ganzen ist das Paschafest, das die familiäre Dimension ebenso einbezieht wie die des liturgischen und öffentlichen Gottesdienstes.

In der Episode des zwölfjährigen Jesus sind auch die ersten Worte Jesu verzeichnet: »Warum habt ihr mich gesucht? Wusstet ihr nicht, dass ich in dem sein muss, was meinem Vater gehört?« (2,49). Nach dreitägiger Suche fanden seine Eltern ihn im Tempel; er saß mitten unter den Lehrern, hörte ihnen zu und stellte ihnen Fragen (vgl. 2,46). Auf die Frage, warum er Vater und Mutter dies angetan habe, antwortet er, dass er nur das getan hat, was der Sohn tun muss, also beim Vater sein. So verweist er darauf, wer sein wirklicher Vater ist, was das wirkliche Zuhause ist, dass er nichts Befremdendes, Ungehorsames getan hat. Er ist dort geblieben, wo der Sohn sein muss, also beim Vater, und er hat hervorgehoben, wer sein Vater ist. Das Wort »Vater« liegt also über der Betonung dieser Antwort, und das ganze christologische Geheimnis wird sichtbar. Dieses Wort öffnet daher das Geheimnis; es ist der Schlüssel zum Geheimnis Christi, des Sohnes, und es öffnet auch den Schlüssel zu unserem Geheimnis als Christen, die wir Söhne im Sohn sind. Gleichzeitig lehrt uns Jesus, Söhne zu sein, gerade indem wir im Gebet beim Vater sind. Das christologische Geheimnis, das Geheimnis des christlichen Lebens ist eng verbunden mit dem Gebet; es gründet auf dem Gebet. Jesus wird seine Jünger eines Tages beten lehren, indem er zu ihnen sagt: Wenn ihr betet, dann sagt »Vater«. Und sagt es natürlich nicht nur mit einem Wort, sondern mit eurem Leben, lernt immer mehr, mit eurem Leben zu sagen: »Vater«. So werdet ihr wahre Söhne im Sohn, wahre Christen sein. Hier, als Jesus noch völlig in das Leben der Familie von Nazaret eingebunden ist, ist es wichtig zu sehen, welche Wirkung es wohl in den Herzen von Maria und Josef gehabt hat, aus dem Mund Jesu jenes Wort »Vater« zu hören, zu offenbaren, hervorzuheben, wer der Vater ist, und aus seinem Mund dieses Wort zu hören im Bewusstsein des eingeborenen Sohnes, der gerade des-

halb drei Tage im Tempel bleiben wollte, der das »Haus des Vaters«
ist. Wir können uns vorstellen, dass das Leben in der Heiligen Familie seitdem noch mehr vom Gebet erfüllt war, denn aus dem Herzen
des Knaben – und dann des Jugendlichen und des jungen Erwachse-
nen – Jesus heraus wird der tiefe Sinn der Beziehung zu Gott, dem
Vater, sich unablässig in den Herzen von Maria und Josef verbreiten
und widerspiegeln. Diese Episode zeigt uns die wahre Situation, die
Atmosphäre des Seins mit dem Vater. So ist die Familie von Nazaret
das erste Urbild der Kirche, in der um die Gegenwart Jesu herum
und dank seiner Vermittlung alle die kindliche Beziehung zu Gott,
dem Vater, leben, die auch die zwischenmenschlichen Beziehungen
verwandelt.

Aufgrund dieser verschiedenen Aspekte, die ich im Licht des Evangeliums kurz dargelegt habe, ist die Heilige Familie das Bild der
Hauskirche, die berufen ist, gemeinsam zu beten. Die Familie ist
Hauskirche und muss die erste Schule des Gebets sein. In der Familie können die Kinder von zartem Alter an lernen, den Sinn für Gott
wahrzunehmen, dank der Unterweisung und des Vorbilds der Eltern:
in einer Atmosphäre leben, die von der Gegenwart Gottes geprägt ist.
Eine wirklich christliche Erziehung kann nicht von der Erfahrung
des Gebets absehen. Wenn man in der Familie nicht beten lernt, wird
es später schwierig sein, diese Leere zu füllen. Und daher möchte
ich euch einladen, die Schönheit wiederzuentdecken, gemeinsam als
Familie in der Schule der Heiligen Familie von Nazaret zu beten und
so wirklich ein Herz und eine Seele zu werden, eine wahre Familie.

Jesu Gebet beim Letzten Abendmahl

Auf unserem Weg der Reflexion über das Beten Jesu, das in den Evangelien aufgezeigt wird, möchte ich heute den besonders feierlichen Augenblick seines Betens beim Letzten Abendmahl betrachten. Der zeitliche und emotionale Hintergrund des Mahls, bei dem Jesus sich von seinen Freunden verabschiedet, ist das unmittelbare Bevorstehen seines Todes, den er nunmehr herannahen spürt. Bereits lange zuvor hatte Jesus begonnen, von seinem Leiden zu sprechen, und er versuchte auch, seine Jünger immer mehr in diese Perspektive einzubeziehen. Das Evangelium nach Markus berichtet, dass Jesus seit seinem Aufbruch zur Reise nach Jerusalem in den Dörfern des fernen Cäsarea Philippi begonnen hatte, »sie darüber zu belehren, der Menschensohn müsse vieles erleiden und von den Ältesten, den Hohenpriestern und den Schriftgelehrten verworfen werden; er werde getötet, aber nach drei Tagen werde er auferstehen« (Mk 8,31).

Außerdem war das Leben des Volkes in den Tagen, in denen er sich auf den Abschied von den Jüngern vorbereitete, vom Herannahen des Paschafestes geprägt, des Gedächtnisses der Befreiung Israels aus Ägypten. Diese Befreiung, die es in der Vergangenheit erfahren hatte und in der Gegenwart und für die Zukunft erneut erwartete, wurde in den vertrauten Feiern des Paschafestes wieder lebendig. Das Letzte Abendmahl steht in diesem Kontext, aber mit einer grundlegenden Neuheit. Jesus blickt auf sein Leiden, seinen Tod und seine Auferstehung und ist sich dessen vollkommen bewusst. Er will dieses Abendmahl mit seinen Jüngern leben, auf eine ganz besondere Art und anders als die anderen Mahle; es ist sein Abendmahl, in dem er etwas völlig Neues schenkt: sich selbst. Auf diese Weise feiert Jesus sein Pascha, er nimmt sein Kreuz und seine Auferstehung vorweg.

Diese Neuheit wird für uns durch den Zeitpunkt des Letzten Abendmahls im Johannesevangelium hervorgehoben. Hier wird es nicht als Paschamahl beschrieben, eben weil Jesus etwas Neues beginnen, sein Pascha feiern will, das natürlich mit den Ereignissen des Exodus verbunden ist. Und für Johannes starb Jesus genau in jenem Augenblick am Kreuz, in dem im Tempel von Jerusalem die Paschalämmer geopfert wurden. Was ist also der Kern dieses Mahls? Es sind

die Gesten des Brechens und des Austeilens des Brotes an die Seinen
sowie das Reichen des Kelches mit Wein mit den sie begleitenden
Worten und im Kontext des Gebets, in den sie hineingestellt sind; es
ist die Einsetzung der Eucharistie, es ist das große Gebet Jesu und
der Kirche. Aber betrachten wir diesen Augenblick etwas näher.
Zunächst einmal gebrauchen die neutestamentlichen Überlieferun-
gen der Einsetzung der Eucharistie (vgl. 1 Kor 11,23–25; Lk 22,14–
20; Mk 14,22–25; Mt 26,26–29), die auf das Beten verweisen, das
die Gesten und die Worte Jesu über Brot und Wein einleitet, zwei
parallele und einander ergänzende Verben. Paulus und Lukas sprechen von Eucharistie/Danksagung: »Er nahm Brot, sprach das Dankgebet, brach das Brot und reichte es ihnen« (Lk 22,19). Markus und
Matthäus hingegen heben den Aspekt der Eulogie/des Segnens hervor: »Er nahm das Brot und sprach den Lobpreis; dann brach er das
Brot, reichte es ihnen« (Mk 22,19). Die beiden griechischen Begriffe
»eucharistein« und »eulogein« verweisen auf die jüdische »Berakha«, das große Dank- und Segensgebet der Tradition Israels, das die
großen Mahle eröffnete. Die beiden unterschiedlichen griechischen
Worte zeigen die beiden Richtungen an, die in diesem Gebet enthalten sind und die einander ergänzen. Die »Berakha« ist nämlich vor
allem Dank und Lob, die zu Gott aufsteigen für die empfangene Gabe:
Beim Letzten Abendmahl Jesu ist dies das Brot – aus dem Weizen gemacht, den Gott aus der Erde aufkeimen und wachsen lässt – und
der Wein, hergestellt aus der am Weinstock herangereiften Frucht.
Dieses Lob- und Dankgebet, das zu Gott aufsteigt, kehrt als Segen
zurück, der von Gott auf die Gabe herabkommt und sie bereichert.
So wird das Danken, das Loben Gottes zum Segen, und die Gott dar-
gebrachte Gabe kehrt vom Allmächtigen gesegnet zum Menschen
zurück. Die Einsetzungsworte der Eucharistie stehen im Zusammenhang mit diesem Beten; in ihnen werden das Lob und das Segnen der
»Berakha« zum Segen und zur Wandlung von Brot und Wein in den
Leib und das Blut Christi.
Vor den Einsetzungsworten kommen die Gesten: das Brechen des
Brotes und das Reichen des Weines. Wer das Brot bricht und den
Kelch reicht, ist vor allem das Familienoberhaupt, das die Angehö-
rigen an seinen Tisch aufnimmt, aber diese Gesten gehören auch
zur Gastfreundschaft, zur Aufnahme des Fremden, der nicht Teil
des Hauses ist, in die Mahlgemeinschaft. Diese Gesten erhalten in
dem Mahl, mit dem Jesus sich von den Seinen verabschiedet, eine

ganz neue Tiefe: Er gibt ein sichtbares Zeichen der Aufnahme an den Tisch, an dem Gott sich hinschenkt. In Brot und Wein bringt Jesus sich selbst dar und teilt sich mit.

Wie aber kann all das geschehen? Wie kann Jesus in jenem Augenblick sich selbst hinschenken? Jesus weiß, dass ihm bald das Leben genommen wird durch die Hinrichtung am Kreuz, die Todesstrafe der Unfreien, die Cicero als »mors turpissima crucis« bezeichnete. Durch die Gabe von Brot und Wein, die er beim Letzten Abendmahl darbringt, nimmt Jesus seinen Tod und seine Auferstehung vorweg und verwirklicht das, was er in der Hirtenrede gesagt hatte: »Ich gebe mein Leben hin, um es wieder zu nehmen. Niemand entreißt es mir, sondern ich gebe es aus freiem Willen hin. Ich habe Macht, es hinzugeben, und ich habe Macht, es wieder zu nehmen. Diesen Auftrag habe ich von meinem Vater empfangen« (Joh 10,17–18). Er bringt also im Voraus das Leben dar, das ihm genommen werden wird, und verwandelt auf diese Weise seinen gewaltsamen Tod in einen freien Akt der Selbsthingabe für die anderen und an die anderen. Die erlittene Gewalt wird in ein aktives, freies und erlösendes Opfer verwandelt.

Wiederum im Beten, das nach den rituellen Formen der biblischen Überlieferung beginnt, zeigt Jesus seine Identität und die Entschlossenheit, seine Sendung der vollkommenen Liebe, der gehorsamen Hingabe an den Willen des Vaters bis zum Äußersten zu erfüllen. Das zutiefst Ureigene der Selbsthingabe an die Seinen durch die eucharistische Gedächtnisfeier ist der Höhepunkt des Betens, das das Abschiedsmahl mit den Seinen kennzeichnet. Wenn wir die Gesten und die Worte Jesu in jener Nacht betrachten, sehen wir deutlich, dass die innige und stetige Beziehung zum Vater der Ort ist, an dem er die Geste vollbringt, den Seinen – und jedem von uns – das Sakrament der Liebe, das »Sacramentum caritatis«, zu hinterlassen. Zweimal erklingen im Abendmahlssaal die Worte: »Tut dies zu meinem Gedächtnis!« (1 Kor 11,24.25). Durch die Selbsthingabe feiert er sein Pascha und wird zum wahren Lamm, das den ganzen alten Kult zur Erfüllung bringt. Daher sagt der hl. Paulus zu den Christen von Korinth: »Als unser Paschalamm ist Christus geopfert worden. Lasst uns also das Fest ... feiern... mit den ungesäuerten Broten der Aufrichtigkeit und Wahrheit« (1 Kor 5,7–8).

Der Evangelist Lukas hat ein weiteres wertvolles Element der Ereignisse des Letzten Abendmahls bewahrt, das es uns gestattet, die bewegende Tiefe des Betens Jesu für die Seinen in jener Nacht zu erkennen, die Aufmerksamkeit gegenüber jedem. Ausgehend vom Dank- und Segensgebet gelangt Jesus zur eucharistischen Hingabe, zur Selbsthingabe, und während er die entscheidende sakramentale Wirklichkeit schenkt, wendet er sich an Petrus. Gegen Ende des Mahls sagt er zu ihm:»Simon, Simon, der Satan hat verlangt, dass er euch wie Weizen sieben darf. Ich aber habe für dich gebetet, dass dein Glaube nicht erlischt. Und wenn du dich wieder bekehrt hast, dann stärke deine Brüder« (Lk 22,31–32). Als auch für seine Jünger die Prüfung naht, stützt das Beten Jesu ihre Schwachheit, ihre Mühe zu verstehen, dass Gottes Weg durch das Ostermysterium des Todes und der Auferstehung hindurchführt, vorweggenommen in der Darbringung von Brot und Wein. Die Eucharistie ist die Speise der Pilger, die zur Kraft wird auch für den, der müde, erschöpft und orientierungslos ist. Und das Gebet gilt insbesondere Petrus, damit er, wenn er sich wieder bekehrt hat, seine Brüder im Glauben stärke. Der Evangelist Lukas erinnert daran, dass der Blick Jesu das Angesicht des Petrus in dem Augenblick suchte, in dem er gerade seine dreifache Verleugnung begangen hatte, um ihm die Kraft zu geben, den Weg der Nachfolge wieder aufzunehmen:»Im gleichen Augenblick, noch während er redete, krähte ein Hahn. Da wandte sich der Herr um und blickte Petrus an. Und Petrus erinnerte sich an das, was der Herr zu ihm gesagt hatte« (Lk 22,60–61).

Wenn wir an der Eucharistie teilnehmen, leben wir in außerordentlicher Weise das Gebet, das Jesus für jeden dargebracht hat und unablässig darbringt, auf dass das Böse, dem wir alle im Leben begegnen, nicht siegen und die verwandelnde Kraft des Todes und der Auferstehung Christi in uns wirken möge. In der Eucharistie antwortet die Kirche auf das Gebot Jesu:»Tut dies zu meinem Gedächtnis!« (Lk 22,19; vgl. 1 Kor 11,24–26); sie wiederholt das Dank- und Segensgebet und mit ihm die Worte der Transsubstantiation von Brot und Wein in den Leib und das Blut des Herrn. Unsere Eucharistiefeiern sind ein Hineingezogensein in jenen Augenblick des Betens, in dem wir uns immer wieder mit dem Beten Jesu vereinen. Die Kirche hat von ihren Anfängen an die Wandlungsworte als Teil ihres Betens im Mitbeten mit Jesus aufgefasst; als zentralen Teil des dankenden Lobpreises, durch den uns die Frucht der Erde und der menschlichen Arbeit von Gott her neu geschenkt wird als Jesu Leib und Blut, als Selbstschenkung Gottes in der sich öffnenden Liebe seines Sohnes (vgl. Benedikt XVI. Jesus von Nazareth, II, S. 149). Indem wir an der Eucharistie teilnehmen und uns vom Fleisch und vom Blut des Sohnes Gottes nähren, vereinigen wir unser Beten mit dem des Paschalammes in seiner höchsten Nacht, auf dass unser Leben trotz unserer Schwäche und unserer Untreue nicht verloren gehe, sondern verwandelt werde.

Wir wollen den Herrn bitten, dass unsere für das christliche Leben unverzichtbare Teilnahme an der Eucharistie – nachdem wir uns auch durch das Bußsakrament gebührend vorbereitet haben – stets der höchste Punkt all unseres Betens sein möge. Bitten wir, dass auch wir, zutiefst mit seiner Hingabe an den Vater vereint, unsere Kreuze in ein freies und verantwortungsvolles Opfer der Liebe zu Gott und zu den Brüdern verwandeln können.

Das »hohepriesterliche« Gebet Jesu

In diesem Kapitel richten wir unsere Aufmerksamkeit auf das Gebet, das Jesus in der »Stunde« seiner Erhöhung und seiner Verherrlichung an den Vater richtet (vgl. Joh 17,1–26). Im Katechismus der Katholischen Kirche heißt es: »Die christliche Überlieferung nennt es mit Recht das ›hohepriesterliche‹ Gebet Jesu. Es ist das Gebet unseres Hohenpriesters; es lässt sich nicht von seinem Opfer trennen, von seinem ›Gehen zum Vater‹ [Pascha], durch das er dem Vater ganz ›geweiht‹ wird« (Nr. 2747).

Dieses Gebet Jesu wird in seinem ganzen Reichtum vor allem dann verständlich, wenn wir es vor dem Hintergrund des jüdischen Versöhnungsfestes, des Jom Kippur, betrachten. An diesem Tag bringt der Hohepriester das Sühneopfer dar, erst für sich, dann für den Priesterstand und am Ende für die gesamte Gemeinschaft des Volkes. Das Ziel ist, dem Volk Israel nach den Gesetzesübertretungen eines Jahres das Bewusstsein der Versöhnung mit Gott zurückzugeben, das Bewusstsein, auserwähltes Volk zu sein, »heiliges Volk« inmitten der anderen Völker. Das Gebet Jesu, das im 17. Kapitel des Johannesevangeliums wiedergegeben wird, greift die Struktur dieses Festes auf. In jener Nacht wendet Jesus sich an den Vater in dem Augenblick, in dem er sich selbst hingibt. Er, Priester und Opfer, betet für sich, für die Apostel und für alle, die an ihn glauben werden, für die Kirche aller Zeiten (vgl. Joh 17,20).

Das Gebet Jesu für sich selbst ist die Bitte um die eigene Verherrlichung, die eigene »Erhöhung« in seiner »Stunde«. In Wirklichkeit ist es mehr als eine Bitte und die Erklärung der vollen Bereitschaft, frei und großherzig in den Plan Gottes, des Vaters, einzutreten, der durch seine Auslieferung, seinen Tod und seine Auferstehung erfüllt wird. Diese »Stunde« hat mit dem Verrat des Judas begonnen (vgl. Joh 13,31) und findet ihren Höhepunkt, als der auferstandene Jesus zum Vater hinaufgeht (vgl. 20,17). Als Judas den Abendmahlssaal verlässt, kommentiert Jesus dies mit den Worten: »Jetzt ist der Menschensohn verherrlicht, und Gott ist in ihm verherrlicht« (Joh 13,31). Nicht zufällig beginnt er das hohepriesterliche Gebet, indem er sagt: »Vater, die Stunde ist da. Verherrliche deinen Sohn, damit der Sohn dich verherrlicht« (Joh 17,1). Die Verherrlichung, die Jesus als Hoherpriester für sich selbst erbittet, ist der Eintritt in den vollen

Gehorsam gegenüber dem Vater, einen Gehorsam, der ihn zu seiner vollen Sohnschaft führt: »Vater, verherrliche du mich jetzt bei dir mit der Herrlichkeit, die ich bei dir hatte, bevor die Welt war« (Joh 17,5). Diese Bereitschaft und diese Bitte sind der erste Moment des neuen Priestertums Jesu: Es ist die völlige Selbsthingabe am Kreuz, und gerade am Kreuz – dem Akt der höchsten Liebe – wird er verherrlicht, denn die Liebe ist die wahre Herrlichkeit, die göttliche Herrlichkeit. Der zweite Moment dieses Gebets ist die Fürsprache Jesu für die Jünger, die bei ihm gewesen sind. Sie sind jene, über die Jesus zum Vater sagen kann: »Ich habe deinen Namen den Menschen offenbart, die du mir aus der Welt gegeben hast. Sie gehörten dir, und du hast sie mir gegeben, und sie haben an deinem Wort festgehalten« (Joh 17,6). »Gottes Namen den Menschen offenbaren« ist die Verwirklichung einer neuen Gegenwart des Vaters inmitten des Volkes, der Menschheit. Dieses »Offenbaren« ist nicht nur ein Wort, sondern es ist in Jesus Wirklichkeit; Gott ist bei uns, und so ist der Name – seine Gegenwart bei uns, als einer von uns – »verwirklicht«. Diese Offenbarung wird also in der Fleischwerdung des Wortes verwirklicht. In Jesus tritt Gott ein in das menschliche Fleisch, kommt er in einzigartiger und neuer Weise zu uns. Und diese Gegenwart hat ihren Höhepunkt im Opfer, das Jesus im Pascha seines Todes und seiner Auferstehung verwirklicht.

Im Mittelpunkt dieses Gebets der Fürsprache und der Sühne für die Jünger steht die Bitte um Heiligung. Jesus sagt zum Vater: »Sie sind nicht von der Welt, wie auch ich nicht von der Welt bin. Heilige sie in der Wahrheit; dein Wort ist Wahrheit. Wie du mich in die Welt gesandt hast, so habe auch ich sie in die Welt gesandt. Und ich heilige mich für sie, damit auch sie in der Wahrheit geheiligt sind« (17,16–19). Ich frage: Was bedeutet »heiligen« in diesem Fall? Zunächst einmal muss gesagt werden, dass eigentlich nur Gott »heilig« ist. Heiligen heißt also, eine Wirklichkeit – eine Person oder eine Sache – in Gottes Besitz zu übergeben. Und darin finden sich zwei einander ergänzende Aspekte: auf der einen Seite, von den gewöhnlichen Dingen wegnehmen, absondern, aus dem persönlichen Lebensbereich des Menschen »beiseite nehmen«, um vollkommen Gott hingeschenkt zu sein. Auf der anderen Seite hat diese Absonderung, diese Übergabe in die Sphäre Gottes die Bedeutung von »Sendung«, Mission: Gerade weil sie Gott hingeschenkt ist, existiert die geheiligte Wirklichkeit, die geheiligte Person »für« die anderen, ist sie den anderen geschenkt. Gott hinschenken bedeutet, nicht mehr für sich selbst da zu sein, sondern für alle. Geheiligt ist derjenige, der im Hinblick auf eine Aufgabe wie Jesus von der Welt abgesondert und für Gott beiseite genommen ist und gerade deshalb allen vollkommen zur Verfügung steht. Für die Jünger wird es die Fortsetzung der Sendung Jesu sein: Gott hingeschenkt sein, um so für alle gesandt zu sein. Am Osterabend erscheint Jesus seinen Jüngern und sagt zu ihnen: »Friede sei mit euch! Wie mich der Vater gesandt hat, so sende ich euch« (Joh 20,21).

Im dritten Moment des hohepriesterlichen Gebets weitet sich der Blick bis zum Ende der Zeiten. In ihm wendet sich Jesus an den Vater, um Fürsprache zu halten für alle, die durch die von den Aposteln begonnene und in der Geschichte fortgesetzte Sendung zum Glauben geführt werden: »Ich bitte nicht nur für diese hier, sondern auch für alle, die durch ihr Wort an mich glauben.« Jesus betet für die Kirche aller Zeiten, er betet auch für uns (Joh 17,20). Der Katechismus der Katholischen Kirche kommentiert: »Jesus hat das Werk des Vaters ganz erfüllt, und wie sein Opfer währt auch sein Gebet bis zum Ende der Zeit. Das Gebet der Stunde erfüllt die letzten Zeiten und bringt sie ihrer Vollendung entgegen« (Nr. 2749).

Die zentrale Bitte des hohepriesterlichen Gebets Jesu, das seinen Jüngern aller Zeiten gewidmet ist, ist die Bitte um die zukünftige Einheit derer, die an ihn glauben werden. Diese Einheit ist kein weltliches Produkt. Sie entspringt ausschließlich der göttlichen Einheit und gelangt zu uns vom Vater durch den Sohn und im Heiligen Geist. Jesus bittet um ein Geschenk, das vom Himmel kommt und das seine – wirkliche und wahrnehmbare – Auswirkung auf Erden hat. Er betet: »Alle sollen eins sein. Wie du, Vater, in mir bist und ich in dir bin, sollen auch sie in uns sein, damit die Welt glaubt, dass du mich gesandt hast« (Joh 17,21). Die Einheit der Christen ist einerseits eine verborgene Wirklichkeit, die im Herzen der gläubigen Menschen liegt. Gleichzeitig jedoch muss sie in aller Deutlichkeit in der Geschichte sichtbar werden. Sie muss sichtbar werden, damit die Welt glaubt. Sie hat einen sehr praktischen und konkreten Zweck: Sie muss sichtbar werden, damit alle wirklich eins sind. Die Einheit der zukünftigen Jünger ist Einheit mit Jesus – den der Vater in die Welt gesandt hat –, und so ist sie auch der Urquell der Wirkkraft der christlichen Sendung in der Welt.

Wir dürfen sagen, dass im hohepriesterlichen Gebet Jesu sich die

Stiftung der Kirche vollzieht. »Denn was ist Kirche anderes als die Gemeinschaft der Jünger, die durch den Glauben an Jesus Christus als den Gesandten des Vaters ihre Einheit empfängt und hineingehalten ist in die Sendung Jesu, die Welt zur Erkenntnis Gottes zu führen und sie so zu retten?« Hier finden wir wirklich eine wahre Definition der Kirche. »Die Kirche entspringt dem Gebet Jesu. Dieses Gebet aber ist nicht nur Wort, es ist der Akt, in dem er sich selbst ›heiligt‹, das heißt sich ›opfert‹ für das Leben der Welt« (Jesus von Nazareth, II, S. 119). Jesus betet, dass seine Jünger eins sein sollen. Kraft dieser Einheit, die empfangen und gewahrt werden muss, kann die Kirche »in der Welt« wandeln, ohne »von der Welt« zu sein (vgl. Joh 17,16), und die ihr anvertraute Sendung leben, damit die Welt an den Sohn glaubt und an den Vater, der ihn gesandt hat. Die Kirche wird somit zu dem Ort, an dem die Sendung Christi fortgesetzt wird: die »Welt« aus der Entfremdung des Menschen von Gott und von sich selbst herauszuführen, aus der Sünde heraus, damit sie wieder Welt Gottes werde.

Wir haben einige Elemente aus dem großen Reichtum des hohepriesterlichen Gebets Jesu aufgegriffen. Ich lade euch ein, es zu lesen und darüber nachzudenken, damit es uns leiten möge im Gespräch mit dem Herrn und uns beten lehre. Auch wir wollen daher in unserem Gebet Gott bitten, dass er uns helfen möge, in größerer Fülle in den Plan einzutreten, den er für einen jeden von uns hat; wir wollen ihn bitten, für ihn »geheiligt« zu sein, ihm immer mehr anzugehören, um die anderen, die Nahen, die Fernen immer mehr lieben zu können; wir wollen ihn bitten, stets in der Lage zu sein, unser Gebet auf die Dimensionen der Welt hin zu öffnen, es nicht in der Bitte um Hilfe für unsere Probleme zu verschließen, sondern unseres Nächsten vor dem Herrn zu gedenken, die Schönheit zu erfassen, für andere Fürsprache zu halten; wir wollen ihn bitten um das Geschenk der sichtbaren Einheit aller, die an Christus glauben – darum beten wir mit Nachdruck in der Gebetswoche für die Einheit der Christen. Wir wollen bitten, stets bereit zu sein, jedem Rede und Antwort zu stehen, der nach der Hoffnung fragt, die uns erfüllt (vgl. 1 Petr 3,15).

Das Gebet Jesu in Getsemani

Nun möchte ich zu euch über das Gebet Jesu in Getsemani, im Ölgarten, sprechen. Der Schauplatz des Evangeliumsberichtes über dieses Gebet ist besonders bedeutsam. Jesus begibt sich nach dem Letzten Abendmahl zusammen mit seinen Jüngern betend zum Ölberg. Der Evangelist Markus berichtet: »Nach dem Lobgesang gingen sie zum Ölberg hinaus« (14,26). Gemeint ist wohl der Gesang einiger Psalmen des »Hallel«, mit denen man Gott für die Befreiung des Volkes aus der Knechtschaft dankt und um seine Hilfe in den immer neuen Schwierigkeiten und Bedrohungen der Gegenwart bittet. Der Weg nach Getsemani ist von Worten Jesu erfüllt, die spüren lassen, dass sein Tod herannaht, und die die unmittelbar bevorstehende Zerstreuung der Jünger ankündigen.

Im Garten am Ölberg angekommen, bereitet sich Jesus auch in jener Nacht auf das persönliche Gebet vor. Diesmal jedoch geschieht etwas Neues: Es scheint, dass er nicht allein bleiben will. Oft zog Jesus sich von der Menge und auch von den Jüngern »an einen einsamen Ort« (Mk 1,35) oder »auf einen Berg« (Mk 6,46) zurück, sagt der hl. Markus. In Getsemani dagegen fordert er Petrus, Jakobus und Johannes auf, in der Nähe zu bleiben. Es sind die Jünger, die er gerufen hat, auf dem Berg der Verklärung bei ihm zu sein (vgl. Mk 9,2–13). Die Nähe der drei beim Gebet in Getsemani ist bedeutsam. Auch in jener Nacht wird Jesus »allein« zum Vater beten, denn er steht zu ihm in einer ganz einzigartigen Beziehung: der Beziehung des eingeborenen Sohnes. Man könnte sogar sagen, dass sich vor allem in jener Nacht niemand wirklich dem Sohn nähern kann, der sich dem Vater in seiner absolut einzigartigen, ausschließlichen Identität darbringt. Zwar gelangt Jesus »allein« an den Punkt, an dem er innehalten wird, um zu beten, aber er will, dass wenigstens drei Jünger nicht fern, in engerer Beziehung zu ihm bleiben. Es handelt sich um eine räumliche Nähe, eine Bitte um Solidarität in dem Augenblick, in dem er den Tod herannahen spürt, aber vor allem ist es eine Nähe im Gebet, gewissermaßen um den Einklang mit ihm zum Ausdruck zu bringen, in dem Augenblick, indem er sich anschickt, den Willen des Vaters bis zum Äußersten zu erfüllen, und es ist eine Aufforderung an jeden Jünger, ihm auf dem Weg des Kreuzes nachzufolgen.

Der Evangelist Markus berichtet: »Er nahm Petrus, Jakobus und

Johannes mit sich. Da ergriff ihn Furcht und Angst, und er sagte zu ihnen: Meine Seele ist zu Tode betrübt. Bleibt hier und wacht!« (14,33−34). In dem Wort, das er an die drei richtet, drückt Jesus sich wieder in der Sprache der Psalmen aus:»Meine Seele ist betrübt«, ein Ausdruck aus Psalm 43 (vgl. 43,5). Das feste Entschlossensein −»zu Tode« − ruft außerdem eine Situation in Erinnerung, die viele der Gesandten Gottes im Alten Testament erlebt haben und die in ihrem Beten zum Ausdruck kommt. Denn die ihnen anvertraute Sendung zu erfüllen, bedeutet nicht selten, Feindseligkeit, Ablehnung, Verfolgung zu begegnen. Mose spürt in dramatischer Weise die Prüfung, die er erfährt, als er das Volk durch die Wüste führt, und sagt zu Gott:»Ich kann dieses ganze Volk nicht allein tragen, es ist mir zu schwer. Wenn du mich so behandelst, dann bring mich lieber gleich um, wenn ich überhaupt deine Gnade gefunden habe« (Num 11,14−15). Auch für den Propheten Elija ist es nicht leicht, den Dienst an Gott und an seinem Volk auszuführen. Im Ersten Buch der Könige wird berichtet:»Er selbst ging eine Tagereise weit in die Wüste hinein. Dort setzte er sich unter einen Ginsterstrauch und wünschte sich den Tod. Er sagte: Nun ist es genug, Herr. Nimm mein Leben; denn ich bin nicht besser als meine Väter« (19,4). Die Worte Jesu an die drei Jünger, die er beim Gebet in Getsemani in der Nähe haben will, offenbaren, dass er in jener»Stunde« Furcht und Angst empfindet und die letzte, tiefe Einsamkeit gerade dann erfährt, als der Plan Gottes umgesetzt wird. Und in jener Furcht und Angst Jesu ist das ganze Grauen des Menschen vor dem eigenen Tod zusammengefasst, die Gewissheit über seine Unabwendbarkeit und die Wahrnehmung der Last des Bösen, das unser Leben berührt.

Nach der Aufforderung an die drei, zu bleiben und im Gebet zu wachen, wendet Jesus sich»allein« an den Vater. Der Evangelist Markus berichtet:»Er ging ein Stück weiter, warf sich auf die Erde nieder und betete, dass die Stunde, wenn möglich, an ihm vorübergehe« (14,35). Jesus wirft sich mit dem Gesicht zur Erde nieder: eine Gebetshaltung, die den Gehorsam gegenüber dem Willen des Vaters zum Ausdruck bringt, die vertrauensvolle Hingabe an ihn. Es ist eine Geste, die zu Beginn der Feier vom Leiden und Sterben Christi, am Karfreitag, wiederholt wird, ebenso wie in der monastischen Profess und in der Diakon-, Priester- und Bischofsweihe, um im Gebet die eigene Ganzhingabe an Gott, das Vertrauen auf ihn auch körperlich zum Ausdruck zu bringen. Dann bittet Jesus den Vater, dass die-

se Stunde, wenn möglich, an ihm vorübergehe. Es ist nicht nur die
Furcht und Angst des Menschen vor dem Tod, sondern es ist die
Erschütterung des Sohnes Gottes, der die schreckliche Menge des
Bösen sieht, das er auf sich nehmen muss, um es zu überwinden, um
ihm die Macht zu entreißen. Auch wir müssen im Gebet fähig sein,
unsere Mühsal vor Gott zu bringen, das Leiden gewisser Situationen, gewisser Tage, das tägliche Bemühen, ihm nachzufolgen, Christen zu sein, und auch die Last des Bösen, das wir in uns und um uns
herum sehen, auf dass er uns Hoffnung gebe, uns seine Nähe spüren
lasse, uns auf dem Weg des Lebens etwas Licht schenke.

Jesus setzt sein Gebet fort: »Abba, Vater, alles ist dir möglich. Nimm
diesen Kelch von mir! Aber nicht, was ich will, sondern was du willst
(soll geschehen)« (Mk 14,36). In diesem Gebet gibt es drei erhellende
Passagen. Am Anfang haben wir die Verdopplung des Ausdrucks,
mit dem Jesus sich an Gott wendet: »Abba, Vater« (Mk 14,36a). Wir
wissen, dass Kinder sich mit dem aramäischen Wort »Abba« an ihren
Papa wandten und es daher die Beziehung Jesu zu Gott, dem Vater, zum Ausdruck bringt: eine Beziehung voll Zärtlichkeit, Liebe,
Vertrauen, Hingabe. Im Mittelteil des Gebets befindet sich als zweites Element das Wissen um die Allmacht des Vaters: »Alles ist dir
möglich.« Es leitet eine Bitte ein, in der noch einmal das Drama des
menschlichen Willens Jesu angesichts des Todes und des Bösen erscheint: »Nimm diesen Kelch von mir!« Aber dann ist da der dritte
Ausdruck des Gebets Jesu, und das ist der Entscheidende, in dem
der menschliche Wille dem göttlichen Willen vollkommen zustimmt.
Denn Jesus sagt ab – schließend mit Nachdruck: »Aber nicht, was
ich will, sondern was du willst (soll geschehen)« (Mk 14,36c). In der
Einheit der göttlichen Person des Sohnes findet der menschliche Wille seine volle Verwirklichung in der Ganzhingabe des »Ich« an das
»Du« des Vaters, der »Abba« genannt wird. Der hl. Maximus der Bekenner sagt, dass vom Augenblick der Schöpfung des Mannes und
der Frau an der menschliche auf den göttlichen Willen ausgerichtet
ist. Und gerade im »Ja« zu Gott ist der menschliche Wille völlig frei
und findet seine Verwirklichung. Leider hat sich aufgrund der Sünde
dieses »Ja« zu Gott in Ungehorsam verwandelt: Adam und Eva haben
gedacht, dass das »Nein« zu Gott der Höhepunkt der Freiheit, die völlige Selbstverwirklichung sei. Am Ölberg bringt Jesus den menschlichen Willen zum vollkommenen »Ja« zu Gott zurück; in ihm ist der
natürliche Wille vollkommen eingebunden in die Ausrichtung, die

die göttliche Person ihr gibt. Jesus lebt seine Existenz dem Mittelpunkt seiner Person, seiner göttlichen Sohnschaft, entsprechend. Sein menschlicher Wille ist in das Ich des Sohnes hineingezogen, der sich dem Vater vollkommen hinschenkt. So sagt Jesus uns, dass der Mensch nur in der Angleichung des eigenen Willens an den göttlichen Willen zu seiner wahren Größe gelangt, »göttlich« wird. Nur wenn man aus sich herauskommt, nur im »Ja« zu Gott wird Adams und unser aller Verlangen erfüllt: das Verlangen, gänzlich frei zu sein. Das ist es, was Jesus in Getsemani vollbringt: Durch das Hineinnehmen des menschlichen Willens in den göttlichen Willen wird der wahre Mensch geboren und sind wir erlöst.

Das Kompendium des Katechismus der Katholischen Kirche lehrt zusammenfassend: »Das Gebet Jesu während seiner Todesangst im Garten von Getsemani und seine letzten Worte am Kreuz offenbaren die Tiefe seines Betens als Sohn: Jesus erfüllt den Ratschluss der Liebe des Vaters und nimmt alle Ängste der Menschen, alles Flehen und Bitten der Heilsgeschichte auf sich. Er bringt sie zum Vater, der sie annimmt und über alle menschliche Hoffnung hinaus erhört, indem er ihn von den Toten auferweckt« (Nr. 543). Denn »nirgends sonst in der Heiligen Schrift schauen wir so tief in das innere Geheimnis Jesu hinein wie im Ölberggebet« (Jesus von Nazareth, II, 179).

Jeden Tag bitten wir im Gebet des Vaterunser den Herrn: »Dein Wille geschehe, wie im Himmel, so auf Erden « (vgl. Mt 6,10). Das heißt, wir erkennen, dass es einen Willen Gottes mit uns und für uns gibt, einen Willen Gottes für unser Leben, der jeden Tag immer mehr zum Bezugspunkt unseres Willens und unseres Seins werden muss. Außerdem erkennen wir, dass der Wille Gottes im »Himmel« geschieht und dass die »Erde« nur dann zum »Himmel« – zum Ort der Gegenwart der Liebe, der Güte, der Wahrheit, der göttlichen Schönheit – wird, wenn auf ihr der Wille Gottes geschieht. Im Beten Jesu zum Vater in jener schrecklichen und wunderbaren Nacht in Getsemani ist die »Erde« zum »Himmel« geworden; die »Erde« seines menschlichen Willens, der von Furcht und Angst erschüttert war, ist in seinen göttlichen Willen hineingenommen worden, so dass der Wille Gottes sich auf der Erde erfüllt hat. Und das ist auch in unserem Beten wichtig: Wir müssen lernen, uns der göttlichen Vorsehung stärker anzuvertrauen, müssen Gott um die Kraft bitten, aus uns selbst herauszukommen, um ihm gegenüber unser »Ja« zu erneuern, um ihm immer wieder zu sagen: »Dein Wille geschehe«, um unseren Willen

dem seinen anzugleichen. Darum müssen wir täglich beten, denn
es ist nicht immer leicht, uns dem Willen Gottes anzuvertrauen, das
»Ja« Jesu, das »Ja« Marias zu wiederholen. Die Evangeliumsberichte
von Getsemani zeigen schmerzhaft, dass die drei Jünger, die Jesus
dazu auserwählt hat, in seiner Nähe zu sein, nicht in der Lage waren, mit ihm zu wachen, an seinem Gebet, an seiner Zustimmung
zum Vater teilzuhaben, und vom Schlaf übermannt wurden.

Bitten wir den Herrn, in der Lage zu sein, mit ihm im Gebet zu wachen, dem Willen Gottes jeden Tag zu folgen, auch wenn er vom
Kreuz spricht, in immer größerer Vertrautheit mit dem Herrn zu leben, um auf diese »Erde« ein wenig von Gottes »Himmel« zu bringen.

Das Gebet Jesu vor seinem Tod

Nun möchte ich mit euch über das Gebet Jesu unmittelbar vor seinem Tod nachdenken und bei dem verweilen, was der hl. Markus und der hl. Matthäus uns mitteilen. Die beiden Evangelisten geben das Gebet des sterbenden Jesus nicht nur in griechischer Sprache wieder, in der ihr Bericht geschrieben ist, sondern aufgrund der großen Bedeutung jener Worte auch in einer Mischung aus Hebräisch und Aramäisch. Auf diese Weise haben sie nicht nur den Inhalt überliefert, sondern sogar den Klang, den dieses Gebet auf den Lippen Jesu hatte: Wir hören wirklich die Worte Jesu, so wie sie waren. Gleichzeitig haben sie uns die Haltung jener beschrieben, die bei der Kreuzigung anwesend waren und die dieses Gebet nicht verstanden haben oder nicht verstehen wollten.

Wie wir gehört haben, schreibt der hl. Markus: »Als die sechste Stunde kam, brach über das ganze Land eine Finsternis herein. Sie dauerte bis zur neunten Stunde. Und in der neunten Stunde rief Jesus mit lauter Stimme: Eloï, Eloï, lema sabachtani?, das heißt übersetzt: Mein Gott, mein Gott, warum hast du mich verlassen?« (15,33–34). In der Erzählstruktur erhebt Jesus sein Gebet, seinen Ruf auf dem Höhepunkt der dreistündigen Finsternis, die sich von der sechsten bis zur neunten Stunde auf das ganze Land legte. Diese dreistündige Dunkelheit wiederum ist die Fortsetzung eines vorhergehenden Zeitabschnitts von ebenfalls drei Stunden, der mit der Kreuzigung Jesu begonnen hat. Denn der Evangelist Markus teilt uns mit: »Es war die dritte Stunde, als sie ihn kreuzigten« (vgl. 15,25). Aus der Gesamtheit der Zeitangaben des Berichtes heraus sind die sechs Stunden Jesu am Kreuz in zwei chronologisch gleichwertige Teile unterteilt. Die ersten drei Stunden, von neun Uhr bis Mittag, sind begleitet vom Spott verschiedener Personengruppen, die ihre Skepsis zeigen und ihren Unglauben bekunden. Der hl. Markus schreibt: »Die Leute, die vorbeikamen, verhöhnten ihn« (15,29); »auch die Hohenpriester und die Schriftgelehrten verhöhnten ihn« (15,31); »auch die beiden Männer, die mit ihm zusammen gekreuzigt wurden, beschimpften ihn« (15,32). In den drei darauffolgenden Stunden, von Mittag »bis zur neunten Stunde« spricht der Evangelist nur von der Finsternis, die über die ganze Erde herabgekommen ist; die Dunkelheit allein füllt die ganze Szene aus ohne jegliche Bezugnahme auf Bewegungen von Personen oder auf Worte.

Als Jesus dem Tod immer näherkommt, gibt es nur die Finsternis, die »über das ganze Land« hereinbricht. Auch der Kosmos nimmt teil an diesem Ereignis: Die Finsternis umgibt Personen und Dinge, aber selbst in diesem Augenblick der Finsternis ist Gott gegenwärtig, verlässt er Jesus nicht. In der biblischen Überlieferung hat die Finsternis eine ambivalente Bedeutung: Sie ist Zeichen für die Gegenwart und das Wirken des Bösen, aber auch für eine geheimnisvolle Gegenwart und ein geheimnisvolles Wirken Gottes, der in der Lage ist, jede Finsternis zu überwinden. Im Buch Exodus zum Beispiel lesen wir: »Der Herr sprach zu Mose: Ich werde zu dir in einer dichten Wolke kommen« (19,9). Weiter heißt es dort: »Das Volk hielt sich in der Ferne, und Mose näherte sich der dunklen Wolke, in der Gott war« (20,21). Und in den Reden des Deuteronomiums berichtet Mose: »Der Berg brannte: Feuer, hoch bis in den Himmel hinauf, Finsternis, Wolken und Dunkel« (4,11), »als ihr den Donner mitten aus der Finsternis gehört hattet und der Berg immer noch in Feuer stand« (5,23). In der Kreuzigungsszene Jesu umgibt Finsternis die Erde: Es ist die Finsternis des Todes, in die der Sohn Gottes eintaucht, um das Leben zu bringen, durch seinen Akt der Liebe.

Kehren wir zum Bericht des hl. Markus zurück: Angesichts der Beschimpfungen durch verschiedene Kategorien von Personen, angesichts der Finsternis, die in dem Augenblick, in dem er dem Tod gegenübersteht, über alles hereinbricht, zeigt Jesus durch seinen Gebetsruf, dass er zusammen mit der Last des Leidens und des Todes, in dem Gott ihn verlassen zu haben scheint, in dem er abwesend zu sein scheint, dass er sich der Nähe des Vaters, der diesen höchsten Akt der Liebe, der Ganzhingabe seiner selbst, annimmt, völlig gewiss ist, obgleich man nicht, wie in anderen Augenblicken, die Stimme von oben hört. Beim Lesen der Evangelien merkt man, dass für Jesus bei anderen wichtigen Ereignissen seines irdischen Lebens zu den Zeichen für die Gegenwart des Vaters und die Annahme seines Weges der Liebe auch die klärende Stimme Gottes gehörte. So war nach der Taufe im Jordan, als der Himmel sich öffnete, das Wort des Vaters zu vernehmen: »Du bist mein geliebter Sohn, an dir habe ich Gefallen gefunden« (1,11). Bei der Verklärung kam dann zu dem Zeichen der Wolke das Wort hinzu: »Das ist mein geliebter Sohn; auf ihn sollt ihr hören« (Mk 9,7). Auf das Herannahen des Todes des Gekreuzigten senkt sich jedoch das Schweigen; es ist keine Stimme zu hören, aber der liebevolle Blick des Vaters bleibt fest auf die Liebesgabe des Sohnes geheftet.

Aber welche Bedeutung hat das Gebet Jesu, jener Ruf, den er an den Vater richtet: »Mein Gott, mein Gott, warum hast du mich verlassen«? Zweifelt er an seiner Sendung, an der Gegenwart des Vaters? Enthält dieses Gebet etwa nicht das Bewusstsein um das eigene Verlassensein? Die Worte, die Jesus an den Vater richtet, sind der Anfang von Psalm 22, in dem der Psalmist Gott die Spannung zwischen seinem Gefühl des Verlassenseins und dem sicheren Bewusstsein um Gottes Gegenwart inmitten seines Volkes offenbart. Der Psalmist betet: »Mein Gott, ich rufe bei Tag, doch du gibst keine Antwort; / ich rufe bei Nacht und finde doch keine Ruhe. Aber du bist heilig, / du thronst über dem Lobpreis Israels« (V. 3–4). Der Psalmist spricht vom »Rufen«, um das ganze Leiden seines Gebets zu dem scheinbar abwesenden Gott zum Ausdruck zu bringen: Im Augenblick der Angst wird das Beten zum Rufen. Und das geschieht auch in unserer Beziehung zum Herrn: Angesichts der schwierigsten und schmerzlichsten Situationen, wenn Gott uns nicht zu hören scheint, brauchen wir keine Angst haben, ihm die ganze Last anzuvertrauen, die wir in unserem Herzen tragen, dürfen wir keine Angst haben, vor ihm unser Leid herauszuschreien, müssen wir überzeugt sein, dass Gott nahe ist, auch wenn er scheinbar schweigt. Indem er am Kreuz gerade die Anfangsworte des Psalms wiederholt: »Eli, Eli, lema sabachtani?« – »Mein Gott, mein Gott, warum hast du mich verlassen?« (Mt 27,46), indem er die Worte des Psalms ruft, betet Jesus im Augenblick der äußersten Ablehnung durch die Menschen, im Augenblick des Verlassenseins. Durch den Psalm betet er jedoch im Bewusstsein um die Gegenwart Gottes, des Vaters, auch in dieser Stunde, in der er das menschliche Drama des Todes spürt. Aber eine Frage kommt in uns auf: Wie ist es möglich, dass ein so mächtiger Gott nicht eingreift, um seinen Sohn dieser schrecklichen Prüfung zu entziehen? Es ist wichtig zu verstehen, dass das Gebet Jesu nicht der Ruf dessen ist, der mit Verzweiflung dem Tod entgegengeht, und auch nicht der Ruf dessen, der sich verlassen fühlt. Jesus macht sich in jenem Augenblick den ganzen Psalm 22 zu eigen, den Psalm des leidenden Volkes Israel, und nimmt auf diese Weise nicht nur das Leiden seines Volkes auf sich, sondern das aller Menschen, die unter der Last des Bösen leiden. Gleichzeitig trägt er all das zum Herzen Gottes in der Gewissheit, dass sein Ruf in der Auferstehung erhört werden wird: »Der Ruf in der äußersten Not ist zugleich Gewissheit der göttlichen Antwort, Gewissheit des Heils – nicht nur für Jesus selbst, sondern für ›viele‹« (Jesus von Nazareth II, 238). In diesem Gebet Jesu sind das äußerste Vertrauen und die Hingabe in Gottes Hand enthalten, auch wenn er abwesend zu sein scheint, auch wenn er zu schweigen scheint, einem uns unverständlichen Plan folgend. Im Katechismus der Katholischen Kirche lesen wir: »Vielmehr hat er uns in seiner Erlöserliebe, die ihn immer mit dem Vater verband, so sehr angenommen in der Gottferne unserer Sünde, dass er am Kreuz in unserem Namen sagen konnte: ›Mein Gott, mein Gott, warum hast du mich verlassen?‹« (Nr. 603). Sein Leiden ist ein Leiden mit uns und für uns, das der Liebe entspringt, die die Erlösung, den Sieg der Liebe, bereits in sich trägt.

Die unter dem Kreuz Jesu anwesenden Personen verstehen es nicht und meinen, dass sein Ruf ein an Elija gerichtetes Flehen sei. Aufgeregt versuchen sie, seinen Durst zu stillen, um sein Leben zu verlängern und zu sehen, ob Elija ihm tatsächlich zu Hilfe kommt, aber ein lauter Schrei setzt Jesu irdischem Leben und ihrem Wunsch ein Ende. Im letzten Augenblick lässt Jesus sein Herz seinen Schmerz zum Ausdruck bringen, aber gleichzeitig macht er das Bewusstsein um die Gegenwart des Vaters und die Zustimmung zu seinem Heilsplan für die Menschheit deutlich. Auch wir stehen immer wieder vor dem »Heute« des Leidens, des Schweigens Gottes – oftmals bringen wir das auch in unserem Beten zum Ausdruck –, aber wir stehen auch vor dem »Heute« der Auferstehung, der Antwort Gottes, der unsere Leiden auf sich genommen hat, um sie zusammen mit uns zu tragen und uns die feste Hoffnung zu geben, dass sie einst überwunden werden (vgl. Enzyklika *Spe salvi*, 35–40).

Im Gebet bringen wir unsere täglichen Kreuze vor Gott, in der Gewissheit, dass er gegenwärtig ist und uns erhört. Der Ruf Jesu erinnert uns daran, dass wir im Gebet die Grenzen unseres »Ichs« und unserer Probleme überwinden und uns den Nöten und dem Leid der anderen gegenüber öffnen müssen. Das Gebet Jesu, der am Kreuz stirbt, möge uns lehren, liebevoll zu beten für die vielen Brüder und Schwestern, die die Last des täglichen Lebens spüren, die schwierige Augenblicke erleben, die Schmerz leiden, die kein Wort des Trostes haben. All das wollen wir zum Herzen Gottes bringen, damit auch sie die Liebe Gottes spüren können, der uns nie verlässt.

Das Schweigen Jesu

In den vorhergehenden Kapiteln habe ich über das Beten Jesu gesprochen, und ich möchte diese Reflexion nicht abschließen, ohne
mich kurz beim Thema des Schweigens Jesu aufzuhalten, das in der
Beziehung zu Gott so wichtig ist.

Im Nachsynodalen Apostolischen Schreiben *Verbum Domini* hatte
ich den Stellenwert erwähnt, den das Schweigen im Leben Jesu einnimmt, vor allem auf Golgota: »Hier stehen wir vor dem ›Wort vom
Kreuz‹ (1 Kor 1,18). Das Wort verstummt, wird zur Totenstille, denn
es hat sich ›ausgesagt‹ bis hin zum Schweigen, ohne irgend etwas
zurückzuhalten, was es uns mitteilen sollte« (Nr. 12). Vor diesem
Schweigen des Kreuzes legt der hl. Maximus der Bekenner der Gottesmutter folgende Worte in den Mund: »Das Wort des Vaters, das
jede sprechende Kreatur erschaffen hat, ist ohne Worte; leblos sind
die erloschenen Augen dessen, auf dessen Wort und Wink sich alles
bewegt, was Leben hat« (vgl. La vita di Maria, Nr. 89: Testi mariani
del primo millennio, 2, Rom 1989, S. 253).

Das Kreuz Christi zeigt nicht nur das Schweigen Jesu als sein letz-
tes Wort zum Vater, sondern es offenbart auch, dass Gott durch das
Schweigen spricht: »Das Schweigen Gottes, die Erfahrung der Ferne
des allmächtigen Vaters, ist ein entscheidender Abschnitt auf dem
irdischen Weg des Sohnes Gottes, des fleischgewordenen Wortes.
Am Holz des Kreuzes hängend, hat er den Schmerz beklagt, den
dieses Schweigen ihm zufügt: ›Mein Gott, mein Gott, warum hast du
mich verlassen?‹ (Mk 15,34; Mt 27,46). Gehorsam bis zum letzten
Atemzug, hat Jesus in der Finsternis des Todes den Vater angerufen.
Ihm vertraute er sich im Augenblick des Übergangs durch den Tod
zum ewigen Leben an: ›Vater, in deine Hände lege ich meinen Geist‹
(Lk 23,46)« (Nachsynodales Apostolisches Schreiben *Verbum Domini*, 21). Die Erfahrung Jesu am Kreuz ist eine tiefe Offenbarung der
Situation des betenden Menschen und des Höhepunkts des Gebets:
Nachdem wir das Wort Gottes gehört und erkannt haben, müssen
wir uns auch mit dem Schweigen Gottes messen, einem wichtigen
Ausdruck des göttlichen Wortes. Die Dynamik von Wort und Stille,
die das Beten Jesu während seines gesamten irdischen Lebens prägt,
vor allem am Kreuz, berührt auch unser Gebetsleben in zwei Richtungen. Die erste betrifft die Annahme des Wortes Gottes. Es bedarf

der inneren und äußeren Stille, um dieses Wort zu hören. Und das ist ein besonders schwieriger Punkt für uns in unserer Zeit. Denn in unserer Zeit wird die innere Sammlung nicht gefördert; manchmal hat man sogar den Eindruck, dass man Angst hat, sich auch nur für einen Augenblick von der Flut der Worte und Bilder zu lösen, die die Tage prägen und füllen. Daher habe ich in dem bereits erwähnten Schreiben *Verbum Domini* an die Notwendigkeit erinnert, uns zum Wert des Schweigens zu erziehen:»Die Zentralität des Wortes Gottes im Leben der Kirche wiederzuentdecken bedeutet auch, den Sinn der inneren Sammlung und Ruhe wiederzuentdecken. Die große patristische Überlieferung lehrt uns, dass die Geheimnisse Christi an die Stille gebunden sind, und nur in ihr kann das Wort Raum in uns finden, wie in Maria, die zugleich Frau des Wortes und der Stille ist – diese Aspekte sind in ihr nicht voneinander zu trennen« (Nr. 66). Dieses Prinzip – dass man ohne das Schweigen nicht hört, nicht zuhört, kein Wort empfängt – gilt vor allem für das persönliche Gebet, aber auch für unsere Gottesdienste: Um echtes Hören zu erleichtern, müssen sie auch reich sein an Augenblicken des Schweigens und der nichtverbalen Aufnahme. Was Augustinus gesagt hat, gilt noch immer:»Verbo crescente, verba deficiunt – Wenn das Wort Gottes wächst, werden die Menschenworte weniger« (vgl. Sermo 288,5: PL 38,1307; Sermo 120,2: PL 38,677). Die Evangelien legen oft dar, dass Jesus, vor allem bei wichtigen Entscheidungen, sich ganz allein von der Menge und auch von den Jüngern an einen einsamen Ort zurückzieht, um in der Stille zu beten und seine Sohnesbeziehung zu Gott zu leben. Die Stille ist in der Lage, einen inneren Raum tief in uns selbst zu schaffen, um Gott dort wohnen zu lassen, damit sein Wort in uns bleibt, damit die Liebe zu ihm in unserem Geist und in unserem Herzen verwurzelt ist und unser Leben beseelt. Das also ist die erste Richtung: die Stille wieder zu erlernen, die Offenheit zum Hören, das uns für den anderen, für das Wort Gottes öffnet.

Es gibt jedoch auch eine zweite wichtige Beziehung des Schweigens zum Gebet. Denn es gibt nicht nur unser Schweigen, das uns zum Hören des Wortes Gottes bereit macht, sondern oft stehen wir in unserem Beten dem Schweigen Gottes gegenüber, haben wir gleichsam ein Gefühl des Verlassenseins, scheint uns, dass Gott nicht hört und nicht antwortet. Aber wie bei Jesus ist dieses Schweigen Gottes kein Zeichen seiner Abwesenheit. Der Christ weiß gut, dass der Herr anwesend ist und zuhört, auch in der Finsternis des Schmerzes, der

Ablehnung und der Einsamkeit. Jesus versichert den Jüngern und einem jeden von uns, dass Gott in jedem Augenblick unseres Lebens unsere Nöte gut kennt. Er lehrt die Jünger: »Wenn ihr betet, sollt ihr nicht plappern wie die Heiden, die meinen, sie werden nur erhört, wenn sie viele Worte machen. Macht es nicht wie sie; denn euer Vater weiß, was ihr braucht, noch ehe ihr ihn bittet« (Mt 6,7–8). Ein aufmerksames, stilles, offenes Herz ist wichtiger als viele Worte. Gott kennt uns im Innersten, besser als wir selbst, und liebt uns: Und das zu wissen muss genügen. In der Bibel ist die Erfahrung des Ijob in diesem Zusammenhang besonders bedeutsam. Dieser Mann verliert innerhalb kürzester Zeit alles: Familienangehörige, Besitz, Freunde, Gesundheit; es scheint, dass Gottes Haltung ihm gegenüber das Verlassen, das völlige Schweigen ist. Dennoch spricht Ijob in seiner Beziehung zu Gott mit Gott, er schreit zu Gott: In seinem Gebet bleibt sein Glaube trotz allem unversehrt, und am Ende entdeckt er den Wert seiner Erfahrung und des Schweigens Gottes. Und so wendet er sich am Ende an seinen Schöpfer: »Vom Hörensagen nur hatte ich von dir vernommen; / jetzt aber hat mein Auge dich geschaut« (Ijob 42,5): Wir alle kennen Gott gleichsam nur vom Hörensagen, und je offener wir für sein Schweigen und für unser Schweigen sind, desto mehr beginnen wir, ihn wirklich kennenzulernen.

Dieses äußerste Vertrauen, das sich zur tiefen Begegnung mit Gott hin öffnet, reift im Schweigen heran. Der hl. Franz Xaver betete zum Herrn: Ich liebe dich, nicht weil du mir das Paradies schenken oder mich zur Hölle verdammen kannst, sondern weil du mein Gott bist. Ich liebe dich, weil du du bist. Während wir uns dem Abschluss der Reflexionen über das Beten Jesu nähern, kommen einige Lehren des Katechismus der Katholischen Kirche in den Sinn: »Das Ereignis des Betens wird uns vollständig geoffenbart im Wort, das Fleisch geworden ist und das unter uns wohnt. Das Gebet Christi so zu verstehen, wie seine Zeugen es uns im Evangelium verkünden, bedeutet, sich Jesus, dem Herrn, als dem brennenden Dornbusch zu nähern: Zunächst betrachten wir, wie er betet, dann hören wir, wie er uns beten lehrt, und schließlich erkennen wir, wie er unser Gebet erhört« (Nr. 2598). Und wie lehrt Jesus uns beten? Im Kompendium des Katechismus der Katholischen Kirche finden wir eine klare Antwort: »Jesus lehrt, uns beten nicht nur durch das Gebet des Vaterunser, sondern auch durch sein eigenes Beten. Auf diese Weise zeigt er uns neben dem Inhalt auch die Haltungen, die für das wahre Gebet erforderlich

sind: ein reines Herz, welches das Reich Gottes sucht und den Feinden vergibt; das kühne, kindliche Vertrauen, das über unser Fühlen
und Verstehen hinausgeht; die Wachsamkeit, die den Jünger vor der
Versuchung bewahrt« (Nr. 544).

Indem wir die Evangelien durchgegangen sind, haben wir gesehen,
dass der Herr für unser Beten Gesprächspartner, Freund, Zeuge
und Lehrer ist. In Jesus offenbart sich die Neuheit unseres Dialogs
mit Gott: das kindliche Beten, das der Vater von seinen Kindern erwartet. Und von Jesus lernen wir, dass das ständige Beten uns hilft,
unser Leben zu deuten, unsere Entscheidungen zu treffen, unsere
Berufung zu erkennen und anzunehmen, die Begabungen zu entdecken, die Gott uns geschenkt hat, täglich seinen Willen zu tun, als
einzigen Weg zur Verwirklichung unserer Existenz. Uns, die wir oft
besorgt sind um die tatsächliche Wirksamkeit und die konkreten Er-
gebnisse, die wir erzielen, zeigt das Beten Jesu, dass wir innehalten
und Augenblicke der Vertrautheit mit Gott leben müssen, indem wir
uns vom täglichen Lärm »loslösen«, um zu hören, um zur »Wurzel«
zu gelangen, die das Leben erhält und nährt. Einer der schönsten
Momente des Gebets Jesu ist der, als er sich, um den Krankheiten, Schwierigkeiten und Grenzen seiner Gesprächspartner zu begegnen, im Gebet an seinen Vater wendet und so jene, die bei ihm
sind, lehrt, wo man die Quelle suchen muss, um Hoffnung und Heil
zu erlangen.

Ich habe bereits als bewegendes Beispiel das Beten Jesu am Grab des
Lazarus erwähnt. Der Evangelist Johannes berichtet: »Da nahmen sie
den Stein weg. Jesus aber erhob seine Augen und sprach: Vater, ich
danke dir, dass du mich erhört hast. Ich wusste, dass du mich immer erhörst; aber wegen der Menge, die um mich herumsteht, habe
ich es gesagt; denn sie sollen glauben, dass du mich gesandt hast.
Nachdem er dies gesagt hatte, rief er mit lauter Stimme: Lazarus,
komm heraus!« (Joh 11,41–43). Die größte Tiefe in seinem Beten zum
Vater erreicht Jesus im Augenblick des Leidens und des Todes, in
dem er das endgültige »Ja« zum Plan Gottes spricht und zeigt, dass
der menschliche Wille gerade in der völligen Zustimmung zum göttlichen Willen und nicht im Widerspruch seine Erfüllung findet. Im
Beten Jesu, in seinem Rufen zum Vater am Kreuz, »liegt alles Elend
der Menschen aller Zeiten, von Sünde und Tod geknechtet, und jede
Bitte und Fürbitte der Heilsgeschichte. Der Vater nimmt sie alle an
und erhört sie in einer Weise, die über alle menschliche Hoffnung

hinausgeht, durch die Auferweckung seines Sohnes. Darin erfüllt und vollendet sich der Weg des Gebetes in der Schöpfungs- und der Erlösungsordnung« (Katechismus der Katholischen Kirche, 2606).

Bitten wir den Herrn voll Vertrauen, den Weg unseres kindlichen Gebets zu leben, indem wir täglich vom einzigen Sohn, der wie wir Mensch geworden ist, lernen, wie wir uns an Gott wenden sollen. Die Worte des hl. Paulus über das christliche Leben im allgemeinen gelten auch für unser Beten: »Denn ich bin gewiss: Weder Tod noch Leben, weder Engel noch Mächte, weder Gegenwärtiges noch Zukünftiges, weder Gewalten der Höhe oder Tiefe noch irgendeine andere Kreatur können uns scheiden von der Liebe Gottes, die in Christus Jesus ist, unserem Herrn« (Röm 8,38−39).

Das Gebet der frühen Kirche

Die betende Gegenwart der Jungfrau Maria

Mit diesem Kapitel möchte ich beginnen, über das Gebet in der Apostelgeschichte und in den Paulusbriefen zu sprechen. Bekanntlich hat uns der hl. Lukas eines der vier Evangelien geschenkt, die dem irdischen Leben Jesu gewidmet sind. Er hat uns jedoch auch das hinterlassen, was als das erste Buch über die Kirchengeschichte bezeichnet wurde, die Apostelgeschichte. Ein Element, das in diesen beiden Büchern immer wiederkehrt, ist das Gebet: das Gebet Jesu wie auch das Gebet Marias, der Jünger, der Frauen und der christlichen Gemeinde. Der beginnende Weg der Kirche ist vor allem geprägt vom Wirken des Heiligen Geistes, der die Apostel zu Zeugen des Auferstandenen macht, bis hin zum Blutvergießen, sowie von der raschen Verbreitung des Wortes Gottes nach Osten und nach Westen. Bevor sich die Verkündigung des Evangeliums ausbreitet, berichtet Lukas jedoch über die Himmelfahrt des Auferstandenen (vgl. Apg 1,6–9). Der Herr übergibt den Jüngern das Programm ihres der Evangelisierung geweihten Lebens und sagt: »Ihr werdet die Kraft des Heiligen Geistes empfangen, der auf euch herabkommen wird; und ihr werdet meine Zeugen sein in Jerusalem und in ganz Judäa und Samarien und bis an die Grenzen der Erde« (Apg 1,8). In Jerusalem sind die Apostel, durch den Verrat des Judas Iskariot jetzt zu elft, im Haus versammelt, um zu beten, und im Gebet erwarten sie die vom auferstandenen Christus verheißene Gabe, den Heiligen Geist. In diesem Zusammenhang der Erwartung, zwischen Himmelfahrt und Pfingsten, erwähnt der hl. Lukas zum letzten Mal Maria, die Mutter Jesu, und seine Brüder (V. 14). Maria hat er die Anfänge seines Evangeliums gewidmet, von der Verkündigung des Engels bis zur Geburt und Kindheit des menschgewordenen Sohnes Gottes. Mit Maria beginnt das irdische Leben Jesu, und mit Maria beginnen auch die ersten Schritte der Kirche; in beiden Augenblicken herrscht eine Atmosphäre des Hörens auf Gott, der inneren Sammlung.

Nun möchte ich daher bei der betenden Gegenwart der Jungfrau Maria in der Gruppe der Jünger verweilen, die die entstehende Kirche sind. Maria ist mit Zurückhaltung dem gesamten Weg ihres Sohnes in seinem öffentlichen Wirken gefolgt, bis unter das Kreuz, und jetzt folgt sie weiterhin im stillen Gebet dem Weg der Kirche. Bei der Verkündigung im Haus von Nazaret empfängt Maria den Engel Gottes, achtet auf seine Worte, nimmt sie an und antwortet auf den göttlichen Plan, indem sie ihre volle Bereitschaft zeigt: »Ich bin die Magd des Herrn; mir geschehe, wie du es gesagt hast« (vgl. Lk 1,38). Gerade durch die innere Haltung des Hörens ist Maria in der Lage, die eigene Geschichte zu deuten, indem sie mit Demut erkennt, dass es der Herr ist, der handelt. Als sie ihre Verwandte Elisabet besucht, bricht sie in ein Gebet des Lobpreises und der Freude aus, der Feier der göttlichen Gnade, die ihr Herz und ihr Leben erfüllt und sie zur Mutter des Herrn gemacht hat (vgl. Lk 1,46–55). Lobpreis, Dank, Freude: Im Gesang des Magnifikat schaut Maria nicht nur auf das, was Gott in ihr gewirkt hat, sondern auch auf das, was er in der Geschichte vollbracht hat und weiterhin vollbringt. In einem berühmten Kommentar zum Magnifikat lädt der hl. Ambrosius ein, im Gebet denselben Geist zu haben, und schreibt: »In jeder Seele sei Marias Seele, dass sie ›groß mache den Herrn‹, in jeder sei der Geist Marias, dass er ›frohlocke in Gott‹«. (Expositio Evangelii secundum Lucam 2,26: PL 15,1561).

Auch im Abendmahlssaal in Jerusalem, im »Obergemach«, wo die Jünger Jesu »nun ständig blieben« (vgl. Apg 1,13), in einer Atmosphäre des Hörens und des Gebets, ist sie gegenwärtig, bevor die Türen weit geöffnet werden und sie beginnen, Christus, den Herrn, allen Völkern zu verkündigen und sie zu lehren, alles zu befolgen, was er geboten hat (vgl. Mt 28,19–20). Die Abschnitte des Weges, den Maria gegangen ist – vom Haus in Nazaret über das Kreuz, wo der Sohn ihr den Apostel Johannes anvertraut, bis zum Haus in Jerusalem –, sind von der Fähigkeit geprägt, eine beharrliche Atmosphäre der inneren Sammlung zu wahren, um in der Stille ihres Herzens vor Gott über jedes Ereignis nachzudenken (vgl. Lk 2,19–51) und im Nachdenken vor Gott auch den Willen Gottes zu verstehen und fähig zu werden, ihn innerlich anzunehmen. Die Gegenwart der Muttergottes bei den Elf, nach der Himmelfahrt, ist also nicht einfach nur die historische Erwähnung von etwas Vergangenem, sondern sie gewinnt eine Bedeutung von großem Wert, weil sie mit ihnen das Kostbarste teilt, was es gibt: die lebendige Erinnerung an Jesus im Gebet.

Sie hat an dieser Sendung Jesu teil: die Erinnerung an Jesus zu wah-

ren und so seine Gegenwart zu wahren. Zum letzten Mal wird Maria
in den beiden Schriften des hl. Lukas am Sabbat erwähnt: dem Tag
des Ruhens Gottes nach der Schöpfung, dem Tag der Stille nach dem
Tod Jesu, in Erwartung seiner Auferstehung. Und darin wurzelt die
Tradition des Mariensamstags. Zwischen der Himmelfahrt des Auferstandenen und dem ersten christlichen Pfingsten versammeln sich
die Apostel und die Kirche mit Maria, um mit ihr auf die Gabe des
Heiligen Geistes zu warten, ohne die man nicht zu Zeugen werden
kann. Sie, die ihn bereits empfangen hat, um das fleischgewordene
Wort hervorzubringen, teilt mit der ganzen Kirche die Erwartung
eben dieser Gabe, damit im Herzen eines jeden Gläubigen »Christus
Gestalt annimmt« (vgl. Gal 4,19). Wenn es ohne Pfingsten keine Kirche gibt, gibt es ohne die Mutter Jesu auch kein Pfingsten, denn sie
hat auf einzigartige Weise das gelebt, was die Kirche jeden Tag unter
dem Wirken des Heiligen Geistes erfährt. Der hl. Chromatius von
Aquileia kommentiert die Bemerkung der Apostelgeschichte so: »Die
Kirche versammelte sich also im Obergemach gemeinsam mit Maria,
der Mutter Jesu, und mit seinen Brüdern. Man könnte sie nicht Kirche nennen, wenn nicht Maria zugegen wäre, die Mutter des Herrn.
... Die Kirche Christi ist dort, wo die Menschwerdung Christi aus der
Jungfrau verkündet wird; und wo die Apostel verkünden, die Brüder
des Herrn, dort hört man das Evangelium« (Sermo 30,1: SC 164,135).
Das Zweite Vatikanische Konzil wollte in besonderer Weise die Verbindung hervorheben, die im gemeinsamen Beten Marias und der
Apostel am selben Ort in Erwartung des Heiligen Geistes sichtbar
zum Ausdruck kommt: »Da es aber Gott gefiel, das Sakrament des
menschlichen Heils nicht eher feierlich zu verkünden, als bis er den
verheißenen Heiligen Geist ausgegossen hatte, sehen wir die Apostel
vor dem Pfingsttag ›einmütig in Gebet verharren mit den Frauen und
Maria, der Mutter Jesu, und seinen Brüdern‹ (Apg 1,14) und Maria
mit ihren Gebeten die Gabe des Geistes erflehen, der sie schon bei
der Verkündigung überschattet hatte« (Nr. 59). Der bevorzugte Platz
Marias ist die Kirche, wo »sie auch als überragendes und völlig ein-
zigartiges Glied ... wie auch als ihr Typus und klarstes Urbild im
Glauben und in der Liebe gegrüßt« wird (ebd., Nr. 53). Die Mutter
Jesu in der Kirche zu verehren, bedeutet daher, von ihr zu lernen,
betende Gemeinschaft zu sein: Das ist einer der wesentlichen Züge
der ersten Beschreibung der christlichen Gemeinde, die in der Apostelgeschichte aufgezeigt wird (vgl. 2,42). Oft ist das Gebet bestimmt

von schwierigen Situationen, von persönlichen Problemen, durch die man sich dem Herrn zuwendet, um Licht, Trost und Hilfe zu empfangen. Maria lädt ein, alle Aspekte des Gebets aufzutun, sich nicht nur in der Not und nicht nur für sich selbst an Gott zu wenden, sondern einmütig, beharrlich, treu: »ein Herz und eine Seele« (Apg 4,32).

Das menschliche Leben macht verschiedene Übergangsphasen durch, die oft schwierig und anspruchsvoll sind, die unaufschiebbare Entscheidungen, Verzicht und Opfer verlangen. Die Mutter Jesu wurde vom Herrn in entscheidende Augenblicke der Heilsgeschichte gestellt und hat es immer verstanden, mit voller Bereitschaft zu antworten, Frucht einer tiefen Verbindung mit Gott, die im unablässigen und tiefen Gebet herangereift ist. Zwischen dem Freitag des Leidens und dem Sonntag der Auferstehung wurde ihr der Jünger anvertraut, den Jesus liebte, und mit ihm die ganze Gemeinschaft der Jünger (vgl. Joh 19,26). Zwischen Himmelfahrt und Pfingsten befindet sie sich »mit« und »in« der Kirche im Gebet (vgl. Apg 1,14).

Als Mutter Gottes und Mutter der Kirche übt Maria ihre Mutterschaft bis zum Ende der Geschichte aus. Ihr wollen wir jede Übergangsphase unseres persönlichen und kirchlichen Lebens anvertrauen, nicht zuletzt jene unseres endgültigen Hinscheidens. Maria lehrt uns die Notwendigkeit des Gebets und zeigt uns, dass wir nur durch eine ständige, innige, liebevolle Verbindung mit ihrem Sohn aus »unserem Haus«, aus uns selbst, mutig herauskommen können, um die Grenzen der Welt zu erreichen und überall Jesus, den Herrn, zu verkündigen, den Retter der Welt.

Das »kleine Pfingsten«

Im letzten Kapitel haben wir die Gestalt der allerseligsten Jungfrau Maria betrachtet, die inmitten der Apostel im Gebet weilte in dem Augenblick, in dem sie die Herabkunft des Heiligen Geistes erwarteten. Eine Atmosphäre des Gebets begleitet die ersten Schritte der Kirche. Pfingsten ist kein isoliertes Ereignis, denn die Gegenwart und das Wirken des Heiligen Geistes leiten und beseelen beständig den Weg der christlichen Gemeinde.

In der Apostelgeschichte berichtet der hl. Lukas nämlich nicht nur von der großen Ausgießung des Geistes, die 50 Tage nach Ostern im Abendmahlssaal geschah (vgl. Apg 2,1−13), sondern er erwähnt auch andere außerordentliche Ereignisse, bei denen der Heilige Geist in der Kirchengeschichte immer wieder hereinbricht. Und nun möchte ich das sogenannte »kleine Pfingsten« betrachten, das sich auf dem Höhepunkt einer schwierigen Phase im Leben der Urkirche ereignete. Die Apostelgeschichte berichtet, dass Petrus und Johannes nach der Heilung eines Lahmen beim Tempel von Jerusalem (vgl. Apg 3,1−10) verhaftet wurden (vgl. Apg 4,1), weil sie dem ganzen Volk die Auferstehung Jesu verkündigten (vgl. Apg 3,11−26). Nach einem kurzen Prozess wurden sie wieder freigelassen, gingen zu ihren Brüdern und erzählten, was sie wegen ihres Zeugnisses für Jesus, den Auferstandenen, erleiden mussten. In diesem Augenblick, so der hl. Lukas, »erhoben sie einmütig ihre Stimme zu Gott« (Apg 4,24). Hier gibt der hl. Lukas das umfassendste Gebet der Kirche wieder, das wir im Neuen Testament finden. Als sie gebetet hatten − so haben wir gehört −, »bebte der Ort, an dem sie versammelt waren, und alle wurden mit dem Heiligen Geist erfüllt, und sie verkündeten freimütig das Wort Gottes« (Apg 4,31).

Bevor wir dieses schöne Gebet betrachten, richten wir unser Augenmerk auf eine wichtige Grundhaltung: Gegenüber der Gefahr, der Schwierigkeit, der Bedrohung versucht die christliche Urgemeinde nicht, Untersuchungen darüber anzustellen, wie man reagieren und sich verteidigen kann, welche Maßnahmen ergriffen werden sollen, sondern sie betet angesichts der Prüfung, sie nimmt Kontakt zu Gott auf. Und wie sieht dieses Gebet aus? Es handelt sich um ein einmütiges und einträchtiges Gebet der ganzen Gemeinschaft, die um Jesu willen einer Situation der Verfolgung gegenübersteht. Im griechischen Original gebraucht der hl. Lukas den Begriff »homothu-madon« – »alle zusammen«, »einmütig« – ein Wort, das an anderen Stellen der Apostelgeschichte erscheint, um das beharrliche und ein-mütige Gebet hervorzuheben (vgl. Apg 1,14; 2,46). Diese Eintracht ist das grundlegende Element der Urgemeinde, und sie sollte für die Kirche immer grundlegend sein. Es ist also nicht nur das Gebet des Petrus und des Johannes, die sich in Gefahr befanden, sondern das der ganzen Gemeinde, denn das, was die beiden Apostel erleben, betrifft nicht nur sie, sondern die ganze Kirche. Angesichts der um Jesu willen erlittenen Verfolgungen erschrickt die Kirche nicht und spaltet sich nicht: Sie ist sogar tief im Gebet vereint, wie eine ein-zige Person, um den Herrn anzurufen. Das, würde ich sagen, ist das erste Wunder, das geschieht, als die Gläubigen um ihres Glaubens willen auf die Probe gestellt werden: Die Einheit wird nicht in Fra-ge gestellt, sondern gefestigt, weil sie von einem unerschütterlichen Gebet getragen wird. Die Kirche braucht die Verfolgungen nicht zu fürchten, die sie in ihrer Geschichte erleiden muss, sondern sie darf immer, wie Jesus in Getsemani, auf die Gegenwart, die Hilfe und die Kraft Gottes vertrauen, der im Gebet angerufen wird.

Machen wir einen weiteren Schritt: Worum bittet die christliche Ge-meinde Gott in diesem Augenblick der Prüfung? Sie bittet nicht um den Schutz ihres Lebens angesichts der Verfolgung und auch nicht darum, dass der Herr es jenen heimzahlen möge, die Petrus und Johannes gefangengenommen haben. Sie bittet nur, dass es ihr ge-währt sein möge, »mit allem Freimut« das Wort Gottes zu verkünden (vgl. Apg 4,29); sie bittet also darum, nicht den Mut des Glaubens zu verlieren, um den Mut, den Glauben zu verkündigen. Zunächst versucht sie jedoch, das Geschehene in der Tiefe zu erfassen. Sie versucht, die Ereignisse im Licht des Glaubens auszulegen, und sie tut dies durch das Wort Gottes, das uns die Wirklichkeit der Welt ver-stehen lässt. Im Gebet, das sie zum Herrn erhebt, ruft die Gemeinde zunächst die Größe und Unermesslichkeit Gottes in Erinnerung und preist sie: »Herr, du hast den Himmel, die Erde und das Meer ge-schaffen und alles, was dazugehört« (Apg 4,24). Es ist der Lobpreis des Schöpfers: Wir wissen, dass alles von ihm kommt, dass alles in seinen Händen steht. Dieses Bewusstsein gibt uns Gewissheit und Mut: Alles kommt von ihm, alles steht in seinen Händen.

Dann geht sie dazu über zu bekennen, wie Gott in der Geschichte gewirkt hat – sie beginnt also mit der Schöpfung und fährt in der

Geschichte fort −, wie er seinem Volk nahe gewesen ist und sich als
ein Gott erwiesen hat, der sich um den Menschen kümmert, der sich
nicht zurückgezogen hat, der den Menschen, sein Geschöpf, nicht
verlässt. Und hier wird ausdrücklich Psalm 2 zitiert, in dessen Licht
die schwierige Situation ausgelegt wird, in der die Kirche sich in
jenem Augenblick befindet. Psalm 2 preist die Inthronisierung des
Königs von Juda, aber er bezieht sich prophetisch auf die Ankunft
des Messias, dem Aufruhr, Verfolgung, menschliche Gewalt nichts
anhaben können: »Warum toben die Völker, warum machen die Nationen vergebliche Pläne? Die Könige der Erde stehen auf, und die
Herrscher haben sich verbündet gegen den Herrn und seinen Ge-
salbten« (Apg 4,25−26). Das sagt der Psalm bereits prophetisch über
den Messias, und in der ganzen Geschichte ist dieser Aufruhr der
Mächtigen gegen Gottes Macht kennzeichnend.
Gerade durch das Lesen der Heiligen Schrift, des Wortes Gottes, kann
die Gemeinde in ihrem Gebet zu Gott sagen: »Wahrhaftig, verbündet
haben [sie] sich in dieser Stadt gegen deinen heiligen Knecht Jesus,
den du gesalbt hast, ... um alles auszuführen, was deine Hand und
dein Wille im voraus bestimmt haben« (Apg 4,27−28). Das Geschehene wird im Licht Christi ausgelegt, der der Schlüssel ist, um auch
die Verfolgung zu verstehen: das Kreuz, das immer der Schlüssel
für die Auferstehung ist. Der Widerspruch gegen Jesus, sein Leiden
und sein Tod werden durch Psalm 2 neu ausgelegt, als Umsetzung
des Planes Gottes, des Vaters, für das Heil der Welt. Und hier findet
sich auch der Sinn der Erfahrung der Verfolgung, die die christliche
Urgemeinde durchmacht: Die Urgemeinde ist nicht einfach nur eine
Vereinigung, sondern eine Gemeinschaft, die in Christus lebt; daher
gehört das, was ihr geschieht, zum Plan Gottes. Ebenso wie Jesus begegnen auch die Jünger Widerspruch, Unverständnis, Verfolgung. Im
Gebet hilft die Betrachtung der Heiligen Schrift im Licht des Geheimnisses Christi, die jetzige Gegenwart im Rahmen der Heilsgeschichte
zu verstehen, die Gott, immer auf seine Weise, in der Welt wirkt.
Gerade deshalb bittet die christliche Urgemeinde von Jerusalem Gott
in ihrem Gebet nicht um Schutz, nicht darum, dass ihr die Prüfung,
das Leiden erspart bleibe. Es ist kein Gebet um Erfolg, sondern nur
darum, das Wort Gottes mit »Parrhesia«, also mit Freimut, mit Freiheit, mit Mut verkündigen zu können (vgl. Apg 4,29).
Dann fügt sie die Bitte an, dass diese Verkündigung von Gottes Hand
begleitet sein möge, damit Heilungen, Zeichen, Wunder geschehen

(vgl. Apg 4,30), damit also Gottes Güte sichtbar wird, als Kraft, die die Wirklichkeit verändert, die das Herz, den Verstand, das Leben der Menschen verwandelt und die radikale Neuheit des Evangeliums bringt. Als sie gebetet hatten – so der hl. Lukas –, »bebte der Ort, an dem sie versammelt waren, und alle wurden mit dem Heiligen Geist erfüllt, und sie verkündeten freimütig das Wort Gottes« (Apg 4,31). Der Ort bebte: Der Glaube hat also die Kraft, die Erde und die Welt zu verwandeln. Derselbe Geist, der durch Psalm 2 im Gebet der Kirche gesprochen hat, bricht in das Haus herein und erfüllt das Herz aller, die zum Herrn gebetet haben. Das ist die Frucht des einmütigen Gebets, das die christliche Gemeinde zu Gott erhebt: die Ausgießung des Geistes, der Gabe des Auferstandenen, der die freie und mutige Verkündigung des Wortes Gottes stützt und leitet, der die Jünger des Herrn anspornt, furchtlos hinauszugehen, um die gute Nachricht bis an die Grenzen der Erde zu bringen.

Auch wir müssen die Ereignisse unseres täglichen Lebens in unserem Gebet zu tragen wissen, um nach ihrer tiefen Bedeutung zu suchen. Und wie die christliche Urgemeinde können auch wir, wenn wir uns vom Wort Gottes erleuchten lassen, durch die Betrachtung der Heiligen Schrift lernen zu sehen, dass Gott in unserem Leben gegenwärtig ist, dass er auch und gerade in den schwierigen Augenblicken gegenwärtig ist, und dass alles – auch die unverständlichen Dinge – Teil eines höheren Liebesplans ist, in dem der endgültige Sieg über das Böse, über die Sünde und über den Tod wirklich der Sieg des Guten, der Gnade, des Lebens, Gottes ist.

Wie der christlichen Urgemeinde so hilft das Gebet auch uns, die persönliche und kollektive Geschichte aus der rechten und treuen Perspektive, der Perspektive Gottes heraus auszulegen. Und auch wir wollen die Bitte um die Gabe des Heiligen Geistes erneuern, der das Herz erwärmen und den Geist erhellen möge, um zu erkennen, dass der Herr unser Gebet nach seinem liebevollen Willen und nicht nach unseren Vorstellungen erhört. Vom Geist Jesu Christi geleitet werden wir in der Lage sein, jede Lebenssituation mit innerem Frieden, Mut und Freude zu leben und uns mit dem hl. Paulus »unserer Bedrängnis zu rühmen; denn wir wissen: Bedrängnis bewirkt Geduld, Geduld aber Bewährung, Bewährung Hoffnung«. Diese Hoffnung »lässt nicht zugrunde gehen; denn die Liebe Gottes ist ausgegossen in unsere Herzen durch den Heiligen Geist, der uns gegeben ist« (Röm 5,3–5).

Schwierigkeiten im Gebet überwinden

Im vorangegangenen Kapitel habe ich aufgezeigt, dass die Kirche, von Anbeginn ihres Weges an, unvorhergesehenen Situationen, neuen Fragen und Schwierigkeiten gegenüberstand, auf die sie versucht hat, im Licht des Glaubens Antwort zu geben, indem sie sich vom Heiligen Geist leiten ließ. Nun möchte ich über eine weitere solche Situation nachdenken, über ein ernstes Problem, dem die erste christliche Gemeinde von Jerusalem begegnete und das sie lösen musste, wie der hl. Lukas uns im sechsten Kapitel der Apostelgeschichte berichtet: Es ging um die Pastoral der Nächstenliebe gegenüber alleinstehenden Personen, die Beistand und Hilfe benötigen. Die Frage ist für die Kirche nicht zweitrangig und drohte damals Spaltungen innerhalb der Kirche herbeizuführen. Denn die Zahl der Jünger wuchs, aber die griechisch sprechenden begannen gegen die hebräisch sprechenden aufzubegehren, weil ihre Witwen bei der täglichen Versorgung übersehen wurden (vgl. Apg 6,1).

Angesichts dieses dringenden Problems, das einen grundlegenden Aspekt im Leben der Gemeinschaft betraf, nämlich die Nächstenliebe gegenüber den Schwachen, den Armen, den Wehrlosen und die Gerechtigkeit, rufen die Apostel die ganze Gruppe der Jünger zusammen. In diesem Augenblick pastoraler Schwierigkeiten wird die Entscheidungsfindung der Apostel sehr wichtig. Sie stehen der vorrangigen Notwendigkeit gegenüber, das Wort Gottes zu verkündigen, gemäß dem Gebot des Herrn. Aber auch wenn dies die vorrangige Aufgabe der Kirche ist, so betrachten sie mit demselben Ernst die Pflicht der Nächstenliebe und der Gerechtigkeit, also die Pflicht, den Witwen, den Armen beizustehen, sich liebevoll um die Brüder und Schwestern in Not zu kümmern, um dem Gebot Jesu zu entsprechen: Liebt einander, so wie ich euch geliebt habe (vgl. Joh 15,12.17). Die beiden Wirklichkeiten, die in der Kirche vorherrschen müssen – die Verkündigung des Wortes, der Primat Gottes und die konkrete Nächstenliebe, die Gerechtigkeit – rufen also Probleme hervor, und es muss eine Lösung gefunden werden, um beiden ihren Platz, ihr notwendiges Verhältnis zueinander geben zu können. Die Überlegung der Apostel ist sehr deutlich, wie wir gehört haben: »Es ist nicht recht, dass wir das Wort Gottes vernachlässigen und uns dem Dienst an den Tischen widmen. Brüder, wählt aus eurer Mitte sieben

Männer von gutem Ruf und voll Geist und Weisheit; ihnen werden wir diese Aufgabe übertragen. Wir aber wollen beim Gebet und beim Dienst am Wort bleiben« (Apg 6,2–4).

Zwei Dinge kommen zum Vorschein: Erstens gibt es von diesem Augenblick an in der Kirche einen Liebesdienst. Die Kirche muss das Wort nicht nur verkündigen, sondern sie muss das Wort, das Liebe und Wahrheit ist, auch in die Tat umsetzen. Und zweitens müssen diese Männer nicht nur von gutem Ruf sein, sondern voll Geist und Weisheit. Das heißt, sie müssen nicht nur Organisatoren sein, die sich auf das »Tun« verstehen, sondern ihr »Tun« muss im Geist des Glaubens mit dem Licht Gottes geschehen, in der Weisheit des Herzens, und daher ist auch ihre Funktion – obgleich sie vor allem praktisch ausgerichtet ist – dennoch eine geistliche Funktion. Nächstenliebe und Gerechtigkeit sind nicht nur soziale Tätigkeiten, sondern es sind geistliche Tätigkeiten, die im Licht des Heiligen Geistes umgesetzt werden. Wir können also sagen, dass die Apostel dieser Situation mit großem Verantwortungsbewusstsein begegnen, wenn sie diese Entscheidung treffen: Es werden sieben Männer gewählt; die Apostel beten, um die Kraft des Heiligen Geistes herabzuflehen; und dann legen sie ihnen die Hände auf, damit sie sich in besonderer Weise diesem Liebesdienst widmen.

So spiegelt sich im Leben der Kirche, in den ersten Schritten, die sie macht, gewissermaßen das wider, was während des öffentlichen Lebens Jesu im Haus von Marta und Maria in Betanien geschehen war. Marta war ganz vom Dienst der Gastfreundschaft in Anspruch genommen, den sie Jesus und seinen Jüngern erwies; Maria dagegen widmet sich dem Hören auf das Wort des Herrn (vgl. Lk 10,38–42). In beiden Fällen werden das Gebet, das Hören auf Gott und die tägliche Arbeit, der Liebesdienst nicht zueinander in Widerspruch gesetzt. Der Hinweis Jesu: »Marta, Marta, du machst dir viele Sorgen und Mühen. Aber nur eines ist notwendig. Maria hat das Bessere gewählt, das soll ihr nicht genommen werden« (Lk 10,41–42) zeigt ebenso wie die Überlegung der Apostel: »Wir ... wollen beim Gebet und beim Dienst am Wort bleiben« (Apg 6,4), dass wir Gott die Priorität geben müssen. Ich möchte jetzt nicht weiter auf die Auslegung der Perikope von Marta und Maria eingehen. Auf jeden Fall darf das Tätigsein für den Nächsten, für den anderen nicht verurteilt werden, aber es muss hervorgehoben werden, dass es innerlich auch vom Geist der Kontemplation durchdrungen sein muss. Andererseits sagt der hl. Augustinus, dass Marias Wirklichkeit eine Schau unseres himmlischen Zustandes ist. Auf Erden können wir sie also nie vollkommen haben, aber etwas Vorwegnahme muss in all unserer Tätigkeit vorhanden sein. Auch die Kontemplation Gottes muss vorhanden sein. Wir dürfen uns nicht im reinen Aktivismus verlieren, sondern müssen uns in unserer Tätigkeit auch immer vom Licht des Wortes Gottes durchdringen lassen und so die wahre Nächstenliebe lernen, den wahren Dienst am anderen, der nicht viele Dinge braucht – gewiss braucht er das Notwendige –, sondern der vor allem die Liebe unseres Herzens, das Licht Gottes braucht.

Der hl. Ambrosius ermahnt in seinem Kommentar zur Episode von Maria und Marta die Gläubigen und auch uns: »Befleißigen denn auch wir uns eines Besitzteiles, den niemand uns wegnehmen kann! Nicht vorübergehenden Diensten, sondern fleißigem Anhören des Wortes Gottes wollen wir uns widmen. Selbst auch die Samensaat des himmlischen Wortes pflegt ja hinweggenommen zu werden, falls sie an den Weg gesät wird. Möge dich wie Maria das Verlangen nach Weisheit beseelen! Denn dies ist die wichtigere, dies die vollkommenere Beschäftigung.« Und er fügt auch hinzu: »Nicht darf die Sorge« um den Dienst die Kenntnis des himmlischen Wortes behindern« (Expositio secundum Lucam, VII, 85: PL 15,1720). Die Heiligen haben also in ihrem Leben eine tiefe Einheit von Gebet und Handeln erfahren, von der vollkommenen Liebe zu Gott und der Liebe zu den Brüdern. Der hl. Bernhard, ein Vorbild der Harmonie von Kontemplation und fleißiger Arbeit, legt in dem Werk De consideratione, das er an Papst Eugen III. richtet, um ihm einige Überlegungen über seinen Dienst zu unterbreiten, besonderen Nachdruck auf die Bedeutung der inneren Sammlung, des Gebets, um sich vor den Gefahren übermäßiger Aktivität zu schützen, ganz gleich, in welcher Lage man sich befindet und welche Aufgabe man erfüllt. Der hl. Bernhard sagt, dass zu viele Sorgen, ein hektisches Leben, am Ende oft das Herz verhärten und den Geist leiden lassen (vgl. II,3).

Das ist ein wertvoller Hinweis für uns heute, die wir gewohnt sind, alles nach dem Maßstab der Produktivität und der Leistung zu bewerten. Der Abschnitt aus der Apostelgeschichte erinnert uns an die große Bedeutung der Arbeit – zweifellos wird ein echter Dienst geschaffen –, des Einsatzes im täglichen Tun, das mit Verantwortung und Hingabe durchgeführt werden muss, aber auch an unser Bedürfnis nach Gott, nach seiner Führung, nach seinem Licht, die uns

Kraft und Hoffnung schenken. Ohne das in Treue gelebte tägliche Gebet wird unser Tun leer, verliert es die tiefste Seele, wird es zum reinen Aktivismus reduziert, der uns am Ende unzufrieden macht. Es gibt ein schönes Gebet aus der christlichen Überlieferung, das man vor jeder Arbeit sprechen kann. Es lautet: »Actiones nostras, quaesumus, Domine, aspirando praeveni et adiuvando prosequere, ut cuncta nostra oratio et operatio a te semper incipiat, et per te coepta finiatur.« Das heißt: »Herr, komm unserem Beten und Arbeiten mit deiner Gnade zuvor und begleite es, damit alles, was wir beginnen, bei dir seinen Anfang nehme und in dir zu Ende komme.« Jeder Schritt unseres Lebens, jedes Handeln, auch das der Kirche, muss vor Gott geschehen, im Licht seines Wortes.

Im letzten Kapitel hatte ich das einmütige Gebet der christlichen Urgemeinde angesichts der Prüfung hervorgehoben und dass sie gerade im Gebet, in der Betrachtung der Heiligen Schrift, die Ereignisse verstehen konnte. Wenn das Gebet vom Wort Gottes genährt wird, können wir die Wirklichkeit mit neuen Augen betrachten, mit den Augen des Glaubens, und der Herr, der zum Verstand und zum Herzen spricht, schenkt dem Weg in jedem Augenblick und in jeder Situation neues Licht. Wir glauben an die Kraft des Wortes Gottes und des Gebets. Auch die Schwierigkeiten, die die Kirche mit der Frage nach dem Dienst an den Armen, mit dem Problem der Nächstenliebe erlebt hat, wird im Gebet, im Licht Gottes, des Heiligen Geistes überwunden. Die Apostel beschränken sich nicht darauf, die Wahl des Stephanus und der anderen Männer zu bestätigen, sondern sie »beteten und legten ihnen die Hände auf« (Apg 6,6). Der Evangelist ruft diese Gesten später erneut in Erinnerung anlässlich der Wahl von Paulus und Barnabas, wo es heißt: »Da fasteten und beteten sie, legten ihnen die Hände auf und ließen sie ziehen« (Apg 13,3). Er bestätigt erneut, dass der konkrete Liebesdienst ein geistlicher Dienst ist. Beide Wirklichkeiten gehören zusammen.

Durch die Geste des Handauflegens übertragen die Apostel sieben Männern einen besonderen Dienst, damit ihnen die entsprechende Gnade geschenkt werde. Die Betonung des Gebets – sie »beteten«, sagen sie – ist wichtig, weil es gerade die geistliche Dimension der Geste hervorhebt; es geht nicht einfach nur darum, einen Auftrag zu vergeben wie in einer sozialen Einrichtung, sondern es ist ein kirchliches Ereignis, in dem der Heilige Geist von sieben von der Kirche gewählten Männern Besitz ergreift und sie in der Wahrheit weiht, die Jesus Christus ist: Er ist der stille Hauptakteur, der bei der Handauflegung anwesend ist, damit die Gewählten durch seine Kraft verwandelt und geheiligt werden, um den konkreten Herausforderungen, den pastoralen Herausforderungen zu begegnen. Und die Betonung des Gebets erinnert uns auch daran, dass nur aus der innigen Beziehung zu Gott, die jeden Tag gepflegt wird, die Antwort auf die Wahl des Herrn hervorkommt und jeder Dienst in der Kirche anvertraut wird.

Das pastorale Problem, das die Apostel dazu geführt hat, sieben Männer, die mit dem Liebesdienst betraut werden, zu wählen und ihnen die Hände aufzulegen, damit sie selbst sich dem Gebet und der Verkündigung des Wortes widmen können, zeigt auch uns den Primat des Gebets und des Wortes Gottes an, der dann jedoch auch das pastorale Handeln hervorbringt. Für die Hirten ist dies die erste und wertvollste Form des Dienstes an der ihnen anvertrauten Herde. Wenn die Lungenflügel des Gebets und des Wortes Gottes nicht den Atem unseres geistlichen Lebens speisen, laufen wir Gefahr, inmitten der unzähligen Dinge eines jeden Tages zu ersticken: Das Gebet ist der Atem der Seele und des Lebens. Und noch einen weiteren wertvollen Hinweis möchte ich hervorheben: In der Beziehung zu Gott, im Hören auf sein Wort, im Gespräch mit Gott sind wir, auch wenn wir uns in der Stille einer Kirche oder unseres Zimmers befinden, im Herrn vereint mit vielen Brüdern und Schwestern im Glauben, wie ein Zusammenspiel von Instrumenten, die – jedes mit seiner individuellen Note – eine einzige Symphonie der Fürbitte, des Dankes und des Lobpreises zu Gott erheben.

Das Gebet des hl. Stephanus

In den letzten Kapiteln haben wir gesehen, wie das Lesen und die Betrachtung der Heiligen Schrift im persönlichen und gemeinschaftlichen Gebet offen machen für das Hören auf Gott und Licht schenken, um die Gegenwart zu verstehen. Nun möchte ich über das Zeugnis und das Gebet des ersten Märtyrers der Kirche, des hl. Stephanus, sprechen – einer der sieben, die für den Liebesdienst an den Notleidenden gewählt wurden. Im Augenblick seines Martyriums, von dem die Apostelgeschichte berichtet, wird noch einmal die fruchtbare Beziehung zwischen dem Wort Gottes und dem Gebet deutlich. Stephanus wird vor das Tribunal geführt, vor den Hohen Rat, wo er beschuldigt wird, gesagt zu haben: »Jesus ... wird diesen Ort [den Tempel] zerstören und die Bräuche ändern, die uns Mose überliefert hat« (Apg 6,14). Während seines öffentlichen Lebens hatte Jesus in der Tat die Zerstörung des Tempels angekündigt: »Reißt diesen Tempel nieder, in drei Tagen werde ich ihn wieder aufrichten« (Joh 2,19). Er aber, wie der Evangelist Johannes anmerkt, »meinte den Tempel seines Leibes. Als er von den Toten auferstanden war, erinnerten sich seine Jünger, dass er dies gesagt hatte, und sie glaubten der Schrift und dem Wort, das Jesus gesprochen hatte« (Joh 2,21–22).

Die Rede des Stephanus vor dem Tribunal, die längste der Apostelgeschichte, entwickelt sich auf der Grundlage dieser Prophezeiung Jesu, der der neue Tempel ist, den neuen Gottesdienst einführt und die alten Opfer durch seine Selbsthingabe am Kreuz ersetzt. Stephanus will zeigen, dass die Anklage, die gegen ihn erhoben wird, gegen das Gesetz des Mose zu sprechen, unbegründet ist, und erläutert seine Auffassung der Heilsgeschichte, der Geschichte des Bundes zwischen Gott und dem Menschen. So deutet er den ganzen biblischen Bericht neu, den in der Heiligen Schrift enthaltenen Weg, um zu zeigen, dass er zum »Ort« der endgültigen Gegenwart Gottes führt, der Jesus Christus ist, insbesondere sein Leiden, sein Tod und seine Auferstehung. Aus dieser Perspektive heraus deutet Stephanus auch seine Jüngerschaft Jesu, indem er ihm bis zum Martyrium nachfolgt. So gestattet ihm das Nachdenken über die Heilige Schrift, seine Sendung, sein Leben und seine Gegenwart zu verstehen.

Dabei wird er vom Licht des Heiligen Geistes geleitet, von seiner innigen Beziehung zum Herrn, so dass den Mitgliedern des Hohen Rates sein Gesicht sogar »wie das Gesicht eines Engels« erschien. Dieses Zeichen des göttlichen Beistands erinnert an das strahlende Gesicht des Mose, der vom Berg Sinai herabstieg, nachdem er Gott begegnet war (vgl. Ex 34,29–35; 2 Kor 3,7–8). In seiner Rede beginnt Stephanus bei der Berufung Abrahams, der in das Land zog, das Gott ihm zeigte und das er nur auf der Ebene der Verheißung in Besitz nehmen konnte; dann geht er über zu Josef, der von seinen Brüdern verkauft wurde, dem Gott jedoch beistand und den er befreite, und gelangt zu Mose, der zum Werkzeug Gottes wird, um sein Volk zu befreien, jedoch auch mehrmals auf Ablehnung durch sein eigenes Volk stößt. In diesen Ereignissen, von denen die Heilige Schrift berichtet – Stephanus zeigt, dass er sie andächtig anhört –, tritt stets Gott hervor, der unermüdlich dem Menschen entgegengeht, obwohl er oft auf beharrlichen Widerstand trifft. Und das in der Vergangenheit, in der Gegenwart und in der Zukunft. Im gesamten Alten Testament sieht er also die Vorwegnahme des Lebens Jesu, des menschgewordenen Sohnes Gottes, der – wie die Erzväter – Hindernissen, Ablehnung, Tod begegnet. Dann nimmt Stephanus Bezug auf Josua, auf David und auf Salomo, die mit dem Bau des Tempels in Zusammenhang gebracht werden, und schließt mit den Worten des Propheten Jesaja: »Der Himmel ist mein Thron und die Erde der Schemel für meine Füße. Was für ein Haus könnt ihr mir bauen?, spricht der Herr. Oder welcher Ort kann mir als Ruhestätte dienen? Hat nicht meine Hand dies alles gemacht?« (Apg 7,49–50). In seiner Betrachtung des Wirkens Gottes in der Heilsgeschichte, in der er die immerwährende Versuchung hervorhebt, Gott und sein Handeln abzulehnen, sagt er, dass Jesus der Gerechte ist, der von den Propheten verheißen wurde; in ihm ist Gott auf einzigartige und endgültige Weise gegenwärtig geworden: Jesus ist der »Ort« des wahren Gottesdienstes. Stephanus leugnet nicht die Bedeutung des Tempels für eine gewisse Zeit, aber er hebt hervor: »Der Höchste wohnt nicht in dem, was von Menschenhand gemacht ist« (Apg 7,48).

Der neue wahre Tempel, in dem Gott wohnt, ist sein Sohn, der menschliches Fleisch angenommen hat, ist die Menschennatur Christi, des Auferstandenen, der die Völker versammelt und sie im Sakrament seines Leibes und seines Blutes vereint. Das Wort vom Tempel, der nicht »von Menschenhand gemacht« ist, findet sich auch in der Theologie des hl. Paulus und des Briefes an die Hebräer: Der

Leib, den Jesus angenommen hat, um sich selbst als Opfergabe darzubringen, um die Sünden zu sühnen, ist der neue Tempel Gottes,
der Ort der Gegenwart des lebendigen Gottes; in ihm kommen Gott
und Mensch, Gott und die Welt wirklich in Berührung: Jesus nimmt
die ganze Sünde der Menschheit auf sich, um sie in die Liebe Gottes
hineinzutragen und sie in dieser Liebe zu »verbrennen«. Sich dem
Kreuz zu nähern, in Gemeinschaft mit Christus zu treten, bedeutet,
in diese Verwandlung einzutreten. Und das heißt, in Berührung mit
Gott zu treten, in seinen wahren Tempel einzutreten.

Das Leben und die Rede des Stephanus werden durch die Steinigung
jäh abgebrochen, aber gerade sein Martyrium ist die Erfüllung seines Lebens und seiner Botschaft: Er wird eins mit Christus. So wird
sein Nachdenken über das Wirken Gottes in der Geschichte, über
das göttliche Wort, das in Jesus seine völlige Erfüllung gefunden hat,
zur Teilhabe am Gebet Jesu am Kreuz. Denn bevor er stirbt, ruft Stephanus: »Herr Jesus, nimm meinen Geist auf!« (Apg 7,59), indem
er sich die Worte von Psalm 31 zu eigen macht (V. 6) und das letzte
Wort Jesu auf dem Kalvarienberg aufgreift: »Vater, in deine Hände
lege ich meinen Geist« (Lk 23,46). Und am Ende ruft er wie Jesus
laut vor jenen aus, die ihn steinigten: »Herr, rechne ihnen diese Sünde nicht an!« (Apg 7,60). Wir merken, dass das Gebet des Stephanus
einerseits das Gebet Jesu aufgreift, sein Empfänger jedoch ein anderer ist, denn das Gebet ist an den Herrn selbst gerichtet, an Jesus,
den er verherrlicht zur Rechten Gottes sieht: »Ich sehe den Himmel
offen und den Menschensohn zur Rechten Gottes stehen« (V. 56).

Das Zeugnis des hl. Stephanus bietet uns einige Hinweise für unser
Gebet und unser Leben. Wir können uns fragen: Woher nahm dieser
erste christliche Märtyrer die Kraft, um seinen Verfolgern gegenüberzutreten und bis zur Selbsthingabe zu gelangen? Die Antwort ist
einfach: aus seiner Beziehung zu Gott, aus seiner Gemeinschaft mit
Christus, aus dem Nachdenken über die Heilsgeschichte, aus der Betrachtung des Wirkens Gottes, das in Jesus Christus zu seinem Höhepunkt gelangt ist. Auch unser Gebet muss genährt sein vom Hören
auf das Wort Gottes, in Gemeinschaft mit Jesus und seiner Kirche.

Ein zweites Element: Der hl. Stephanus sieht in der Geschichte der
Liebesbeziehung zwischen Gott und dem Menschen die Gestalt und
die Sendung Jesu vorweggenommen. Er – der Sohn Gottes – ist der
Tempel, der nicht »von Menschenhand gemacht ist«, in dem die Gegenwart Gottes, des Vaters, so nahe ist, dass sie in unser mensch-

liches Fleisch hineingekommen ist, um uns zu Gott zu bringen, um uns die Pforten des Himmels zu öffnen. Unser Gebet muss also die Betrachtung Jesu zur Rechten Gottes sein – die Betrachtung Jesu als Herrn unseres, meines täglichen Lebens. In ihm können auch wir uns, vom Heiligen Geist geleitet, an Gott wenden, wirklich mit Gott in Berührung treten mit dem Vertrauen und der Hingabe von Kindern, die sich an einen Vater wenden, der sie unendlich liebt.

Die Kraft des unablässigen Gebets

In diesem Kapitel möchte ich bei der letzten Episode aus dem Leben des hl. Petrus verweilen, von der in der Apostelgeschichte berichtet wird: seine Gefangennahme auf Anordnung von Herodes Agrippa und seine Befreiung durch das wunderbare Eingreifen des Engels des Herrn in der Nacht vor seinem Prozess in Jerusalem (vgl. Apg 12,1–17).

Wieder einmal ist der Bericht vom Gebet der Kirche geprägt. Denn der hl. Lukas schreibt: »Petrus wurde also im Gefängnis bewacht. Die Gemeinde aber betete inständig für ihn zu Gott« (Apg 12,5). Und nachdem er das Gefängnis auf wunderbare Weise verlassen hat, heißt es anlässlich seines Besuchs im Haus der Maria, der Mutter des Johannes mit dem Beinamen Markus, dass »nicht wenige versammelt waren und beteten« (Apg 12,12). Zwischen diesen beiden wichtigen Hinweisen, die die Haltung der christlichen Gemeinde angesichts von Gefahr und Verfolgung beschreiben, wird über die Gefangennahme und Befreiung des Petrus berichtet, die die ganze Nacht umfasst. Die Kraft des unablässigen Gebets der Kirche steigt zu Gott auf, und der Herr erhört es und vollbringt eine undenkbare und unerwartete Befreiung, indem er seinen Engel sendet. Der Bericht ruft die großen Elemente der Befreiung Israels aus der Knechtschaft Ägyptens in Erinnerung, das jüdische Pascha. Wie bei jenem grundlegenden Ereignis wird auch hier die wichtigste Tat vom Engel des Herrn vollbracht, der Petrus befreit. Und das Handeln des Apostels – der aufgefordert wird, schnell aufzustehen und die Hüften zu gürten – zeichnet das des auserwählten Volkes in der Nacht der Befreiung durch das Eingreifen Gottes nach, als es aufgefordert wurde, das Lamm hastig zu essen, mit den Hüften gegürtet, Schuhe an den Füßen, den Stab in der Hand, bereit, das Land zu verlassen (vgl. Ex 12,11). So kann Petrus sagen: »Nun weiß ich wahrhaftig, dass der Herr seinen Engel gesandt und mich der Hand des Herodes entrissen hat« (Apg 12,11). Der Engel ruft jedoch nicht nur jenen Engel der Befreiung Israels aus Ägypten ins Gedächtnis, sondern auch den Engel der Auferstehung Christi. Denn die Apostelgeschichte berichtet: »Plötzlich trat ein Engel des Herrn ein, und ein helles Licht strahlte in den Raum. Er stieß Petrus in die Seite, weckte ihn« (Apg 12,7). Das Licht, das den Raum des Gefängnisses erfüllt, und auch das Wecken des Apostels verweisen auf das befreiende Licht des Pascha des Herrn, der die Finsternis der Nacht und des Bösen überwindet. »Wirf deinen Mantel um und folge mir!« (Apg 12,8): Diese Aufforderung lässt schließlich die Worte Jesu bei der Berufung der ersten Jünger im Herzen wiederklingen (vgl. Mk 1,17). Er wird nach der Auferstehung am See von Tiberias wiederholt, wo der Herr gleich zweimal zu Petrus sagt: »Folge mir nach!« (Joh 21,19.22). Es ist ein dringender Aufruf zur Nachfolge: Nur wenn man aus sich selbst herauskommt, um sich mit dem Herrn auf den Weg zu machen und seinen Willen zu tun, lebt man die wahre Freiheit.

Ich möchte auch einen anderen Aspekt der Haltung des Petrus im Gefängnis hervorheben. Wir sehen nämlich, dass Petrus »schlief« (Apg 12,6), während die christliche Gemeinde inständig für ihn betete. In einer so kritischen Situation ernster Gefahr mag diese Haltung seltsam erscheinen. Sie deutet jedoch hin auf Ruhe und Vertrauen; er vertraut auf Gott, er weiß, dass er umgeben ist von der Solidarität und dem Gebet der Seinen und überlässt sich ganz der Hand des Herrn. So soll unser Gebet sein: inständig, solidarisch mit den anderen, vollkommen vertrauensvoll gegenüber Gott, der uns tief im Inneren kennt und für uns Sorge trägt – so sehr, dass Jesus sogar sagt: »Bei euch aber sind sogar die Haare auf dem Kopf alle gezählt. Fürchtet euch also nicht!« (Mt 10,30–31). Petrus erlebt die Nacht der Gefangenschaft und der Befreiung aus dem Gefängnis als einen Augenblick seiner Nachfolge des Herrn, der die Finsternis der Nacht überwindet und aus der Knechtschaft der Ketten und der Todesgefahr befreit. Seine Befreiung ist wunderbar, gezeichnet von verschiedenen Schritten, die genau beschrieben werden: Vom Engel geführt, geht er trotz der Überwachung am ersten und zweiten Wachtposten vorbei bis hin zum eisernen Tor, das in die Stadt führt: Und das Tor öffnet sich ihnen von selbst (vgl. Apg 12,10). Petrus und der Engel des Herrn gehen gemeinsam ein Stück des Weges, bis der Apostel, wieder zu sich gekommen, merkt, dass der Herr ihn wahrhaftig befreit hat. Und er geht, nachdem er sich darüber klar geworden ist, zum Haus der Maria, der Mutter des Markus, wo viele Jünger zum Gebet versammelt sind; wieder besteht die Antwort der Gemeinschaft auf Schwierigkeit und Gefahr darin, sich Gott anzuvertrauen, die Beziehung zu ihm zu vertiefen. An dieser Stelle scheint es mir nützlich, eine andere nicht einfache Situation in Erinnerung zu rufen, die die christliche Urgemeinde erlebt hat. Darüber berichtet uns der hl. Jakobus in seinem Brief. Es ist eine Gemeinde, die sich in einer Krise, in Schwierigkeiten befindet, nicht so sehr wegen der Verfolgungen, sondern weil es in ihrem Innern Neid und Streit gibt (vgl. Jak 3,14–16). Und der Apostel fragt sich nach dem Grund für diese Situation.

Er findet zwei Hauptursachen: Die erste ist, sich von den Leidenschaften, von der Diktatur der eigenen Gelüste, vom Egoismus beherrschen zu lassen (vgl. Jak 4,1–2a); die zweite ist das fehlende Gebet – »weil ihr nicht bittet« (Jak 4,2b) – oder das Vorhandensein eines Gebets, das nicht als solches bezeichnet werden kann: »Ihr bittet und empfangt doch nichts, weil ihr in böser Absicht bittet, um es in eurer Leidenschaft zu verschwenden« (Jak 4,3). Dem hl. Jakobus zufolge würde diese Situation sich ändern, wenn die ganze Gemeinschaft gemeinsam mit Gott sprechen, inständig und einmütig beten würde. Denn auch das Reden über Gott läuft Gefahr, seine innere Kraft zu verlieren, und das Zeugnis wird schal, wenn es nicht vom Gebet, von der Kontinuität eines lebendigen Gesprächs mit dem Herrn beseelt, getragen und begleitet wird.

Das ist ein wichtiger Hinweis auch für uns und unsere Gemeinschaften, für die kleinen – wie die Familie – ebenso wie für die größeren, wie die Pfarrei, die Diözese, die ganze Kirche. Und es macht mich nachdenklich, dass in dieser Gemeinde des hl. Jakobus gebetet wurde, aber in böser Absicht gebetet wurde, nur für die eigene Leidenschaft. Wir müssen immer wieder lernen, gut zu beten, wahrhaftig zu beten, sich auf Gott und nicht auf das eigene Wohl auszurichten. Die Gemeinde dagegen, die die Gefangenschaft des Petrus begleitet, ist eine Gemeinde, die wirklich betet, die ganze Nacht, vereint. Und eine unermessliche Freude erfüllt das Herz aller, als der Apostel unerwartet an das Tor klopft. Es ist die Freude und das Staunen über das Wirken Gottes, der sie erhört. So steigt das Gebet für Petrus von der Kirche auf, und er kehrt in die Kirche zurück, um zu berichten, »wie der Herr ihn aus dem Gefängnis herausgeführt hatte« (Apg 12,17). In jener Kirche, in der er als Fels eingesetzt ist (vgl. Mt 16,18), berichtet Petrus von seinem »Pascha« der Befreiung: Er erfährt, dass in der Nachfolge Christi die wahre Freiheit liegt, man vom strahlenden Licht der Auferstehung umgeben ist, und daher kann er bis zum Martyrium bezeugen, dass der Herr auferstanden ist und wahrhaftig »seinen Engel gesandt hat und mich der Hand des Herodes entrissen hat« (Apg 12,11). Das Martyrium, das er später in Rom erleiden wird,

wird ihn endgültig mit Christus vereinen, der zu ihm gesagt hatte: Wenn du alt geworden bist, wird ein anderer dich führen, wohin du nicht willst – um anzudeuten, durch welchen Tod er Gott verherrlichen würde (vgl. Joh 21,18–19).

Die Episode der Befreiung des Petrus, von der Lukas berichtet, sagt uns, dass die Kirche, ein jeder von uns, die Nacht der Prüfung durchmacht, aber dass das unablässige Wachen im Gebet uns trägt. Auch ich habe mich vom ersten Augenblick meiner Wahl zum Nachfolger des hl. Petrus an stets von eurem Gebet, vom Gebet der Kirche getragen gefühlt, vor allem in den schwierigsten Augenblicken. Dafür danke ich von Herzen. Durch das unablässige und vertrauensvolle Gebet befreit uns der Herr von den Ketten, führt er uns durch jede Nacht der Gefangenschaft hindurch, die unser Herz quälen kann, schenkt er uns die Ruhe des Herzens, damit wir den Bedrängnissen des Lebens begegnen können, auch der Ablehnung, dem Widerstand, der Verfolgung. Die Episode des Petrus zeigt diese Kraft des Gebets. Und auch wenn er in Ketten liegt, ist der Apostel innerlich ruhig, in der Gewissheit, nie allein zu sein: Die Gemeinde betet für ihn, der Herr ist ihm nahe; er weiß, dass die Gnade Christi ihre Kraft in der Schwachheit erweist (vgl. 2 Kor 12,9). Das unablässige und einmütige Gebet ist auch ein wertvolles Mittel, um die Prüfungen zu überwinden, die auf dem Weg des Lebens auftreten können, denn durch das tiefe Vereintsein mit Gott können wir auch zutiefst mit den anderen vereint sein.

Der Heilige Geist lehrt uns beten

In den letzten Kapiteln haben wir über das Gebet in der Apostelgeschichte nachgedacht. Nun möchte ich beginnen, über das Gebet in den Briefen des hl. Paulus, des Völkerapostels, zu sprechen. Zunächst möchte ich darauf hinweisen, dass es kein Zufall ist, dass seine Briefe mit Worten des Gebets beginnen und geschlossen werden: am Anfang Dank und Lob, am Ende der Wunsch, dass die Gnade Gottes den Weg der Gemeinschaft, an die das Schreiben gerichtet ist, leiten möge. Zwischen der Einstiegsformel: »Zunächst danke ich meinem Gott durch Jesus Christus« (Röm 1,8), und dem abschließenden Wunsch: »Die Gnade Jesu, des Herrn, sei mit euch!« (1 Kor 16,23), kommen die Inhalte der Briefe des Apostels zur Entfaltung. Das Gebet des hl. Paulus ist ein Gebet, das einen großen Formenreichtum besitzt, der vom Dank bis zum Segen reicht, vom Lob bis zur Bitte und zur Fürsprache, vom Hymnus bis zur Anrufung: eine Vielzahl von Ausdrucksformen, die zeigt, dass das Gebet alle Situationen des Lebens einbezieht und durchdringt, sowohl die persönlichen als auch die der Gemeinschaft, an die er sich wendet.

Ein erstes Element, das uns der Apostel vermitteln will, ist, dass das Gebet nicht einfach als ein frommes Werk, das wir Gott gegenüber vollbringen, als unser Handeln betrachtet werden darf. Es ist in erster Linie ein Geschenk, Frucht der lebendigen, lebenspendenden Gegenwart des Vaters und Jesu Christi in uns. Im Brief an die Römer schreibt er: »So nimmt sich auch der Geist unserer Schwachheit an. Denn wir wissen nicht, worum wir in rechter Weise beten sollen; der Geist selber tritt jedoch für uns ein mit Seufzen, das wir nicht in Worte fassen können« (8,26). Und wir wissen, wie wahr es ist, wenn der Apostel sagt: »Wir wissen nicht, worum wir in rechter Weise beten sollen.« Wir wollen beten, aber Gott ist fern, wir haben nicht die Worte, die Sprache, um mit Gott zu sprechen, nicht einmal das Denken. Wir können uns nur öffnen, unsere Zeit Gott zur Verfügung stellen, darauf warten, dass er uns helfen möge, in das wahre Gespräch einzutreten.

Der Apostel sagt: Gerade dieses Fehlen der Worte, diese Abwesenheit von Worten, und dennoch dieser Wunsch, mit Gott in Berührung zu treten, ist Gebet, das der Heilige Geist nicht nur versteht, sondern das er vor Gott bringt, auslegt. Gerade unsere Schwachheit

wird durch den Heiligen Geist zum wahren Gebet, zur wahren Berührung mit Gott. Der Heilige Geist ist gleichsam der Dolmetscher,
der uns selbst und Gott verstehen lässt, was wir sagen wollen. Im
Gebet erfahren wir, mehr als in anderen Dimensionen des Lebens,
unsere Schwachheit, unsere Armut, unsere Geschöpflichkeit, da wir
der Allmacht und der Transzendenz Gottes gegenüberstehen. Und je
mehr wir im Hören auf Gott und im Gespräch mit ihm fortschreiten,
damit das Gebet zum täglichen Atem unserer Seele wird, desto mehr
werden wir uns auch unserer Grenzen bewusst, nicht nur gegenüber den konkreten Situationen des Alltags, sondern auch in der
Beziehung zum Herrn. Dann wächst in uns das Bedürfnis, auf ihn
zu vertrauen, uns ihm immer mehr anzuvertrauen. Wir verstehen:
»Wir wissen nicht, worum wir in rechter Weise beten sollen« (Röm
8,26). Und der Heilige Geist nimmt sich unserer Unfähigkeit an, erleuchtet unseren Verstand und erwärmt unser Herz, indem er unser
Sprechen mit Gott leitet. Für den hl. Paulus ist das Gebet vor allem
das Wirken des Heiligen Geistes in unserer Menschlichkeit, um sich
unserer Schwachheit anzunehmen und uns von Menschen, die an
die materielle Wirklichkeit gebunden sind, in geistliche Menschen
zu verwandeln.

Im Ersten Brief an die Korinther sagt er: »Wir aber haben nicht den
Geist der Welt empfangen, sondern den Geist, der aus Gott stammt,
damit wir das erkennen, was uns von Gott geschenkt worden ist.
Davon reden wir auch, nicht mit Worten, wie menschliche Weisheit
sie lehrt, sondern wie der Geist sie lehrt, indem wir den Geisterfüll-
ten das Wirken des Geistes deuten« (2,12–13). Indem er in unserer
Schwachheit wohnt, verwandelt uns der Heilige Geist, er tritt für
uns ein, er führt uns zu den Höhen Gottes (vgl. Röm 8,26). Durch
diese Gegenwart des Heiligen Geistes wird unsere Vereinigung mit
Christus verwirklicht, denn es handelt sich um den Geist des Sohnes
Gottes, der uns zu Söhnen macht. Der hl. Paulus spricht vom Geist
Christi (vgl. Röm 8,9), nicht nur vom Geist Gottes. Es ist ganz klar:
Wenn Christus der Sohn Gottes ist, dann ist sein Geist auch der Geist
Gottes, und wenn der Geist Gottes, der Geist Christi uns im Gottessohn und Menschensohn bereits sehr nahe gekommen ist, dann
wird der Geist Gottes so auch zum menschlichen Geist und berührt
uns; wir können in die Gemeinschaft des Geistes eintreten. Es ist, als
würde er sagen, dass nicht nur Gott, der Vater, in der Menschwerdung des Sohnes sichtbar geworden ist, sondern dass auch der Geist

Gottes sich im Leben und im Wirken Jesu zeigt – Jesu Christi, der gelebt hat, gekreuzigt wurde, gestorben und auferstanden ist. Der Apostel ruft in Erinnerung: »Keiner kann sagen: Jesus ist der Herr!, wenn er nicht aus dem Heiligen Geist redet« (1 Kor 12,3). Der Geist richtet also unser Herz auf Jesus Christus aus, so dass nicht mehr wir leben, sondern Christus in uns lebt (vgl. Gal 2,20). In seinen Katechesen über die Sakramente sagt der hl. Ambrosius in Bezug auf die Eucharistie: »Wer sich am Heiligen Geist berauscht, ist in Christus verwurzelt « (5,3,17: PL 16,450).

Und ich möchte jetzt drei Konsequenzen in unserem christlichen Leben hervorheben, die sich ergeben, wenn wir nicht den Geist der Welt in uns wirken lassen, sondern den Geist Christi als inneres Prinzip unseres Handelns. Zunächst werden wir durch das vom Geist beseelte Gebet in die Lage versetzt, jede Form der Angst oder der Knechtschaft abzuschütteln und zu überwinden und die echte Freiheit der Kinder Gottes zu leben. Ohne das Gebet, das täglich unser Dasein in Christus nährt, in einer Vertrautheit, die immer mehr zunimmt, befinden wir uns in der Situation, die der hl. Paulus im Brief an die Römer beschreibt: Wir tun nicht das Gute, das wir wollen, sondern das Böse, das wir nicht wollen (vgl. Röm 7,19). Und das ist der Ausdruck der Entfremdung des Menschen, der Zerstörung unserer Freiheit durch die Umstände unseres Daseins durch die Erbsünde: Wir wollen das Gute, das wir nicht tun, und wir tun das, was wir nicht wollen, das Böse. Der Apostel will zu verstehen geben, dass uns nicht in erster Linie unser Wille und auch nicht das Gesetz aus dieser Situation befreit, sondern der Heilige Geist. Und »wo der Geist des Herrn wirkt, da ist Freiheit« (2 Kor 3,17): Durch das Gebet erfahren wir also die vom Geist geschenkte Freiheit – eine echte Freiheit, die Freiheit vom Bösen und von der Sünde für das Gute und für das Leben, für Gott. Die Freiheit des Geistes, so der hl. Paulus weiter, ist niemals gleichzusetzen mit der Zügellosigkeit und auch nicht mit der Möglichkeit, das Böse zu wählen, sondern »die Frucht des Geistes ... ist Liebe, Freude, Friede, Langmut, Freundlichkeit, Güte, Treue, Sanftmut und Selbstbeherrschung« (Gal 5,22–23). Das ist die wahre Freiheit: wirklich dem Wunsch nach dem Guten, nach der wahren Freude, nach der Gemeinschaft mit Gott folgen zu können und nicht bedrückt zu sein von den Umständen, die andere Richtungen von uns verlangen.

Eine zweite Konsequenz, die sich in unserem Leben ergibt, wenn wir

den Geist Christi in uns wirken lassen, ist, dass die Beziehung zu
Gott so tief wird, dass sie nicht von irgendeiner Wirklichkeit oder Situation angegriffen werden kann. Wir verstehen also, dass wir durch
das Gebet nicht von Prüfungen und Leiden befreit sind, aber sie vereint mit Christus leben können, mit seinem Leiden, in der Aussicht,
auch an seiner Herrlichkeit teilzuhaben (vgl. Röm 8,17). Oftmals bitten wir Gott in unserem Gebet, vom physischen und geistlichen Leiden befreit zu werden, und wir tun das mit großem Vertrauen. Dennoch haben wir oft den Eindruck, nicht erhört zu werden, und dann
laufen wir Gefahr, den Mut zu verlieren und nicht beharrlich zu sein.
In Wirklichkeit gibt es keinen menschlichen Schrei, den Gott nicht
hört, und gerade im beständigen und treuen Beten verstehen wir wie
der hl. Paulus, dass »die Leiden der gegenwärtigen Zeit nichts be-
deuten im Vergleich zu der Herrlichkeit, die an uns offenbar werden
soll« (Röm 8,18). Das Gebet befreit uns nicht von Prüfung und Leiden
– ja, der hl. Paulus sagt sogar, wir »seufzen in unserem Herzen und
warten darauf, dass wir mit der Erlösung unseres Leibes als Söhne
offenbar werden« (Röm 8,23); er sagt, dass das Gebet uns nicht vom
Leiden befreit, sondern dass wir es durch das Gebet mit neuer Kraft
leben und ihm mit dem Vertrauen Jesu begegnen können. »Als er
auf Erden lebte, hat er« – wie es im Hebräerbrief heißt – »mit lau-
tem Schreien und unter Tränen Gebete und Bitten vor den gebracht,
der ihn aus dem Tod retten konnte, und er ist erhört und aus seiner
Angst befreit worden« (5,7). Die Antwort Gottes, des Vaters, an den
Sohn, auf sein lautes Schreien und seine Tränen, war nicht die Befreiung vom Leiden, vom Kreuz, vom Tod, sondern es war eine weit-
aus größere Erhörung, eine viel tiefere Antwort; durch das Kreuz
und den Tod hat Gott mit der Auferstehung des Sohnes geantwortet,
mit dem neuen Leben. Das vom Heiligen Geist beseelte Gebet führt
auch uns dahin, jeden Tag den Weg des Lebens zu gehen, mit seinen
Prüfungen und Leiden, in völliger Hoffnung, im Vertrauen auf Gott,
der antwortet, wie er dem Sohn geantwortet hat.

Und drittens öffnet sich das Gebet des Gläubigen auch auf die Dimensionen der Menschheit und der gesamten Schöpfung hin, »denn
die ganze Schöpfung wartet sehnsüchtig auf das Offenbarwerden der
Söhne Gottes« (Röm 8,19), und das Gebet nimmt sich dieses Wartens
an. Das bedeutet, dass das Gebet, getragen vom Geist Christi, der in
unserem Innern spricht, nie in sich selbst verschlossen bleibt, dass
es niemals nur Gebet für mich selbst ist, sondern sich öffnet zum

Teilen der Leiden unserer Zeit, der anderen. Es wird zur Fürsprache für die anderen, und so zur Befreiung von mir selbst, zum Kanal der Hoffnung für die ganze Schöpfung, zum Ausdruck jener Liebe Gottes, die ausgegossen ist in unsere Herzen durch den Heiligen Geist, der uns gegeben ist (vgl. Röm 5,5). Und gerade das ist Zeichen eines wahren Gebets, das nicht in uns selbst endet, sondern sich zu den anderen hin öffnet und mich so befreit und so zur Erlösung der Welt beiträgt.

Der hl. Paulus lehrt uns, dass wir uns in unserem Beten zur Gegenwart des Heiligen Geistes hin öffnen müssen, der in uns betet mit Seufzen, das wir nicht in Worte fassen können, um uns dahin zu führen, Gott von ganzem Herzen und mit all unserem Sein treu zu sein. Der Geist Christi wird zur Kraft unseres »schwachen« Gebets, zum Licht unseres »erloschenen« Gebets, zum Feuer unseres »trockenen« Gebets, indem er uns die wahre innere Freiheit schenkt und uns lehrt, den Prüfungen des Lebens zu begegnen, in der Gewissheit, nicht allein zu sein, und uns zu öffnen gegenüber den Horizonten der Menschheit und der Schöpfung, die »seufzt und in Geburtswehen liegt« (Röm 8,22).

»Abba, Vater!«

Im vorangegangenen Kapitel habe ich gezeigt, wie der hl. Paulus sagt, dass der Heilige Geist der große Lehrer des Gebets ist und uns lehrt, uns mit liebevollen Worten an Gott zu wenden und ihn »Abba, Vater« zu nennen. So hat Jesus es getan; auch im dramatischsten Augenblick seines irdischen Lebens hat er nie das Vertrauen in den Vater verloren und hat ihn immer mit der Vertrautheit des geliebten Sohnes angerufen. In Getsemani, als er die Todesangst spürt, betet er: »Abba, Vater, alles ist dir möglich. Nimm diesen Kelch von mir! Aber nicht, was ich will, sondern was du willst (soll geschehen)« (Mk 14,36).

Von den ersten Schritten ihres Weges an hat die Kirche diese Anrufung aufgegriffen und sie sich zu eigen gemacht, vor allem im Gebet des Vaterunser, in dem wir täglich sprechen: »Vater ... dein Wille geschehe wie im Himmel, so auf der Erde« (Mt 6,9−10). In den Briefen des hl. Paulus finden wir sie zweimal wieder. Der Apostel, wir haben es gerade gehört, wendet sich an die Galater mit diesen Worten: »Weil ihr aber Söhne seid, sandte Gott den Geist seines Sohnes in unser Herz, den Geist, der ruft: Abba, Vater« (Gal 4,6). Und in der Mitte jenes Lobgesangs auf den Heiligen Geist, den das achte Kapitel des Briefes an die Römer darstellt, sagt der hl. Paulus: »Denn ihr habt nicht einen Geist empfangen, der euch zu Sklaven macht, so dass ihr euch immer noch fürchten müsstet, sondern ihr habt den Geist empfangen, der euch zu Söhnen macht, den Geist, in dem wir rufen: Abba, Vater!« (Röm 8,15). Das Christentum ist keine Religion der Angst, sondern des Vertrauens und der Liebe zum Vater, der uns liebt. Diese beiden dichten Worte geben uns Kunde von der Sendung und der Annahme des Heiligen Geistes, der Gabe des Auferstandenen, die uns zu Söhnen in Christus, dem eingeborenen Sohn, macht und uns in die Gotteskindschaft hineinstellt, in eine Beziehung tiefen Vertrauens, wie die der Kinder − eine Gotteskindschaft, die der Jesu ähnlich ist, auch wenn der Ursprung und die Tragweite anders sind: Jesus ist der ewige Sohn Gottes, der Mensch geworden ist, wir hingegen werden Kinder in ihm, in der Zeit, durch den Glauben und die Sakramente der Taufe und der Firmung; dank dieser beiden Sakramente sind wir in das Ostermysterium Christi hineingenommen. Der Heilige Geist ist die kostbare und notwendige Gabe, die uns zu

Kindern Gottes macht, die jene Annahme an Kindes Statt verwirklicht, zu der alle Menschen berufen sind, denn – wie das Loblied auf Gott im Brief an die Epheser erläutert – in Christus hat Gott »uns erwählt vor der Erschaffung der Welt, damit wir heilig und untadelig leben vor Gott; er hat uns aus Liebe im voraus dazu bestimmt, seine Söhne zu werden durch Jesus Christus« (Eph 1,4–5).

Vielleicht nimmt der Mensch von heute die Schönheit, die Größe und den tiefen Trost, die in dem Wort »Vater« enthalten sind, mit dem wir uns im Gebet an Gott wenden können, nicht wahr, weil die väterliche Gestalt heute oft nicht genug anwesend ist, oft ist sie auch im täglichen Leben nicht positiv genug. Die Abwesenheit des Vaters, das Problem des Vaters, der im Leben des Kindes nicht anwesend ist, ist ein großes Problem unserer Zeit. Daher wird es schwierig, in ganzer Tiefe zu verstehen, was es heißt, dass Gott unser Vater ist. Von Jesus selbst, aus seiner Sohnesbeziehung zu Gott, können wir lernen, was »Vater« eigentlich bedeutet, was das wirkliche Wesen des Vaters im Himmel ist. Religionskritiker haben gesagt, dass die Rede vom »Vater«, von Gott, eine Projektion unserer Väter in den Himmel sei. Das Gegenteil ist jedoch der Fall: Im Evangelium zeigt uns Christus, wer der Vater ist und wie ein wahrer Vater ist, so dass wir die wahre Vaterschaft Gottes verstehen, die wahre Vaterschaft auch erlernen können. Denken wir an das Wort Jesu in der Bergpredigt, wo er sagt: »Liebt eure Feinde und betet für die, die euch verfolgen, damit ihr Söhne eures Vaters im Himmel werdet« (Mt 5,44–45). Und gerade die Liebe Jesu, des eingeborenen Sohnes – der zur Selbsthingabe am Kreuz gelangt –, offenbart uns das wahre Wesen des Vaters: Er ist die Liebe, und auch wir, in unserem Beten als Kinder, treten in diesen Kreislauf der Liebe ein, der Liebe Gottes, die unsere Wünsche und Haltungen reinigt, die von Verschlossenheit, von Selbstgenügsamkeit, von Egoismus geprägt sind, die den alten Menschen kennzeichnen.

Ich möchte einen Augenblick bei der Vaterschaft Gottes verweilen, damit wir unser Herz erwärmen lassen können von dieser tiefen Wirklichkeit, die Jesus uns in Fülle vermittelt hat, und damit unser Gebet dadurch genährt wird. Wir können also sagen, dass die Vaterschaft in Gott zwei Dimensionen besitzt. Zunächst ist Gott unser Vater, weil er unser Schöpfer ist. Jeder von uns, jeder Mann und jede Frau, ist ein Wunder Gottes, ist von ihm gewollt, und Gott kennt ihn persönlich. Wenn es im Buch Genesis heißt, dass der Mensch als

Abbild Gottes erschaffen ist (vgl. 1,27), dann soll eben diese Wirklichkeit zum Ausdruck gebracht werden: Gott ist unser Vater, für ihn sind wir keine anonymen, unpersönlichen Wesen, sondern wir haben einen Namen. Und ein Wort in den Psalmen berührt mich immer, wenn ich es bete: »Deine Hände haben mich gemacht und geformt«, sagt der Psalmist (Ps 119,73). In diesem schönen Bild kann jeder von uns die persönliche Beziehung zu Gott zum Ausdruck bringen: »Deine Hände haben mich gemacht und geformt. Du hast mich erdacht und erschaffen und gewollt.« Aber das genügt noch nicht. Der Geist Christi öffnet uns auf eine zweite Dimension der Vaterschaft Gottes hin, über die Schöpfung hinaus, denn Jesus ist der »Sohn« im vollen Sinne, »eines Wesens mit dem Vater«, wie wir im Glaubensbekenntnis sprechen. Indem er Mensch wird wie wir, nimmt uns Jesus durch die Menschwerdung, den Tod und die Auferstehung in seine Menschennatur und in seine eigene Sohnschaft hinein, und so können auch wir in seine besondere Zugehörigkeit zu Gott eintreten. Freilich hat unsere Gotteskindschaft nicht die Fülle Jesu: Wir müssen immer mehr dahin gelangen, auf dem Weg unseres ganzen christlichen Lebens, indem wir in der Nachfolge Christi wachsen, in der Gemeinschaft mit ihm, um immer enger einzutreten in die Liebesbeziehung zu Gott, dem Vater, die unser Leben trägt. Diese grundlegende Wirklichkeit wird uns offenbart, wenn wir auf den Heiligen Geist hin offen werden und er bewirkt, dass wir uns an Gott wenden und zu ihm sagen: »Abba, Vater!« Wir sind wirklich über die Schöpfung hinaus in die Annahme an Kindes Statt mit Jesus eingetreten; vereint sind wir wirklich in Gott und Kinder auf neue Weise, in einer neuen Dimension.

Aber ich möchte jetzt zu den beiden Abschnitten des hl. Paulus zurückkehren, die wir im Zusammenhang mit dem Wirken des Heiligen Geistes in unserem Gebet betrachten. Auch hier sind es zwei Stellen, die einander entsprechen, aber eine unterschiedliche Nuance enthalten. Im Brief an die Galater sagt der Apostel nämlich, dass der Geist in uns ruft: »Abba, Vater«; im Brief an die Römer sagt er, dass wir es sind, die rufen: »Abba, Vater!« Und der hl. Paulus will uns vermitteln, dass das christliche Gebet nie nur in einer Richtung von uns zu Gott hin geschieht. Es ist nicht nur »unser Handeln«, sondern es ist Ausdruck einer doppelseitigen Beziehung, in der Gott zuerst handelt: Es ist der Heilige Geist, der in uns ruft, und wir können rufen, weil der Impuls vom Heiligen Geist kommt. Wir könnten nicht beten, wenn das Verlangen nach Gott, die Gotteskindschaft nicht tief in unser Herz eingeschrieben wäre. Seit es ihn gibt, ist der »Homo sapiens« immer auf der Suche nach Gott, versucht er, mit Gott zu sprechen, denn Gott hat sich selbst in unser Herz eingeschrieben. Die erste Initiative kommt also von Gott, und durch die Taufe wirkt Gott erneut in uns, wirkt der Heilige Geist in uns; er ist der erste Initiator des Gebets, damit wir wirklich mit Gott sprechen und zu Gott »Abba« sagen können. Seine Gegenwart öffnet also unser Gebet und unser Leben, öffnet auf die Horizonte der Dreifaltigkeit und der Kirche hin.

Außerdem verstehen wir, das ist der zweite Punkt, dass der Geist Christi in uns und unser Geist in ihm nicht nur ein individueller Akt ist, sondern ein Akt der ganzen Kirche. Im Gebet öffnet sich unser Herz, treten wir in Gemeinschaft nicht nur mit Gott, sondern mit allen Kindern Gottes, weil wir eins sind. Wenn wir uns also in unserem inneren Kämmerlein an den Vater wenden, in der Stille und in der Sammlung, dann sind wir nie allein. Wer mit Gott spricht, ist nicht allein. Wir sind im großen Gebet der Kirche, wir sind Teil einer großen Symphonie, die die christliche Gemeinde in allen Teilen der Erde und zu jeder Zeit zu Gott erhebt. Freilich sind die Musiker und die Instrumente unterschiedlich – und das ist ein bereicherndes Element –, aber die Melodie des Lobpreises ist einheitlich und harmonisch. Jedes Mal also, wenn wir rufen und sagen: »Abba, Vater«, ist es die Kirche, die ganze Gemeinschaft der betenden Menschen, die unsere Anrufung trägt, und unsere Anrufung ist die Anrufung der Kirche. Das spiegelt sich auch im Reichtum der Gnadengaben, der Dienste, der Aufgaben wider, die wir in der Gemeinschaft erfüllen. Der hl. Paulus schreibt an die Christen in Korinth: »Es gibt verschiedene Gnadengaben, aber nur den einen Geist. Es gibt verschiedene Dienste, aber nur den einen Herrn. Es gibt verschiedene Kräfte, die wirken, aber nur den einen Gott: Er bewirkt alles in allen« (1 Kor 12,4–6). Das vom Heiligen Geist geleitete Gebet, das uns mit Christus und in Christus sagen lässt: »Abba, Vater«, fügt uns ein in das eine große Mosaik der Familie Gottes, in der jeder einen Platz und eine wichtige Rolle hat, in tiefer Einheit mit dem Ganzen.

Eine letzte Bemerkung: Auch mit Maria, der Mutter des Sohnes Gottes, lernen wir zu rufen »Abba, Vater!« Die Fülle der Zeit, von der der hl. Paulus im Brief an die Galater spricht (vgl. 4,4), wird in dem Augenblick vollendet, in dem Maria durch ihr »Ja« dem Willen Gottes

völlig zustimmt: »Ich bin die Magd des Herrn« (Lk 1,38). Wir wollen
lernen, in unserem Gebet die Schönheit zu genießen, Freunde, ja sogar Kinder Gottes zu sein, ihn anrufen zu können mit der Zuversicht
und dem Vertrauen, das ein Kind gegenüber seinen Eltern hat, die es
lieben. Öffnen wir unser Gebet auf das Wirken des Heiligen Geistes
hin, damit er in uns zu Gott ruft: »Abba, Vater« und damit unser Gebet unser Denken, unser Handeln ständig verwandelt, umkehrt, um
es dem des eingeborenen Sohnes, Jesu Christi, immer mehr gleich-
zugestalten.

»Amen« als Antwort auf Gottes »Ja«

Wenn wir über das Gebet in den Briefen des hl. Paulus nachdenken und versuchen, das christliche Gebet als eine wahre und persönliche Begegnung mit Gott, dem Vater, in Christus durch den Heiligen Geist zu sehen, treten in dieser Begegnung das treue Ja Gottes und das vertrauensvolle Amen der Gläubigen miteinander in Dialog. Und ich möchte diese Dynamik hervorheben, indem ich beim zweiten Korintherbrief verweile. Der hl. Paulus sendet diesen leidenschaftlichen Brief an eine Kirche, die sein Apostolat mehrmals in Frage gestellt hat, und er öffnet sein Herz, um die Empfänger seiner Treue zu Christus und zum Evangelium zu versichern. Der zweite Korintherbrief beginnt mit einem der höchsten Segensgebete des Neuen Testaments. Es lautet so: »Gepriesen sei der Gott und Vater Jesu Christi, unseres Herrn, der Vater des Erbarmens und der Gott allen Trostes. Er tröstet uns in all unserer Not, damit auch wir die Kraft haben, alle zu trösten, die in Not sind, durch den Trost, mit dem auch wir von Gott getröstet werden« (2 Kor 1,3−4).

Paulus lebt also in großer Not, er musste viele Schwierigkeiten und Mühsale erleiden, aber er hat sich nie entmutigen lassen, gestützt von der Gnade und der Nähe des Herrn Jesus Christus, dessen Apostel und Zeuge er geworden war, indem er sein ganzes Leben in seine Hände gegeben hat. Gerade deshalb beginnt Paulus diesen Brief mit einem Segens- und Dankgebet zu Gott, denn es gab keinen Augenblick in seinem Leben als Apostel Christi, in dem er gespürt hätte, dass der Halt des barmherzigen Vaters, des Gott allen Trostes, nachlässt. Er hat schrecklich gelitten, das sagt er in eben diesem Brief, aber in all diesen Situationen, in denen sich kein weiterer Weg aufzutun schien, hat er von Gott Trost und Zuspruch erhalten. Um Christus zu verkündigen, hat er auch Verfolgungen erlitten und wurde sogar in den Kerker gesperrt, aber er hat sich innerlich stets frei gefühlt, beseelt von der Gegenwart Christi und mit dem Verlangen, das Wort der Hoffnung des Evangeliums zu verkünden. So schreibt er aus dem Kerker an Timotheus, seinen treuen Mitarbeiter. Er schreibt in Fesseln: »Das Wort Gottes ist nicht gefesselt. Das alles erdulde ich um der Auserwählten willen, damit auch sie das Heil in Christus Jesus und die ewige Herrlichkeit erlangen« (2 Tim 2,9b−10). In seinem Leiden für Christus erfährt er Gottes Trost.

Er schreibt: »Wie uns nämlich die Leiden Christi überreich zuteilgeworden sind, so wird uns durch Christus auch überreicher Trost zuteil« (2 Kor 1,5).

In dem Segensgebet, das den zweiten Korintherbrief einleitet, herrscht also neben dem Thema des Leidens das Thema des Trostes vor, der nicht einfach nur als Zuspruch zu verstehen ist, sondern vor allem als Ermutigung und Ermahnung, sich nicht von Not und Schwierigkeiten überwältigen zu lassen. Es ist die Einladung, jede Situation vereint mit Christus zu leben, der alles Leid und alle Sünde der Welt auf sich nimmt, um Licht, Hoffnung, Erlösung zu bringen. Und so macht Jesus uns fähig, unsererseits alle zu trösten, die in Not sind. Die tiefe Vereinigung mit Christus im Gebet, das Vertrauen auf seine Gegenwart führen zur Bereitschaft, die Leiden und die Not der Brüder zu teilen. Paulus schreibt: »Wer leidet unter seiner Schwachheit, ohne dass ich mit ihm leide? Wer kommt zu Fall, ohne dass ich von Sorge verzehrt werde?« (2 Kor 11,29). Dieses Teilen kommt nicht aus einfachem Wohlwollen heraus, nicht nur aus menschlicher Großherzigkeit oder dem Geist der Selbstlosigkeit, sondern es entspringt dem Trost des Herrn, dem unerschütterlichen Halt aus dem »Übermaß der Kraft«, die »von Gott und nicht von uns kommt« (2 Kor 4,7).

Unser Leben und unser Weg sind oft von Schwierigkeiten, von Unverständnis, von Leiden geprägt. Das wissen wir alle. In der treuen Beziehung zum Herrn, im beständigen täglichen Gebet können auch wir konkret den Trost spüren, der von Gott kommt. Und das stärkt unseren Glauben, denn es lässt uns auf konkrete Weise das Ja Gottes zum Menschen, zu uns, zu mir in Christus erfahren; es lässt uns die Treue seiner Liebe spüren, die bis zur Hingabe seines Sohnes am Kreuz reicht. Der hl. Paulus sagt: »Gottes Sohn Jesus Christus, der euch durch uns verkündigt wurde – durch mich, Silvanus und Timotheus –, ist nicht als Ja und Nein zugleich gekommen; in ihm ist das Ja verwirklicht. Er ist das Ja zu allem, was Gott verheißen hat. Darum rufen wir durch ihn zu Gottes Lobpreis auch das Amen« (2 Kor 1,19–20). Das Ja Gottes ist nicht geschmälert, es ist kein Mittelding zwischen Ja und Nein, sondern es ist ein einfaches und sicheres Ja. Und auf dieses Ja antworten wir mit unserem Ja, mit unserem Amen, und so sind wir sicher im Ja Gottes.

Der Glaube ist nicht in erster Linie menschliches Handeln, sondern ein unentgeltliches Geschenk Gottes, das in seiner Treue, in seinem

Ja verwurzelt ist, das uns verstehen lässt, wie wir unser Leben führen sollen, indem wir ihn und unsere Brüder lieben. Die ganze Heilsgeschichte ist ein allmähliches Offenbarwerden dieser Treue Gottes, trotz unserer Untreue und unserer Verleugnungen, denn wir dürfen gewiss sein: »Unwiderruflich sind Gnade und Berufung, die Gott gewährt«, wie der Apostel im Brief an die Römer sagt (11,29).

Gottes Handeln – das ganz anders ist als unseres – schenkt uns Trost, Kraft und Hoffnung, denn Gott zieht sein Ja nicht zurück. Angesichts der Auseinandersetzungen in den menschlichen Beziehungen, oft auch in der Familie, neigen wir dazu, nicht in der unentgeltlichen Liebe zu verharren, die Einsatz und Opfer verlangt. Gott dagegen wird unserer nicht müde, er wird nie müde, Geduld mit uns zu haben, und er geht uns mit seinem unermesslichen Erbarmen stets voraus, er kommt uns als Erster entgegen, sein Ja ist absolut vertrauenswürdig. Im Ereignis des Kreuzes bietet er uns das volle Maß seiner Liebe an, die nicht berechnend ist und kein Maß hat. Der hl. Paulus schreibt im Brief an Titus, dass »die Güte und Menschenliebe Gottes, unseres Retters, erschien« (Tit 3,4). Und damit dieses Ja täglich erneuert wird, hat er »uns alle gesalbt ..., uns sein Siegel aufgedrückt und als ersten Anteil (am verheißenen Heil) den Geist in unser Herz gegeben « (2 Kor 1,21b–22).

Der Heilige Geist ist es nämlich, der Gottes Ja in Jesus Christus ständig vergegenwärtigt und in unserem Herzen den Wunsch hervorruft, ihm nachzufolgen, um eines Tages völlig in seine Liebe einzutreten, wenn wir eine Wohnung im Himmel erhalten werden, die nicht von Menschenhand gebaut ist. Es gibt keinen Menschen, der nicht erreicht und vor Fragen gestellt wird durch diese treue Liebe, die in der Lage ist, auch auf jene zu warten, die weiterhin mit dem Nein der Ablehnung oder der Verhärtung des Herzens antworten. Gott wartet auf uns, er sucht immer nach uns, er will uns aufnehmen in die Gemeinschaft mit sich, um jedem von uns die Fülle des Lebens, der Hoffnung und des Friedens zu schenken.

In das treue Ja Gottes fügt sich das Amen der Kirche ein, das in allem Handeln der Liturgie widerhallt: »Amen« ist die Antwort des Glaubens, die stets unser persönliches und gemeinschaftliches Gebet beendet und die unser Ja auf Gottes Initiative zum Ausdruck bringt. Oft antworten wir aus Gewohnheit mit unserem Amen im Gebet, ohne seinen tiefen Sinn zu erfassen. Dieser Begriff kommt von »'aman«, was im Hebräischen und im Aramäischen bedeutet, »festigen«, »konsolidieren«, und folglich »sicher sein«, »die Wahrheit sagen«. Wenn wir die Heilige Schrift betrachten, sehen wir, dass dieses Amen am Ende der Psalmen des Segens und des Lobpreises gesprochen wird, wie zum Beispiel im Psalm 41: »Weil ich aufrichtig bin, hältst du mich fest / und stellst mich vor dein Antlitz für immer. Gepriesen sei der Herr, der Gott Israels, / von Ewigkeit zu Ewigkeit. Amen, ja amen« (V. 13–14). Oder es bringt die Zustimmung zu Gott zum Ausdruck, in dem Augenblick, in dem das Volk Israel voll Freude aus dem Babylonischen Exil zurückkehrt und sein Ja, sein Amen zu Gott und zu seinem Gesetz spricht. Im Buch Nehemia heißt es: Nach dieser Rückkehr öffnete Esra »das Buch [des Gesetzes] vor aller Augen; denn er stand höher als das versammelte Volk. Als er das Buch aufschlug, erhoben sich alle. Dann pries Esra den Herrn, den großen Gott; darauf antworteten alle mit erhobenen Händen: Amen, amen!« (Neh 8,5–6). Von Anfang an ist also das Amen der jüdischen Liturgie zum Amen der ersten christlichen Gemeinden geworden. Und das Buch der christlichen Liturgie schlechthin, die Offenbarung des hl. Johannes, beginnt mit dem Amen der Kirche: »Er liebt uns und hat uns von unseren Sünden erlöst durch sein Blut; er hat uns zu Königen gemacht und zu Priestern vor Gott, seinem Vater. Ihm sei die Herrlichkeit und die Macht in alle Ewigkeit. Amen« (Offb 1,5b–6). So heißt es im ersten Kapitel der Offenbarung. Und dasselbe Buch schließt mit der Anrufung: »Amen. Komm, Herr Jesus!« (Offb 22,20). Das Gebet ist die Begegnung mit einer lebendigen Person, der man zuhören und mit der man sprechen kann; es ist die Begegnung mit Gott, der seine unerschütterliche Treue erneuert, sein Ja zum Menschen, zu einem jeden von uns, um uns inmitten der Stürme des Lebens seinen Trost zu schenken und uns vereint mit ihm ein Leben voll Freude und Gutem führen zu lassen, das seine Vollendung im ewigen Leben finden wird.

In unserem Gebet sind wir aufgerufen, Ja zu sagen zu Gott, mit dem Amen der Zustimmung, der Treue unseres ganzen Lebens zu ihm zu antworten. Diese Treue können wir nie mit unseren eigenen Kräften erlangen, sie ist nicht nur Frucht unseres täglichen Bemühens; sie kommt von Gott und gründet auf dem Ja Christi, der sagt: Meine Speise ist es, den Willen des Vaters zu tun (vgl. Joh 4,34). In dieses Ja müssen wir eintreten, wir müssen eintreten in dieses Ja Christi, in die Zustimmung zum Willen Gottes, um schließlich mit dem hl. Paulus zu sagen, dass nicht wir leben, sondern Christus in uns lebt.

Dann wird das Amen unseres persönlichen und gemeinschaftlichen Gebets unser ganzes Leben umfangen und verwandeln, ein Leben des Trostes Gottes, ein Leben, das hineingenommen ist in die ewige und unerschütterliche Liebe.

Das Gebet – eine Oase des Friedens

Die tägliche Begegnung mit dem Herrn und der Empfang der Sakramente gestatten es, unseren Verstand und unser Herz für seine Gegenwart, seine Worte, sein Wirken zu öffnen. Das Gebet ist nicht nur der Atem der Seele, sondern es ist, um ein Bild zu gebrauchen, auch die Oase des Friedens, in der wir das Wasser schöpfen können, das unser geistliches Leben nährt und unser Leben verwandelt. Und Gott zieht uns zu sich hinauf, er lässt uns den Berg der Heiligkeit besteigen, damit wir ihm immer näher sind, und schenkt uns auf dem Weg Licht und Trost. Dies ist die persönliche Erfahrung, auf die der hl. Paulus im 12. Kapitel des Zweiten Briefes an die Korinther Bezug nimmt, bei dem ich hier verweilen möchte. Denen, die die Rechtmäßigkeit seines Apostolats bestritten, hält er nicht die Gemeinden vor Augen, die er gegründet, die Kilometer, die er zurückgelegt hat; er beschränkt sich nicht darauf, die Schwierigkeiten und Widerstände in Erinnerung zu rufen, denen er begegnet ist, um das Evangelium zu verkündigen, sondern er verweist auf seine Beziehung zum Herrn, eine Beziehung, die so tief ist, dass sie auch von Augenblicken der Verzückung, der tiefen Betrachtung geprägt ist (vgl. 2 Kor 12,1); er rühmt sich also nicht dessen, was er getan hat, seiner Kraft, seiner Arbeit und Erfolge, sondern er rühmt sich dessen, was Gott in ihm und durch ihn getan hat.

Mit großer Scheu berichtet er nämlich von dem Augenblick, in dem er die besondere Erfahrung gemacht hat, bis in den Himmel Gottes entrückt worden zu sein. Er erinnert sich, dass er 14 Jahre vor der Sendung des Briefes »bis in den dritten Himmel entrückt wurde«, wie er sagt (V. 2). Mit der Sprache und nach Art von jemandem, der erzählt, was man nicht erzählen kann, spricht der hl. Paulus darüber sogar in der dritten Person; er sagt, dass ein Mensch in den »Garten« Gottes entrückt wurde, in das Paradies. Die Betrachtung ist so tief und intensiv, dass der Apostel sich nicht einmal an die Inhalte der empfangenen Offenbarung erinnert, aber den Tag und die Umstände gut vor Augen hat, unter denen der Herr ihn so vollkommen ergriffen hat, ihn zu sich gezogen hat, wie auf dem Weg nach Damaskus im Augenblick seiner Bekehrung (vgl. Phil 3,12). Weiter sagt der hl. Paulus, dass er, damit er sich wegen der einzigartigen Offenbarungen, die er empfangen hat, nicht überhebt, einen »Stachel« (2 Kor

12,7), ein Leiden in sich trägt, und fleht den Auferstandenen mit Nachdruck an, vom Boten Satans, von diesem schmerzhaften Stachel im Fleisch befreit zu werden. Dreimal – so berichtet er – hat er den Herrn angefleht, diese Prüfung hinwegzunehmen. Und in dieser Situation hört er in der tiefen Betrachtung Gottes »unsagbare Worte, die ein Mensch nicht aussprechen kann« (V. 4), und erhält eine Antwort auf sein Flehen. Der Auferstandene richtet ein klares und beruhigendes Wort an ihn: »Meine Gnade genügt dir; denn sie erweist ihre Kraft in der Schwachheit« (V. 9).

Paulus' Kommentar zu diesen Worten mag erstaunlich sein, aber er zeigt, dass er verstanden hat, was es bedeutet, wirklich Apostel des Evangeliums zu sein. Denn er sagt: »Viel lieber will also ich mich meiner Schwachheit rühmen, damit die Kraft Christi auf mich herabkommt. Deswegen bejahe ich meine Ohnmacht, alle Misshandlungen und Nöte, Verfolgungen und Ängste, die ich für Christus ertrage; denn wenn ich schwach bin, dann bin ich stark« (V. 9b-10). Er rühmt sich also nicht seiner Taten, sondern des Handelns Christi, das gerade in seiner Schwachheit wirkt. Wir wollen noch einen Augenblick bei dem verweilen, was in den Jahren geschehen ist, in denen der hl. Paulus in Stille und Betrachtung gelebt hat, bevor er begann, den Okzident zu bereisen, um Christus zu verkündigen, denn diese Haltung tiefer Demut und tiefen Vertrauens gegenüber der Offenbarung Gottes ist auch für unser Gebet und für unser Leben, für unsere Beziehung zu Gott und zu unserer Schwachheit grundlegend. Zunächst einmal, von welcher Schwachheit spricht der Apostel? Was ist dieser »Stachel« im Fleisch? Wir wissen es nicht, und er sagt es nicht, aber seine Haltung zeigt, dass jede Schwierigkeit in der Nachfolge Christi und im Zeugnis seines Evangeliums überwunden werden kann, indem man sich mit Vertrauen dem Wirken des Herrn öffnet.

Der hl. Paulus ist sich bewusst, ein »unnützer Sklave« (Lk 17,10) – nicht er hat die großen Dinge getan, sondern der Herr –, ein »zerbrechliches Gefäß« (2 Kor 4,7) zu sein, in das Gott den Reichtum und die Kraft seiner Gnade legt. In diesem Augenblick des tiefen betrachtenden Gebets versteht der hl. Paulus ganz deutlich, wie er jedes Ereignis leben muss, vor allem das Leiden, die Schwierigkeit, die Verfolgung: In dem Augenblick, in dem man die eigene Schwachheit erfährt, offenbart sich die Kraft Gottes, der uns nicht verlässt, uns nicht allein lässt, sondern zum Halt und zur Kraft wird. Natürlich wäre Paulus lieber von diesem »Stachel«, von diesem Leiden befreit worden, aber Gott sagt: »Nein, das ist notwendig für dich. Du wirst genügend Gnade bekommen, um durchzuhalten und das zu tun, was getan werden muss.« Das gilt auch für uns. Der Herr befreit uns nicht von den Übeln, sondern hilft uns, in den Leiden, in den Schwierigkeiten, in den Verfolgungen zu reifen.

Der Glaube sagt uns also: Wenn wir in Gott bleiben, »wenn auch unser äußerer Mensch aufgerieben wird, es viele Schwierigkeiten gibt, der innere wird gerade in den Prüfungen Tag für Tag erneuert« (vgl. V. 16). Der Apostel teilt den Christen in Korinth und auch uns mit: »Die kleine Last unserer gegenwärtigen Not schafft uns in maßlosem Übermaß ein ewiges Gewicht an Herrlichkeit« (V. 17). Nach menschlichen Maßstäben war das Gewicht der Schwierigkeiten in Wirklichkeit nicht leicht, sondern sehr schwer; aber im Vergleich zur Liebe Gottes, zur Größe des Geliebtseins von Gott, scheint es leicht zu sein, im Wissen, dass das Gewicht an Herrlichkeit maßlos sein wird. In dem Maße also, in dem unsere Vereinigung mit dem Herrn wächst und unser Gebet tiefer wird, nähern auch wir uns dem Wesentlichen und verstehen, dass nicht die Kraft unserer Mittel, unserer Tugenden, unserer Fähigkeiten das Reich Gottes verwirklicht, sondern dass Gott gerade durch unsere Schwachheit, unsere Unzulänglichkeit bei dem, was uns aufgetragen ist, Wunder wirkt. Wir müssen also die Demut haben, nicht einfach auf uns selbst zu vertrauen, sondern mit Hilfe des Herrn im Weinberg des Herrn zu arbeiten und uns ihm anzuvertrauen wie »zerbrechliche Gefäße«.

Der hl. Paulus berichtet von zwei besonderen Offenbarungen, die sein Leben radikal verändert haben. Die erste – das wissen wir – ist die erschütternde Frage auf dem Weg nach Damaskus: »Saul, Saul, warum verfolgst du mich?« (Apg 9,4), eine Frage, die ihn dahin geführt hat, den lebendigen und gegenwärtigen Christus zu entdecken und ihm zu begegnen und seinen Ruf zu hören, Apostel des Evangeliums zu sein. Die zweite sind die Worte, die der Herr in der Erfahrung des betrachtenden Gebets, über das wir gerade nachdenken, an ihn gerichtet hat: »Meine Gnade genügt dir; denn sie erweist ihre Kraft in der Schwachheit.« Nur der Glaube, das Vertrauen auf das Wirken Gottes, auf die Güte Gottes, der uns nicht verlässt, ist die Gewährleistung, nicht umsonst tätig zu sein. So war die Gnade des Herrn die Kraft, die den hl. Paulus begleitet hat bei den enormen Mühen, das Evangelium zu verbreiten, und sein Herz wurde in das Herz Christi hineingenommen und in die Lage versetzt, die anderen zu dem zu führen, der für uns gestorben und auferstanden ist.

Im Gebet öffnen wir also unser Herz dem Herrn, damit er in unserer Schwachheit wohnt und sie in Kraft für das Evangelium verwandelt. Und bedeutungsreich ist auch das griechische Verb, mit dem Paulus dieses Wohnen des Herrn in seiner schwachen Menschennatur beschreibt; er gebraucht »episkenoo«, das wir übersetzen könnten mit »sein Zelt aufschlagen«. Der Herr schlägt auch weiterhin sein Zelt bei uns auf, er ist mitten unter uns: Es ist das Geheimnis der Menschwerdung. Das göttliche Wort selbst, das gekommen ist, um in unserer Menschennatur zu wohnen, will bei uns sein, sein Zelt unter uns aufschlagen, um unser Leben und die Welt zu erleuchten und zu verwandeln.

Die tiefe Betrachtung Gottes, die der hl. Paulus erfährt, ruft die Betrachtung der Jünger auf dem Berg Tabor in Erinnerung, als Petrus beim Anblick Jesu, der sich verwandelt und von Licht erstrahlt, zu ihm sagt:»Rabbi, es ist gut, dass wir hier sind. Wir wollen drei Hütten bauen, eine für dich, eine für Mose und eine für Elija« (Mk 9,5).»Er wusste nämlich nicht, was er sagen sollte; denn sie waren vor Furcht ganz benommen«, fügt der hl. Markus hinzu (V. 6). Den Herrn zu betrachten, ist gleichzeitig faszinierend und furchtbar: faszinierend, weil er uns zu sich hinaufzieht und unser Herz nach oben entrückt und es in seine Höhe führt, wo wir den Frieden, die Schönheit seiner Liebe erfahren; furchtbar, weil es unsere menschliche Schwäche entblößt, unsere Unzulänglichkeit, die Mühe, das Böse zu überwinden, das sich in unser Leben einschleicht, jenen Stachel, der auch in unser Fleisch gestoßen ist. Im Gebet, in der täglichen Betrachtung des Herrn empfangen wir die Kraft der Liebe Gottes und spüren, dass die Worte des hl. Paulus an die Christen in Rom wahr sind, an die er geschrieben hat:»Denn ich bin gewiss: Weder Tod noch Leben, weder Engel noch Mächte, weder Gegenwärtiges nach Zukünftiges, weder Gewalten der Höhe oder Tiefe oder irgendeine andere Kreatur können uns scheiden von der Liebe Gottes, die in Christus Jesus ist, unserem Herrn« (Röm 8,38‒39).

In einer Welt, in der wir Gefahr laufen, nur auf die Effizienz und die Kraft der menschlichen Mittel zu vertrauen, in dieser Welt sind wir aufgerufen, die Macht Gottes wiederzuentdecken, die im Gebet vermittelt wird, mit dem wir jeden Tag wachsen, indem wir unser Leben dem Leben Christi gleichgestalten, von dem Paulus sagt:»Zwar wurde er in seiner Schwachheit gekreuzigt, aber er lebt aus Gottes Kraft. Auch wir sind schwach in ihm, aber wir werden zusammen mit ihm vor euren Augen aus Gottes Kraft leben« (2 Kor 13,4).

Im vergangenen Jahrhundert sagte Albert Schweitzer, ein protestantischer Theologe und Nobelpreisträger, dass Paulus »ein Mystiker und nichts weiter als ein Mystiker« ist, also ein Mensch, der wirklich in Christus verliebt und so mit ihm vereint ist, dass er sagen kann: Christus lebt in mir. Die Mystik des hl. Paulus gründet nicht nur auf außerordentlichen Ereignissen, die er erlebt hat, sondern auch auf der täglichen und tiefen Beziehung zum Herrn, der ihn stets mit seiner Gnade getragen hat. Die Mystik hat ihn nicht von der Wirklichkeit entfernt, im Gegenteil: Sie hat ihm die Kraft geschenkt, jeden Tag für Christus zu leben und die Kirche zu bauen bis ans Ende der Welt jener Zeit. Die Vereinigung mit Gott entfernt nicht von der Welt, sondern schenkt uns die Kraft, wirklich in der Welt zu bleiben, in der Welt das zu tun, was getan werden muss.

Auch in unserem Gebetsleben können wir also Augenblicke besonderer Tiefe haben, in denen wir vielleicht die Gegenwart des Herrn deutlicher spüren, aber wichtig ist die Beharrlichkeit, die Treue der Beziehung zu Gott, vor allem in den Situationen der Trockenheit, der Schwierigkeit, des Leidens, der scheinbaren Abwesenheit Gottes. Nur wenn wir von der Liebe Christi ergriffen sind, werden wir in der Lage sein, uns wie Paulus jeder Widrigkeit zu stellen, in der Überzeugung, dass wir alles vermögen durch ihn, der uns Kraft gibt (vgl. Phil 4,13). Je mehr Raum wir also dem Gebet geben, desto mehr werden wir sehen, dass unser Leben sich verwandeln und von der konkreten Kraft der Liebe Gottes beseelt sein wird. So war es zum Beispiel für die sel. Mutter Teresa von Kalkutta, die in der Betrachtung Jesu und gerade auch in Zeiten langer Trockenheit den letzten Grund und die unglaubliche Kraft fand, ihn in den Armen und Verlassenen zu erkennen, trotz ihrer schwachen Gestalt. Die Betrachtung Christi in unserem Leben entfremdet uns wie gesagt nicht von der Wirklichkeit, sondern lässt uns noch mehr teilhaben am menschlichen Leben, denn der Herr, der uns im Gebet zu sich zieht, gestattet uns, bei jedem Bruder zu sein und ihm zum Nächsten zu werden in seiner Liebe.

Dank und Lobpreis

Unser Gebet ist sehr oft eine Bitte um Hilfe in der Not. Und das ist auch normal für den Menschen, denn wir brauchen Hilfe, wir brauchen die anderen, wir brauchen Gott. So ist es für uns normal, Gott um etwas zu bitten, bei ihm Hilfe zu suchen; und wir müssen daran denken, dass das Gebet, das der Herr uns gelehrt hat, das »Vaterunser«, ein Bittgebet ist. Mit diesem Gebet lehrt uns der Herr die Prioritäten unseres Gebets: Er reinigt und läutert unsere Wünsche und reinigt und läutert so unser Herz. Wenn es also an sich normal ist, dass wir im Gebet um etwas bitten, so darf es nicht ausschließlich so sein. Es gibt auch Grund zum Danken, und wenn wir etwas aufmerksam sind, dann sehen wir, dass wir von Gott viele gute Dinge empfangen: Er ist so gut zu uns, dass es angemessen und notwendig ist, Dank zu sagen. Und das Gebet muss auch Lobpreis sein: Wenn unser Herz offen ist, dann sehen wir trotz aller Probleme auch die Schönheit seiner Schöpfung, die Güte, die sich in seiner Schöpfung zeigt. Wir dürfen daher nicht nur bitten, sondern müssen auch loben und danken: Nur so ist unser Beten vollständig.

In seinen Briefen spricht der hl. Paulus nicht nur über das Gebet, sondern er gibt Gebete wieder, die natürlich Bitten enthalten, aber auch Lob und Preis für das, was Gott gewirkt hat und auch weiterhin in der Geschichte der Menschheit vollbringt. Heute möchte ich beim ersten Kapitel des Briefes an die Epheser verweilen, das mit einem Gebet beginnt, das ein Loblied ist, ein Ausdruck des Dankes, der Freude. Der hl. Paulus preist den Gott und Vater unseres Herrn Jesus Christus, denn in ihm hat er uns »das Geheimnis seines Willens kundgetan« (Eph 1,9). Es gibt wirklich Grund zu danken, dass Gott uns das Verborgene kundgetan hat: seinen Willen mit uns, für uns; »das Geheimnis seines Willens«. »Mysterion«, »Geheimnis«: ein Begriff, der in der Heiligen Schrift und in der Liturgie oft vorkommt. Ich möchte jetzt nicht in die Philologie hineingehen, aber im gewöhnlichen Sprachgebrauch zeigt er das an, was man nicht kennen kann, eine Wirklichkeit, die wir mit unserem eigenen Verstand nicht erfassen können. Der Hymnus, der den Brief an die Epheser eröffnet, nimmt uns an die Hand und führt uns zu einer tieferen Bedeutung dieses Begriffs und der Wirklichkeit, die er uns aufzeigt. Für die Gläubigen ist »Geheimnis« nicht so sehr das Unbekannte, sondern vielmehr der barmherzige Wille Gottes, sein Liebesplan, der in Jesus Christus vollkommen offenbar geworden ist und uns die Möglichkeit gibt, »zusammen mit allen Heiligen« dazu fähig zu sein, »die Länge und Breite, die Höhe und Tiefe zu ermessen und die Liebe Christi zu verstehen« (Eph 3,18–19). Das »unbekannte Geheimnis« Gottes ist offenbar geworden: Gott liebt uns, und er liebt uns von Anbeginn an, von Ewigkeit her.

Verweilen wir also etwas bei diesem feierlichen und tiefen Gebet. »Gepriesen sei der Gott und Vater unseres Herrn Jesus Christus« (Eph 1,3). Der hl. Paulus gebraucht das Verb »eulogein«, das im allgemeinen den hebräischen Begriff »barak« übersetzt: Gott, den Vater, als Ursprung der Heilsgüter zu loben, zu verherrlichen, ihm zu danken: »Er hat uns mit allem Segen seines Geistes gesegnet durch unsere Gemeinschaft mit Christus im Himmel.« Der Apostel dankt und lobt, aber er denkt auch über die Gründe nach, die den Menschen zu diesem Lobpreis, zu diesem Dank bringen, indem er die grundlegenden Elemente des göttlichen Plans und seine Abschnitte darlegt. Vor allem müssen wir Gott, den Vater, preisen, denn – so schreibt der hl. Paulus – »er hat uns erwählt vor der Erschaffung der Welt, damit wir heilig und untadelig leben vor Gott« in der Liebe (V. 4). Was uns heilig und untadelig macht, ist die Liebe. Gott hat uns ins Dasein, zur Heiligkeit berufen. Und dieser Entschluss geht selbst der Erschaffung der Welt voraus. Wir waren immer schon in seinem Plan, in seinen Gedanken. Mit dem Propheten Jeremia können auch wir sagen, dass noch ehe er uns im Mutterleib formte, er uns ausersehen hat (vgl. Jer 1,5); und indem er uns ausersehen hat, hat er uns geliebt.

Die Berufung zur Heiligkeit, also zur Gemeinschaft mit Gott, gehört zum ewigen Plan dieses Gottes, einem Plan, der sich über die Geschichte erstreckt und alle Männer und Frauen der Welt umfasst, denn es ist eine universale Berufung. Gott schließt niemanden aus, sein Plan besteht nur aus Liebe. Der hl. Johannes Chrysostomos sagt: »Gott selbst hat uns heilig gemacht, aber wir sind berufen, heilig zu bleiben. Heilig ist, wer im Glauben lebt« (Predigten über den Brief an die Epheser, 1,1,4). Der hl. Paulus fährt fort: Gott hat uns im Voraus dazu bestimmt, hat uns erwählt, »seine Söhne zu werden durch Jesus Christus«, in den eingeborenen Sohn eingegliedert zu werden. Der Apostel hebt die Unentgeltlichkeit dieses wunderbaren Planes Gottes für die Menschheit hervor. Gott erwählt uns nicht, weil wir gut sind, sondern weil er gut ist. Und die Antike hatte ein Wort über das Gute: »Bonum est diffusivum sui«; das Gute teilt sich mit, es gehört zum Wesen des Guten, dass es sich mitteilt, sich ausbreitet. Und weil Gott die Güte ist, ist er also Mitteilung des Guten, will er mitteilen; er erschafft, weil er uns seine Güte mitteilen und uns gut und heilig machen will.

In der Mitte des Lobpreises erläutert der Apostel, wie der Heilsplan des Vaters in Christus, in seinem geliebten Sohn verwirklicht wird. Er schreibt: »Durch sein Blut haben wir die Erlösung, die Vergebung der Sünden nach dem Reichtum seiner Gnade« (Eph 1,7). Das Kreuzesopfer Christi ist das einzigartige und unwiederholbare Ereignis, durch das der Vater wie ein Leuchtfeuer seine Liebe zu uns gezeigt hat, nicht nur durch Worte, sondern in konkreter Weise. Gott ist so konkret, und seine Liebe ist so konkret, dass er in die Geschichte eintritt, Mensch wird, um zu spüren, was es heißt, wie es ist, in dieser erschaffenen Welt zu leben, und er nimmt den Leidensweg der Passion auf sich und erleidet auch den Tod. So konkret ist die Liebe Gottes, dass er nicht nur an unserem Dasein, sondern an unserem Leiden und Sterben teilhat. Durch das Kreuzesopfer werden wir »Gottes Eigentum«, denn das Blut Christi hat uns von der Schuld erlöst, es reinigt uns vom Bösen, es entzieht uns der Knechtschaft der Sünde und des Todes. Der hl. Paulus lädt ein, darüber nachzudenken, wie tief die Liebe Gottes ist, die die Geschichte verwandelt, die sein eigenes Leben vom Christenverfolger zum unermüdlichen Apostel des Evangeliums verwandelt hat. Es klingen noch einmal die beruhigenden Worte des Römerbriefes an: »Ist Gott für uns, wer ist dann gegen uns? Er hat seinen eigenen Sohn nicht verschont, sondern ihn für uns alle hingegeben – wie sollte er uns mit ihm nicht alles schenken? ... Denn ich bin gewiss: Weder Tod noch Leben, weder Engel noch Mächte, weder Gegenwärtiges noch Zukünftiges, weder Gewalten der Höhe oder Tiefe noch irgendeine andere Kreatur können uns scheiden von der Liebe Gottes, die in Christus Jesus ist, unserem Herrn« (Röm 8,31–32.38–39). Diese Gewissheit – Gott ist für uns, und keine Kreatur kann uns von ihm scheiden, denn seine Liebe ist stärker – müssen wir in unser Dasein, in unser Bewusstsein als Christen einfügen.

Am Ende schließt der göttliche Segen mit dem Hinweis auf den Heiligen Geist, der in unsere Herzen ausgegossen wurde, den Beistand, den wir als das verheißene Siegel empfangen haben. Paulus sagt:

»Der Geist ist der erste Anteil des Erbes, das wir erhalten sollen, der Erlösung, durch die wir Gottes Eigentum werden, zum Lob seiner Herrlichkeit« (Eph 1,14). Die Erlösung ist noch nicht abgeschlossen – das spüren wir –, sondern wird ihre volle Erfüllung finden, wenn jene, die Gott sich erworben hat, vollkommen gerettet sein werden. Wir sind noch auf dem Weg der Erlösung, deren wesentliche Wirklichkeit durch den Tod und die Auferstehung Jesu gegeben ist. Wir sind auf dem Weg zur endgültigen Erlösung, zur vollkommenen Befreiung der Kinder Gottes. Und der Heilige Geist ist die Gewissheit, dass Gott seinen Heilsplan zur Erfüllung bringen wird, wenn er in Christus alles vereinen wird, »alles, was im Himmel und auf Erden ist« (Eph 1,10). Der hl. Johannes Chrysostomos kommentiert diesen Punkt: »Gott hat uns durch den Glauben erwählt und uns das Siegel für das Erbe der zukünftigen Herrlichkeit aufgedrückt« (Predigt über den Brief an die Epheser, 2,11–14). Wir müssen akzeptieren, dass der Weg der Erlösung auch unser Weg ist, denn Gott will freie Geschöpfe, die aus freiem Willen »Ja« sagen; aber es ist vor allem und in erster Linie sein Weg. Wir sind in seinen Händen, und jetzt ist es unsere Freiheit, den von ihm eröffneten Weg zu gehen. Gehen wir diesen Weg der Erlösung gemeinsam mit Christus, und wir spüren, dass die Erlösung verwirklicht wird. Die Schau, die uns der hl. Paulus in diesem großen Lobpreis darlegt, hat uns dahin geführt, das Wirken der drei Personen der Allerheiligsten Dreifaltigkeit zu betrachten: der Vater, der uns erwählt hat vor der Erschaffung der Welt, der uns erdacht und erschaffen hat; der Sohn, der uns durch sein Blut erlöst hat; und der Heilige Geist, Unterpfand unserer Erlösung und der zukünftigen Herrlichkeit. Im beharrlichen Gebet, in der täglichen Beziehung zu Gott lernen auch wir, wie der hl. Paulus, die Zeichen dieses Plans und dieses Wirkens immer deutlicher zu erkennen: in der Schönheit des Schöpfers, die aus seinen Geschöpfen hervorgeht (vgl. Eph 3,9), wie der hl. Franz von Assisi singt: »Gelobt seist du, mein Herr, mit allen deinen Geschöpfen« (Fontes Franciscani 263). Wichtig ist, auf die Schönheit der Schöpfung zu achten und in dieser Schönheit das Antlitz Gottes durchscheinen zu sehen. In ihrem Leben zeigen die Heiligen in leuchtender Weise, was die Kraft Gottes in der Schwachheit des Menschen tun kann. Und sie kann es auch mit uns tun – in der ganzen Heilsgeschichte, in der Gott zu uns gekommen ist und geduldig unsere Zeiten abwartet, unsere Untreue versteht, unsere Bemühungen ermutigt und uns leitet.

Im Gebet lernen wir, die Zeichen dieses barmherzigen Plans auf dem Weg der Kirche zu sehen. So wachsen wir in der Liebe Gottes, indem wir unsere Tür öffnen, damit die Allerheiligste Dreifaltigkeit in uns wohnen, unser Leben erleuchten, erwärmen, leiten möge. »Wenn jemand mich liebt, wird er an meinem Wort festhalten; mein Vater wird ihn lieben, und wir werden zu ihm kommen und bei ihm wohnen« (Joh 14,23), sagt Jesus, als er den Jüngern die Gabe des Heiligen Geistes verheißt, der sie alles lehren wird. Der hl. Irenäus hat einmal gesagt, dass der Heilige Geist in der Menschwerdung sich daran gewöhnt hat, im Menschen zu sein. Im Gebet müssen wir uns daran gewöhnen, bei Gott zu sein. Das ist sehr wichtig, dass wir lernen, bei Gott zu sein, um zu sehen, wie schön es ist, bei ihm zu sein, der die Erlösung ist.

Wenn das Gebet unser geistliches Leben nährt, werden wir fähig, das zu bewahren, was der hl. Paulus als das »Geheimnis des Glaubens« in einem reinen Gewissen bezeichnet (vgl. 1 Tim 3,9). Das Gebet als »Gewöhnung« an das Zusammensein mit Gott bringt Männer und Frauen hervor, die nicht vom Egoismus, vom Wunsch nach Besitz, vom Verlangen nach Macht beseelt sind, sondern von der unentgeltlichen Hingabe, vom Wunsch zu lieben, vom Verlangen zu dienen, die also von Gott beseelt sind; und nur so kann man Licht in das Dunkel der Welt bringen.

Ich möchte diese Katechese mit dem Epilog des Briefes an die Römer abschließen. Wie der hl. Paulus geben auch wir Gott die Ehre, weil er uns alles über sich gesagt hat in Jesus Christus und uns den Tröster gesandt hat, den Geist der Wahrheit. Der hl. Paulus schreibt am Ende des Briefes an die Römer: »Ehre sei dem, der die Macht hat, euch Kraft zu geben – gemäß meinem Evangelium und der Botschaft von Jesus Christus, gemäß der Offenbarung jenes Geheimnisses, das seit ewigen Zeiten unausgesprochen war, jetzt aber nach dem Willen des ewigen Gottes offenbart und durch prophetische Schriften kundgemacht wurde, um alle Heiden zum Gehorsam des Glaubens zu führen. Ihm, dem einen, weisen Gott, sei Ehre durch Jesus Christus in alle Ewigkeit! Amen« (16,25-27).

Der christologische Hymnus

Unser Gebet setzt sich zusammen aus Schweigen und Wort, aus Gesang und Gesten, die die ganze Person einbeziehen: vom Mund bis zum Verstand, vom Herzen bis zum ganzen Leib. Dieses Merkmal finden wir im jüdischen Gebet wieder, besonders in den Psalmen. Heute möchte ich über einen Gesang oder Hymnus sprechen, der zu den ältesten der christlichen Überlieferung gehört. Der hl. Paulus stellt ihn uns vor in dem, was gewissermaßen sein geistliches Testament ist: im Philipperbrief. Denn diesen Brief diktiert der Apostel, als er sich im Gefängnis befindet, vielleicht in Rom. Er fühlt den Tod herannahen, denn er sagt, dass sein Leben zum Opfer dargebracht werden wird (vgl. Phil 2,17). Obwohl seine leibliche Unversehrtheit ernsthaft in Gefahr ist, bringt der hl. Paulus im ganzen Schreiben die Freude darüber zum Ausdruck, Jünger Christi zu sein, ihm entgegengehen zu können. Sogar das Sterben betrachtet er nicht als Verlust, sondern als Gewinn. Im letzten Kapitel des Briefes findet sich ein starker Aufruf zur Freude, dem Grundmerkmal des Christseins und unseres Betens. Der hl. Paulus schreibt:»Freut euch im Herrn zu jeder Zeit! Noch einmal sage ich: Freut euch!« (Phil 4,4). Wie aber kann man sich angesichts eines unmittelbar bevorstehenden Todesurteils freuen? Woher oder besser von wem nimmt der hl. Paulus diese Gelassenheit, diese Kraft, diesen Mut, dem Martyrium und dem Blutvergießen entgegenzugehen?
Wir finden die Antwort in der Mitte des Philipperbriefs, in dem, was die christliche Überlieferung als »carmen Christo«, als Christuslied, oder häufiger als »christologischer Hymnus« bezeichnet: ein Gesang, in dem die ganze Aufmerksamkeit auf die »Gesinnungen« Christi gerichtet ist, also auf seine Art zu denken und seine konkrete und gelebte Haltung. Dieses Gebet beginnt mit einer Ermahnung: »Seid untereinander so gesinnt, wie es dem Leben in Christus Jesus entspricht« (Phil 2,5). Diese Gesinnungen werden in den folgenden Versen dargelegt: die Liebe, die Großherzigkeit, die Demut, der Gehorsam gegenüber Gott, die Selbsthingabe. Es geht nicht nur und nicht einfach darum, dem Vorbild Christi als etwas Moralischem zu folgen, sondern darum, das ganze Leben in seine Art zu denken und zu handeln hineinzunehmen. Das Gebet muss zu einer immer tieferen Erkenntnis und Vereinigung mit dem Herrn in der Liebe führen,

um denken, handeln und lieben zu können wie er, in ihm und für
ihn. Das zu üben, die Gesinnung Jesu zu erlernen, ist der Weg des
christlichen Lebens.

Jetzt möchte ich kurz bei einigen Elementen dieses dichten Ge-
sangs verweilen, der den ganzen göttlichen und menschlichen Weg
des Sohnes Gottes zusammenfasst und die gesamte Menschheitsgeschichte einbezieht: von der Gottgleichheit zur Menschwerdung,
zum Tod am Kreuz und zur Aufnahme in die Herrlichkeit des Vaters
ist auch das Verhalten Adams, des Menschen von Anbeginn an, mit
eingebunden. Dieser Christus-Hymnus beginnt bei seinem Dasein
»en morphe tou Theou«, wie es im griechischen Text heißt, also »in
der Gestalt Gottes« oder besser »Gott gleich«. Jesus, wahrer Gott und
wahrer Mensch, lebt sein »wie Gott sein« nicht, um zu triumphieren
oder seine Oberhoheit aufzuzwingen, er betrachtet es nicht als Besitz, als Privileg, er hält nicht daran fest. Sondern er »entäußerte«,
entleerte sich und nahm, wie der griechische Text sagt, die »morphe
doulou« an (Phil 2,7), die »Gestalt eines Sklaven«: des menschlichen
Zustands, der von Leiden, von Armut, vom Tod geprägt ist. Er ist den
Menschen völlig gleich geworden, außer in der Sünde, und verhält
sich wie ein Sklave, der sich ganz dem Dienst an den anderen widmet. In diesem Zusammenhang sagt Eusebius von Caesarea im 4.
Jahrhundert: »Er hat die Mühsal der leidenden Glieder auf sich selbst
genommen. Er hat sich unsere erbärmlichen Krankheiten zu eigen
gemacht. Er hat um unsertwillen gelitten, wie es seiner großen Liebe
zur Menschheit entspricht« (Demonstratio evangelica, 10,1,22).

Dann legt der hl. Paulus den »historischen« Rahmen dar, in dem
diese Erniedrigung Jesu umgesetzt wurde: »Er erniedrigte sich und
war gehorsam bis zum Tod« (Phil 2,8). Der Sohn Gottes ist wirklich
Mensch geworden und hat einen Weg völligen Gehorsams und völliger Treue gegenüber dem Willen des Vaters beschritten, bis hin zum
höchsten Opfer des eigenen Lebens. Mehr noch – der Apostel fügt
sogar hinzu: »bis zum Tod, bis zum Tod am Kreuz«. Am Kreuz hat
Jesus den höchsten Grad der Erniedrigung erreicht, denn die Kreuzigung war die Strafe, die den Sklaven und nicht den freien Menschen
vorbehalten war: »Mors turpissima crucis«, schreibt Cicero (vgl. In
Verrem, V,64,165). Im Kreuz Christi wird der Mensch erlöst, und die
Erfahrung Adams wird ins Gegenteil verkehrt: Adam, der als Abbild
Gottes – ihm ähnlich –, geschaffen wurde, maßte sich an, aus eigener Kraft wie Gott zu sein, sich an die Stelle Gottes zu setzen, und

verlor so die ursprüngliche Würde, die ihm gegeben worden war. Jesus dagegen war »Gott gleich«, hat sich jedoch erniedrigt, wurde den Menschen gleich, in völliger Treue zum Vater, um den Adam zu erlösen, der in uns ist, und dem Menschen die Würde zurückzugeben, die er verloren hatte. Die Kirchenväter heben hervor, dass er gehorsam war und der menschlichen Natur durch sein Menschsein und seinen Gehorsam das zurückerstattet hat, was durch den Ungehorsam Adams verlorengegangen war.

Im Gebet, in der Beziehung zu Gott, öffnen wir den Verstand, das Herz, den Willen für das Wirken des Heiligen Geistes, um in dieselbe Dynamik des Lebens einzutreten, wie der hl. Cyrill von Alexandrien sagt: »Das Wirken des Geistes will uns durch die Gnade in das vollkommene Abbild seiner Erniedrigung verwandeln« (Festbrief 10,4). Die menschliche Logik dagegen sucht oft nach der Selbstverwirklichung in der Macht, in der Herrschaft, in den Machtmitteln. Der Mensch will weiter aus eigenen Kräften den Turm zu Babel bauen, um von selbst zur Höhe Gottes zu gelangen, um wie Gott zu sein. Die Menschwerdung und das Kreuz erinnern uns daran, dass die volle Verwirklichung darin besteht, den eigenen Willen dem Willen des Vaters anzupassen, indem man sich des eigenen Egoismus entleert, um mit der Liebe, mit Gottes Liebe erfüllt und so wirklich fähig zu werden, die anderen zu lieben. Der Mensch findet sich nicht, indem er in sich verschlossen bleibt, sich selbst behauptet. Der Mensch findet sich nur, indem er aus sich herausgeht; nur wenn wir aus uns selbst herauskommen, finden wir uns. Und wenn Adam Gott nachahmen wollte, so ist das an sich nicht schlecht, aber er hat sich in der Vorstellung von Gott geirrt. Gott will nicht nur Größe. Gott ist Liebe, die sich schon in der Dreifaltigkeit und dann in der Schöpfung hinschenkt. Und Gott nachzuahmen bedeutet, aus sich herauszukommen, sich in der Liebe hinzuschenken.

Im zweiten Teil dieses »christologischen Hymnus« des Philipperbriefs ändert sich das Subjekt; es ist nicht mehr Christus, sondern Gott, der Vater. Der hl. Paulus hebt hervor: Gerade wegen des Gehorsams gegenüber dem Willen des Vaters »hat ihn Gott über alle erhöht und ihm den Namen verliehen, der größer ist als alle Namen« (Phil 2,9). Er, der sich zutiefst erniedrigt hat und wie ein Sklave geworden ist, wird erhöht, wird über alle Dinge erhoben vom Vater, der ihm den Namen »Kyrios«, »Herr« verleiht, die höchste Würde und Herrschaft. »Damit alle im Himmel, auf der Erde und unter der Erde ihre Knie beugen vor dem Namen Jesu« – vor diesem neuen Namen, dem Namen Gottes selbst im Alten Testament – »und jeder Mund bekennt: ›Jesus Christus ist der Herr‹ – zur Ehre Gottes, des Vaters« (V. 10–11). Der Jesus, der erhöht wird, ist der des Letzten Abendmahls, der sein Gewand ablegt, sich mit einem Leinentuch umgürtet, sich niederbeugt, um den Aposteln die Füße zu waschen, und sie fragt: »Begreift ihr, was ich an euch getan habe? Ihr sagt zu mir Meister und Herr, und ihr nennt mich mit Recht so; denn ich bin es. Wenn nun ich, der Herr und Meister, euch die Füße gewaschen habe, dann müsst auch ihr einander die Füße waschen« (Joh 13,12–14). Wichtig ist, dass wir in unserem Gebet und in unserem Leben stets daran denken: »Der Aufstieg zu Gott ereignet sich gerade im Abstieg des demütigen Dienens, im Abstieg der Liebe, die das Wesen Gottes ist und daher die wahrhaft reinigende Kraft, die den Menschen fähig macht, Gott wahrzunehmen und ihn zu sehen « (Jesus von Nazareth, Freiburg 2007, S. 126).

Der Hymnus des Philipperbriefs bietet uns hier zwei wichtige Hinweise für unser Gebet. Der erste ist die Anrufung »Herr«, die an Jesus Christus gerichtet ist, der zur Rechten des Vaters sitzt: Er ist der einzige Herr unseres Lebens, inmitten vieler »Herrscher«, die es ausrichten und leiten wollen. Daher ist es notwendig, eine Werteskala zu haben, in der der Primat Gott zukommt, um mit dem hl. Paulus zu sagen: »Ich sehe alles als Verlust an, weil die Erkenntnis Christi Jesu, meines Herrn, alles übertrifft« (Phil 3,8). Die Begegnung mit dem Auferstandenen hat ihn verstehen lassen, dass er der einzige Schatz ist, für den es sich lohnt, sein Leben hinzugeben. Der zweite Hinweis ist das Niederwerfen, das »Knie beugen« aller auf der Erde und im Himmel, das ein Wort des Propheten Jesaja ins Gedächtnis ruft, wo er auf die Verehrung hinweist, die alle Geschöpfe Gott schulden (vgl. 45,23). Der Kniefall vor dem Allerheiligsten Sakrament oder das Niederknien im Gebet bringen die Anbetung gegenüber Gott zum Ausdruck, auch mit dem Leib. Daher ist es wichtig, diese Geste nicht aus Gewohnheit und in Eile durchzuführen, sondern im tiefen Bewusstsein. Wenn wir vor dem Herrn niederknien, bekennen wir unseren Glauben an ihn, erkennen wir ihn als den einzigen Herrn unseres Lebens an.

Richten wir in unserem Gebet unseren Blick auf den Gekreuzigten, verweilen wir öfter in Anbetung vor der Eucharistie, um unser Leben in die Liebe Gottes eintreten zu lassen, der sich in Demut erniedrigt

hat, um uns zu ihm zu erhöhen. Zu Beginn der Katechese haben
wir uns gefragt, wie der hl. Paulus sich freuen konnte angesichts
der unmittelbar bevorstehenden Gefahr des Martyriums und seines
Blutvergießens. Das ist nur möglich, weil der Apostel seinen Blick
nie von Christus abgewandt hat, bis er ihm im Tod gleichgeworden
ist, in der Hoffnung, »auch zur Auferstehung von den Toten zu gelangen« (Phil 3,11). Wie der hl. Franziskus vor dem Gekreuzigten
sagen auch wir: »Höchster, glorreicher Gott, erleuchte die Finsternis
meines Herzens und schenke mir rechten Glauben, gefestigte Hoffnung und vollendete Liebe. Gib mir, Herr, das rechte Empfinden und
Erkennen, damit ich deinen heiligen und wahrhaften Auftrag erfül-
le. Amen« (vgl. Gebet vor dem Kreuzbild von San Damiano: Fontes
Franciscani [276]).

Das Buch der Offenbarung:
eine Symphonie des Gebets

In diesem Kapitel möchte ich über das Gebet im Buch der Offenbarung sprechen, das – wie ihr wisst – das letzte Buch des Neuen Testaments ist. Es ist ein schwieriges Buch, das jedoch einen großen Reichtum enthält. Es bringt uns in Berührung mit dem lebendigen und leidenschaftlichen Gebet der christlichen Gemeinde, die »am Tag des Herrn« (Offb 1,10) versammelt ist: denn auf dieser Grundspur bewegt sich der Text.

Ein Vorleser trägt der Gemeinde eine Botschaft vor, die dem Evangelisten Johannes vom Herrn anvertraut wurde. Der Vorleser und die Gemeinde stellen sozusagen die beiden Hauptakteure im Ablauf des Buches dar; sie werden gleich zu Anfang mit einem feierlichen Segenswunsch bedacht: »Selig, wer diese prophetischen Worte vorliest und wer sie hört« (1,3). Aus dem beständigen Dialog zwischen ihnen tritt eine Symphonie des Gebets hervor, die sich mit großer Formenvielfalt bis zum Schluss entfaltet. Wenn wir dem Vorleser, der die Botschaft vorträgt, zuhören und der Gemeinde, die darauf reagiert, zuhören und sie beobachten, dann wird ihr Gebet gleichermaßen zum unsrigen.

Der erste Teil der Apokalypse (1,4–3,22) zeigt in der Haltung der betenden Gemeinde drei aufeinanderfolgende Phasen auf. Die erste (1,4–8) besteht aus einem Dialog, der sich – einzigartig im Neuen Testament – zwischen der soeben versammelten Gemeinde und dem Vorleser abspielt, der einen Segenswunsch an sie richtet: »Gnade sei mit euch und Friede« (1,4). Anschließend hebt der Vorleser die Herkunft dieses Wunsches hervor. Er kommt von der Dreifaltigkeit: vom Vater, vom Heiligen Geist, von Jesus Christus, die gemeinsam Anteil daran haben, den Schöpfungs- und Heilsplan für die Menschheit voranzubringen.

Die Gemeinde hört zu, und als sie den Namen Jesu Christi hört, geht gleichsam ein freudiger Ruck durch sie hindurch, und sie antwortet mit Begeisterung, indem sie den folgenden Lobpreis erhebt: »Er liebt uns und hat uns von unseren Sünden erlöst durch sein Blut; er hat uns zu Königen gemacht und zu Priestern vor Gott, seinem Vater. Ihm sei die Herrlichkeit und die Macht in alle Ewigkeit. Amen« (1,5b–6). Die Gemeinde, von der Liebe Christi umgeben, fühlt sich

von den Fesseln der Sünde befreit und erklärt sich zum »Reich« Jesu
Christi, das völlig ihm gehört. Sie erkennt die große Sendung, die
ihr durch die Taufe anvertraut wurde: die Gegenwart Gottes in die
Welt zu tragen. Und sie schließt ihren Lobpreis, indem sie erneut unmittelbar auf Jesus schaut und mit wachsender Begeisterung seine
»Herrlichkeit und die Macht«, die Menschheit zu retten, erkennt. Das
»Amen« am Ende schließt den Lobgesang auf Christus ab. Bereits
diese ersten vier Verse enthalten einen großen Reichtum an Hinweisen für uns; sie sagen uns, dass unser Beten vor allem ein Hören
auf Gott sein muss, der zu uns spricht. Von vielen Worten überflutet,
sind wir kaum daran gewöhnt zuzuhören und uns vor allem in die
innere und äußere Haltung der Stille zu versetzen, um darauf zu
achten, was Gott uns sagen will. Diese Verse lehren uns außerdem,
dass unser Gebet, das oft nur ein Bitten ist, vielmehr vor allem ein
Lob Gottes für seine Liebe sein muss, für das Geschenk Jesu Christi,
der uns Kraft, Hoffnung und Heil gebracht hat.

Ein neuer Wortbeitrag des Vorlesers ermahnt dann die Gemeinde,
die von der Liebe Christi ergriffen ist, sich zu bemühen, seine Gegenwart im eigenen Leben zu erfassen. Er sagt: »Siehe, er kommt mit
den Wolken, und jedes Auge wird ihn sehen, auch alle, die ihn durchbohrt haben; und alle Völker der Erde werden seinetwegen jammern
und klagen« (1,7a). Nachdem er in einer »Wolke«, Symbol der Transzendenz, in den Himmel aufgenommen wurde (vgl. Apg 1,9), wird
Jesus Christus ebenso wiederkommen, wie er zum Himmel hinge-
gangen ist (vgl. Apg 1,11b). Dann werden alle Völker ihn erkennen
und, wie der hl. Johannes im vierten Evangelium sagt, »sie werden
auf den blicken, den sie durchbohrt haben« (19,37). Sie werden an
ihre eigenen Sünden denken, die Ursache seiner Kreuzigung, und
ebenso wie jene, die auf dem Kalvarienberg unmittelbar daran teil-
genommen haben, werden sie sich »an die Brust schlagen« (vgl. Lk
23,48) und ihn um Vergebung bitten, um ihm im Leben nachzufolgen und so die volle Gemeinschaft mit ihm nach seiner endgültigen
Wiederkunft vorzubereiten.

Die Gemeinde denkt über diese Botschaft nach und sagt: »Ja, amen«
(Offb 1,7b). Sie bringt durch ihr »Ja« die volle Annahme des ihr Mit-
geteilten zum Ausdruck und bittet, dass dies wahrhaftig Wirklichkeit
werden möge. Es ist das Gebet der Gemeinde, die über die Liebe Gottes nachdenkt, die in ihrer höchsten Form am Kreuz offenbar wurde,
und bittet, konsequent als Jünger Christi zu leben. Und Gott gibt

eine Antwort: »Ich bin das Alpha und das Omega, [...] der ist und der war und der kommt, der Herrscher über die ganze Schöpfung« (1,8). Gott, der sich als Beginn und Abschluss der Geschichte offenbart, nimmt die Bitte der Gemeinde an und nimmt sie sich zu Herzen. Mit seiner Liebe ist er im menschlichen Leben in der Gegenwart und in der Zukunft ebenso wie in der Vergangenheit bis zum Erreichen des Endziels gegenwärtig und tätig und wird es immer sein. Das ist Gottes Verheißung. Und hier finden wir ein weiteres wichtiges Element: Das beständige Gebet weckt in uns das Bewusstsein für die Gegenwart des Herrn in unserem Leben und in der Geschichte, und seine Gegenwart trägt uns, führt uns und schenkt uns große Hoffnung auch in der Finsternis gewisser menschlicher Lebensumstände. Außerdem bedeutet das Gebet – auch das in der radikalsten Einsamkeit – niemals, sich zu isolieren, und es ist niemals unfruchtbar, sondern jedes Gebet ist der Lebenssaft, der ein immer engagierteres und konsequenteres christliches Leben nährt.

Die zweite Phase des Gebets der Gemeinde (1,9–22) vertieft die Beziehung zu Jesus Christus noch weiter: Der Herr lässt sich sehen, er spricht, handelt, und die Gemeinschaft, die ihm immer näher ist, hört zu, reagiert und nimmt an. In der vom Vorleser vorgetragenen Botschaft berichtet der hl. Johannes von einer persönlichen Erfahrung seiner Begegnung mit Christus: Er befindet sich auf der Insel Patmos »um des Wortes Gottes willen und des Zeugnisses für Jesus« (1,9), und es ist der »Tag des Herrn« (1,10a), der Sonntag, an dem die Auferstehung gefeiert wird. Und der hl. Johannes wird »vom Geist ergriffen« (1,10a). Der Heilige Geist durchdringt und erneuert ihn, er erweitert seine Fähigkeit, Jesus anzunehmen, der ihn auffordert zu schreiben. Das Gebet der Gemeinde, die zuhört, nimmt nach und nach eine kontemplative Form an, bei der die Verben »sie sieht«, »sie schaut« den Takt angeben: Sie betrachtet also das, was der Vorleser ihr vorträgt, verinnerlicht es und macht es sich zu eigen.

Johannes hört »eine Stimme, laut wie eine Posaune« (1,10b): Die Stimme gebietet ihm, eine Botschaft zu schicken »an die sieben Gemeinden« (1,11) in Kleinasien und durch sie an alle Gemeinden aller Zeiten, vereint mit ihren Hirten. Der Ausdruck »Stimme ... wie eine Posaune«, der dem Buch Exodus entnommen ist (vgl. 20,18), erinnert an die göttliche Offenbarung gegenüber Mose auf dem Berg Sinai und zeigt die Stimme Gottes an, der von seinem Himmel herab, aus seiner Transzendenz heraus spricht. Hier wird sie dem auferstandenen Jesus Christus zugeschrieben, der aus der Herrlichkeit des Vaters heraus mit der Stimme Gottes zur betenden Gemeinde spricht. Als Johannes sich umwendet, »weil ich sehen wollte, wer zu mir sprach« (1,12), sieht er »sieben goldene Leuchter und mitten unter den Leuchtern einen, der wie ein Mensch aussah« (1,12–13), ein dem Johannes besonders vertrauter Begriff, der auf Jesus selbst verweist. Die goldenen Leuchter mit ihren brennenden Kerzen zeigen die Kirche aller Zeiten an, in Gebetshaltung während der Liturgie: Der auferstandene Jesus, der »Menschensohn«, befindet sich mitten in ihr, und bekleidet mit den Gewändern des Hohenpriesters des Alten Testaments übt er die priesterliche Funktion des Mittlers beim Vater aus. In der symbolischen Botschaft des Johannes folgt eine leuchtende Erscheinung des auferstandenen Christus, mit den Eigenschaften Gottes, die wiederholt im Alten Testament auftauchen. Es ist die Rede von Haaren »weiß wie weiße Wolle, leuchtend weiß wie Schnee« (1,14), Symbol der Ewigkeit Gottes (vgl. Dan 7,9) und der Auferstehung.

Ein zweites Symbol ist das des Feuers, das im Alten Testament oft auf Gott bezogen ist, um zwei Eigenschaften aufzuzeigen. Die erste ist die eifersüchtige Intensität seiner Liebe, die seinen Bund mit dem Menschen beseelt (vgl. Dtn 4,24). Und dieselbe glühende Intensität der Liebe liest man im Blick des auferstandenen Jesus: »Seine Augen [waren] wie Feuerflammen« (Offb 1,14). Die zweite ist die unaufhaltsame Fähigkeit, das Böse zu überwinden, wie ein »verzehrendes Feuer« (Dtn 9,3). So glänzen auch »die Beine« Jesu, der auf dem Weg ist, dem Bösen zu begegnen und es zu zerstören, »wie Golderz« (Offb 1,15). Die Stimme Jesu Christi, »wie das Rauschen von Wassermassen « (1,15c), hat das gewaltige Getöse der »Herrlichkeit des Gottes Israels«, die sich auf Jerusalem zu bewegt, wovon der Prophet Ezechiel spricht (vgl. 43,2). Es folgen noch drei symbolische Elemente, die zeigen, was der auferstandene Jesus für seine Kirche tut: Er hält sie fest in seiner rechten Hand – ein sehr wichtiges Bild: Jesus hält die Kirche in seiner Hand – er spricht zu ihr mit der durchdringenden Kraft eines scharfen Schwertes und zeigt ihr den Glanz seiner Göttlichkeit: »Sein Gesicht leuchtete wie die machtvoll strahlende Sonne« (Offb 1,16). Johannes ist so ergriffen von dieser wunderbaren Erfahrung des Auferstandenen, dass er ohnmächtig wird und wie tot niederfällt.

Nach dieser Offenbarungserfahrung hat der Apostel den Herrn Jesus

vor sich, der mit ihm spricht, ihn beruhigt, ihm eine Hand auf das
Haupt legt, ihm seine Identität als der auferstandene Gekreuzigte
enthüllt und ihm die Aufgabe anvertraut, seine Botschaft den Gemeinden zu übermitteln (vgl. Offb 1,17‒18). Das ist etwas Schönes,
dieser Gott, vor dem er ohnmächtig wird, wie tot niederfällt: Er ist
der Freund des Lebens, und er legt ihm die Hand auf das Haupt.
Und so wird es auch für uns sein: Wir sind Freunde Jesu. Danach
wird die Offenbarung des auferstandenen Gottes, des auferstandenen Christus nicht schrecklich sein, sondern es wird die Begegnung
mit dem Freund sein. Auch die Gemeinde erlebt mit Johannes den
besonderen lichtvollen Augenblick vor dem Herrn, jedoch verbunden mit der Erfahrung der täglichen Begegnung mit Jesus, in der sie
den Reichtum der Berührung mit dem Herrn spürt, der jeden Raum
des Lebens erfüllt.

In der dritten und letzten Phase des ersten Teils der Apokalypse (Offb
2‒3) trägt der Vorleser der Gemeinde eine siebenfältige Botschaft
vor, in der Jesus in erster Person spricht. An sieben Gemeinden gerichtet, die in Kleinasien um Ephesus herum gelegen sind, geht die
Rede Jesu von der besonderen Situation einer jeden Gemeinde aus,
um sich dann auf die Gemeinden jeder Zeit auszuweiten. Jesus stellt
sich sofort mitten in die Situation einer jeden Gemeinde hinein, hebt
ihre Licht- und Schattenseiten hervor und richtet einen dringenden
Appell an sie: »Kehr um« (2,5.16; 3,19c); »halte fest, was du hast«
(3,11); »kehr zurück zu deinen ersten Werken« (2,5); »mach also
Ernst und kehr um« (3,19b) ... Wenn dieses Wort Jesu mit Glauben
angehört wird, beginnt es sofort zu wirken: Die betende Gemeinde,
die das Wort des Herrn annimmt, wird verwandelt. Alle Gemeinden
müssen dem Herrn aufmerksam zuhören und sich dem Geist öffnen, wie Jesus nachdrücklich fordert, indem er sieben Mal das Gebot
wiederholt: »Wer Ohren hat, der höre, was der Geist den Gemeinden
sagt« (2,7.11.17.29; 3,6.13.22). Die Gemeinde hört die Botschaft und
erhält einen Ansporn zur Buße, zur Umkehr, zur Beharrlichkeit, zum
Wachsen in der Liebe, zur Orientierung für den Weg.

Die Offenbarung zeigt uns eine im Gebet versammelte Gemeinde,
denn gerade im Gebet spüren wir zunehmend die Gegenwart Jesu
bei uns und in uns. Je mehr und je besser wir mit Beständigkeit,
mit Intensität beten, desto mehr werden wir ihm ähnlich und tritt
er wirklich in unser Leben ein und führt es, schenkt ihm Freude
und Frieden. Und je mehr wir Jesus kennen, lieben und ihm nach-

folgen, desto mehr verspüren wir das Bedürfnis, im Gebet bei ihm zu verweilen und Ruhe, Hoffnung und Kraft in unserem Leben zu empfangen.

Während das Gebet im ersten Teil des Buches der Offenbarung auf das innerkirchliche Leben ausgerichtet ist, so gilt die Aufmerksamkeit im zweiten Teil der ganzen Welt. Denn die Kirche pilgert in der Geschichte, sie ist Teil davon, dem Plan Gottes gemäß. Die Gemeinde hat durch das Hören der vom Vorleser vorgetragenen Botschaft des Johannes ihre Aufgabe wiederentdeckt, als »Priester Gottes und Christi« (Offb 20,6; vgl. 1,5; 5,10) an der Entfaltung des Reiches Gottes mitzuwirken, und öffnet sich zur Welt der Menschen hin. Und hier werden zwei Lebensformen deutlich, die in dialektischem Verhältnis zueinander stehen: Die erste könnten wir als das »System Christi« bezeichnen, dem die Gemeinde glücklicherweise angehört, und die zweite als das »irdische System gegen das Reich und gegen den Bund, das entstanden ist unter dem Einfluss des Bösen«, der die Menschen täuscht und so eine Welt verwirklichen will, die zu der von Christus und von Gott gewollten Welt im Gegensatz steht (vgl. Päpstliche Bibelkommission, Bibel und Moral. Biblische Wurzeln des christlichen Handelns, 70). Die Gemeinde muss also die Geschichte, die sie erlebt, in der Tiefe lesen können und dadurch lernen, die Ereignisse mit dem Glauben zu erkennen, um durch ihr Handeln an der Entfaltung des Reiches Gottes mitzuwirken. Und dieses Lesen und Erkennen ist ebenso wie das Handeln mit dem Gebet verbunden.

Nach dem wiederholten Aufruf Christi, der im ersten Teil der Apokalypse sieben Mal gesagt hat: »Wer Ohren hat, der höre, was der Geist den Gemeinden sagt« (vgl. Offb 2,7.11.17.29; 3,6.13.22), wird die Gemeinde zunächst eingeladen, in den Himmel aufzusteigen, um die Wirklichkeit mit den Augen Gottes zu betrachten; und hier finden wir drei Symbole, Bezugspunkte, von denen ausgehend man die Geschichte lesen kann: den Thron Gottes, das Lamm und das Buch (vgl. Offb 4,1−5,14).

Das erste Symbol ist der Thron, auf dem eine Gestalt sitzt, die Johannes nicht beschreibt, weil sie jede menschliche Vorstellung übersteigt; er kann nur auf das Gefühl der Schönheit und der Freude hinweisen, das er vor ihr empfindet. Diese geheimnisvolle Gestalt ist Gott, der allmächtige Gott, der nicht in seinem Himmel verschlossen geblieben ist, sondern der auf den Menschen zugekommen ist und einen Bund mit ihm geschlossen hat: Gott, der auf geheimnisvolle, aber reale Weise in der Geschichte seine Stimme hören lässt, symbolisiert von Blitzen und Donner. Um den Thron Gottes herum tauchen verschiedene Elemente auf, wie die 24 Ältesten und die vier Lebewesen, die dem einzigen Herrn über die Geschichte unablässig den Lobpreis darbringen. Das erste Symbol ist also der Thron. Das zweite Symbol ist das Buch, das Gottes Plan über die Ereignisse und über die Menschen enthält; es ist mit sieben Siegeln hermetisch verschlossen, und niemand ist in der Lage, es zu lesen. Angesichts dieser Unfähigkeit des Menschen, den Plan Gottes zu erkennen, verspürt Johannes eine tiefe Traurigkeit, die ihn zum Weinen bringt. Es lässt sich jedoch Abhilfe schaffen von der Verlorenheit des Menschen gegenüber dem Geheimnis der Geschichte: Einer ist in der Lage, das Buch zu öffnen und es zu erhellen.

Und hier erscheint das dritte Symbol: Christus, das im Kreuzesopfer geschlachtete Lamm, das jedoch aufrecht steht, als Zeichen seiner Auferstehung. Und das Lamm öffnet nach und nach die Siegel und enthüllt den Plan Gottes, den tiefen Sinn der Geschichte. Was sagen diese Symbole? Sie rufen uns den Weg in Erinnerung, auf dem wir Ereignisse der Geschichte und unseres eigenen Lebens lesen können. Wenn wir den Blick auf Gottes Himmel richten, in der ständigen Beziehung zu Christus, und ihm im persönlichen und gemeinschaftlichen Gebet unser Herz und unseren Verstand öffnen, dann lernen wir, die Dinge auf neue Art zu sehen und ihren wahren Sinn zu erfassen. Das Gebet ist wie ein offenes Fenster, das uns erlaubt, den Blick auf Gott gerichtet zu halten – nicht nur, um uns das Ziel in Erinnerung zu rufen, auf das wir zugehen, sondern auch, um zuzulassen, dass der Wille Gottes unseren irdischen Weg erleuchte und uns helfe, ihn intensiv und engagiert zu leben. Auf welche Weise führt der Herr die christliche Gemeinschaft zu einem tieferen Verständnis der Geschichte? Vor allem indem er sie auffordert, die Gegenwart, in der wir leben, realistisch zu betrachten.

Das Lamm öffnet also die ersten vier Siegel des Buches, und die Kirche sieht die Welt, in die sie eingebunden ist, eine Welt, in der es verschiedene negative Elemente gibt. Es gibt die Übel, die der Mensch verursacht, wie die Gewalt, die aus dem Wunsch entsteht zu besitzen, einander überlegen zu sein, so dass man am Ende einander sogar tötet (zweites Siegel) – oder die Ungerechtigkeit, weil die

Menschen die Gesetze, die sie sich gegeben haben, nicht beachten (drittes Siegel). Hinzu kommen die Übel, die der Mensch erleiden muss, wie Tod, Hunger, Krankheit (viertes Siegel). Angesichts dieser oft dramatischen Wirklichkeiten ist die kirchliche Gemeinschaft aufgefordert, nie die Hoffnung zu verlieren, fest zu glauben, dass die scheinbare Allmacht des Bösen auf die wahre Allmacht Gottes stößt. Und das erste Siegel, das das Lamm öffnet, enthält genau diese Botschaft. Johannes berichtet: »Da sah ich ein weißes Pferd; und der, der auf ihm saß, hatte einen Bogen. Ein Kranz wurde ihm gegeben, und als Sieger zog er aus, um zu siegen« (Offb 6,2). In die Geschichte des Menschen ist die Kraft Gottes eingetreten, der nicht nur in der Lage ist, das Böse auszugleichen, sondern sogar, es zu überwinden. Die weiße Farbe erinnert an die Auferstehung: Gott ist so nahe gekommen, dass er in die Finsternis des Todes hinabgestiegen ist, um sie mit dem Glanz seines göttlichen Lebens zu erleuchten; er hat das Übel der Welt auf sich genommen, um es mit dem Feuer seiner Liebe zu läutern.

Wie kann man in diesem christlichen Verständnis der Wirklichkeit wachsen? Die Apokalypse sagt uns, dass das Gebet in jedem von uns und in unseren Gemeinschaften diese Vision des Lichtes und der tiefen Hoffnung nährt: Sie lädt uns ein, uns nicht vom Bösen überwinden zu lassen, sondern das Böse mit dem Guten zu überwinden, auf den gekreuzigten und auferstandenen Christus zu schauen, der uns an seinem Sieg teilhaben lässt. Die Kirche lebt in der Geschichte, sie verschließt sich nicht in sich selbst, sondern geht inmitten von Schwierigkeiten und Leiden mutig ihren Weg und sagt mit Nachdruck, dass das Böse letztlich das Gute nicht überwindet, die Dunkelheit den Glanz Gottes nicht trübt. Das ist ein wichtiger Punkt für uns: Als Christen können wir nie Pessimisten sein; wir wissen, dass uns auf dem Weg unseres Lebens oft Gewalt, Lüge, Hass, Verfolgung begegnen, aber das entmutigt uns nicht. Vor allem lehrt uns das Gebet, die Zeichen Gottes zu sehen, seine Gegenwart und sein Wirken, ja selbst Lichter des Guten zu sein, die Hoffnung verbreiten und darauf hinweisen, dass der Sieg Gott gehört.

Diese Sichtweise führt dazu, Gott und dem Lamm Dank und Lobpreis entgegenzubringen: Die 24 Ältesten und die vier Lebewesen singen gemeinsam das »neue Lied«, das das Werk Christi preist, der alles neu macht (vgl. Offb 21,5). Diese Erneuerung ist jedoch vor allem ein zu erbittendes Geschenk. Und hier finden wir ein weiteres Element,

das das Gebet kennzeichnen muss: den Herrn inständig bitten, dass
sein Reich komme, dass der Mensch ein fügsames Herz gegenüber
der Herrschaft Gottes haben möge, dass unser Leben und das der
Welt an seinem Willen ausgerichtet sei. In der Vision der Apokalypse ist dieses Bittgebet durch ein wichtiges Detail dargestellt: »Die 24
Ältesten« und »die vier Lebewesen« tragen in der Hand zusammen
mit der Harfe, die ihren Gesang begleitet, »goldene Schalen voll von
Räucherwerk« (5,8a). Das, so wird erläutert, »sind die Gebete der
Heiligen« (5,8b), also jener, die bereits bei Gott sind, aber auch die
von uns allen, die wir uns auf dem Weg befinden. Und wir sehen,
dass vor dem Thron Gottes ein Engel eine goldene Räucherpfanne
in der Hand hält, in die er unablässig Weihrauchkörner gibt – also
unsere Gebete –, deren lieblicher Duft zusammen mit den Gebeten
dargebracht wird, die zu Gott aufsteigen (vgl. Offb 8,1–4). Diese Sym-
bolik sagt uns, dass unsere Gebete – mit all ihren Grenzen, ihrer
Mühe, Armut, Trockenheit, den Unvollkommenheiten, die sie haben
können – gleichsam geläutert werden und Gottes Herz erreichen.
Wir dürfen also sicher sein, dass es keine überflüssigen, unnützen
Gebete gibt; keines geht verloren. Und sie finden eine Antwort, wenn
diese auch manchmal geheimnisvoll ist, denn Gott ist unendliche
Liebe und Barmherzigkeit. Der Engel, so schreibt Johannes, nahm
»die Räucherpfanne, füllte sie mit glühenden Kohlen, die er vom Altar nahm, und warf sie auf die Erde; da begann es zu donnern und
zu dröhnen, zu blitzen und zu beben« (8,5). Dieses Bild bedeutet,
dass Gott für unser Bitten nicht unempfänglich ist, er greift ein und
lässt auf der Erde seine Macht spüren und seine Stimme hören, er
lässt es beben und erschüttert das System des Bösen. Oft hat man
angesichts des Bösen das Gefühl, nichts tun zu können, aber gerade
unser Gebet ist die erste und wirksamste Antwort, die wir geben
können und die unser tägliches Bemühen, das Gute zu verbreiten,
stärker macht. Gottes Kraft macht unsere Schwachheit fruchtbar
(vgl. Röm 8,26–27).
Ich möchte schließen mit einigen Worten über den abschließenden
Dialog (vgl. Offb 22,6–21). Jesus wiederholt mehrmals: »Siehe, ich
komme bald« (Offb 22,7.12). Dies verweist nicht nur auf die Zukunft,
das Ende der Zeiten, sondern auch auf die Gegenwart: Jesus kommt,
er errichtet seine Wohnstatt in dem, der an ihn glaubt und ihn annimmt. Die vom Heiligen Geist geleitete Gemeinde fordert Jesus daher stets von neuem auf, immer näher zu kommen: »Komm!« (Offb

22,17a): Sie ist gleichsam die »Braut« (22,17), die sich brennend nach der Fülle der Bräutlichkeit sehnt. Zum dritten Mal bittet sie: »Amen. Komm, Herr Jesus!« (22,20b); und der Vorleser schließt mit einem Wort, das das Bewusstsein um diese Gegenwart offenbart: »Die Gnade des Herrn Jesus sei mit allen!« (22,21).

Trotz der sehr komplexen Symbole bezieht die Apokalypse uns in ein sehr reiches Gebet ein; auch wir hören und loben daher den Herrn, wir danken ihm, betrachten ihn, bitten ihn um Vergebung. Die Struktur des großen gemeinschaftlichen liturgischen Gebets ist auch ein starker Appell, die außerordentliche und verwandelnde Kraft wiederzuentdecken, die die Eucharistie besitzt. Ich möchte insbesondere nachdrücklich dazu auffordern, der heiligen Messe am Tag des Herrn, dem Sonntag, dem wahren Mittelpunkt der Woche treu zu sein! Der Reichtum des Gebets in der Apokalypse lässt uns an einen Diamanten denken, der eine Reihe faszinierender Facetten besitzt, dessen Kostbarkeit jedoch in der Reinheit des einen zentralen Kerns liegt. So lassen die eindrucksvollen Formen des Gebets, denen wir in der Apokalypse begegnen, die einzigartige und unsagbare Kostbarkeit Jesu Christi erstrahlen.

DAS GEBET GROSSER HEILIGER

Der hl. Alfons: das große Gnadenmittel des Gebetes

Der heilige Bischof und Kirchenlehrer Alfons Maria von Liguori, Gründer der Kongregation des Heiligsten Erlösers, der Redemptoristen, Schutzpatron der Moraltheologen und der Beichtväter, ist einer der beliebtesten Heiligen des 18. Jahrhunderts aufgrund seines einfachen Stils und seiner Lehre über das Bußsakrament: In einer Zeit des großen Rigorismus, Frucht des jansenistischen Einflusses, legte er den Beichtvätern ans Herz, beim Spenden dieses Sakraments die freudige Umarmung Gottes, des Vaters, zum Ausdruck zu bringen, der in seiner unendlichen Barmherzigkeit nicht müde wird, den reuigen Sohn anzunehmen. Der heutige Gedenktag gibt uns Gelegenheit, bei den Lehren des hl. Alfons über das Gebet zu verweilen, die äußerst kostbar und voll geistlicher Eingebung sind. Seine Abhandlung »Das große Gnadenmittel des Gebetes«, die er als die nützlichste seiner Schriften betrachtete, geht auf das Jahr 1759 zurück. Sie beschreibt in der Tat das Gebet als »das notwendige und unfehlbare Mittel, die ewige Seligkeit und alle dazu notwendigen Gnaden zu erlangen« (Einleitung).

In diesem Wort ist die alfonsianische Weise, das Gebet zu verstehen, zusammengefasst. Indem er sagt, dass es ein Mittel ist, verweist er uns zunächst auf das zu erlangende Ziel: Gott hat aus Liebe erschaffen, um uns das Leben in Fülle schenken zu können. Dieses Ziel, dieses Leben in Fülle, hat sich jedoch – wie wir alle wissen – aufgrund der Sünde sozusagen entfernt, und nur die Gnade Gottes kann es zugänglich machen. Um diese Grundwahrheit zu erläutern und unmittelbar verständlich zu machen, wie konkret für den Menschen die Gefahr ist, »verlorenzugehen«, hatte der hl. Alfons einen sehr einfachen Leitsatz geprägt, der lautet: »Wer betet, wird sicher gerettet; wer nicht betet, geht sicher verloren.« Als Kommentar zu diesem schlichten Satz fügte er hinzu: »Ohne das Gebet ist es sehr schwer, ja … sogar unmöglich, selig zu werden; mit dem Gebet aber ist es leicht und sicher, dass man selig werde« (II, Schluss). Und er sagt auch, dass »wenn wir nicht beten, wir keine Entschuldigung verdienen; denn die Gnade zu beten, wird jedem gegeben ... wenn wir nicht gerettet werden, so ist es ganz unsere Schuld, weil wir nicht gebetet haben« (ebd.). Indem er sagte, dass das Gebet ein notwendiges Mittel ist, wollte der hl. Alfons also zu verstehen geben, dass man in keiner Lebenssituation darauf verzichten kann zu beten, insbesondere im Augenblick der Prüfung und in den Schwierigkeiten. Immer müssen wir mit Vertrauen an die Tür des Herrn klopfen, im Wissen, dass er in allem für seine Kinder, für uns, Sorge trägt. Wir sind daher eingeladen, keine Furcht zu haben, uns an ihn zu wenden und ihm mit Vertrauen unsere Bitten darzubringen, in der Gewissheit, das zu erhalten, was wir brauchen. Das ist die zentrale Frage: Was ist in meinem Leben wirklich notwendig? Ich antworte mit dem hl. Alfons: »Das Heil und alle dazu notwendigen Gnaden« (ebd.). Natürlich meint er damit nicht nur das leibliche Heil, sondern vor allem das der Seele, das Jesus uns schenkt. Mehr als alles andere brauchen wir seine befreiende Gegenwart, die unser Leben wirklich zutiefst menschlich macht und daher mit Freude erfüllt. Und nur durch das Gebet können wir ihn, seine Gnade annehmen, die uns in jeder Situation erleuchtet und uns das wahre Wohl erkennen lässt. Und indem sie uns stärkt, macht sie auch unseren Willen wirkkräftig, das heißt, sie macht ihn fähig, das erkannte Gute umzusetzen. Oft erkennen wir das Gute, sind aber nicht in der Lage, es zu tun. Mit dem Gebet gelangen wir dahin, es zu tun. Der Jünger des Herrn weiß, dass er stets der Versuchung ausgesetzt ist, und versäumt es nicht, Gott im Gebet um Hilfe zu bitten, um sie zu überwinden.

Der hl. Alfons führt das – sehr interessante – Beispiel des hl. Philipp Neri an, der, »sobald er des Morgens erwachte, zu Gott sprach: Herr! Halte heute deine Hand über Philipp! Denn sonst wird Philipp dich noch verraten!« (III,3). Ein großer Realist! Er bittet Gott, seine Hand über ihn zu halten. Auch wir müssen im Bewusstsein unserer Schwäche mit Demut um Gottes Hilfe bitten, im Vertrauen auf den Reichtum seiner Barmherzigkeit. An einer anderen Stelle sagt der hl. Alfons:»Wir sind arm an allem; aber wenn wir beten, so werden wir aufhören, arm zu sein. Und wenn wir auch arm sind, so ist Gott reich« (II,4). Und dem hl. Augustinus folgend lädt er jeden Christen ein, keine Angst zu haben, sich von Gott durch das Gebet jene Kraft zu verschaffen, die er nicht hat und derer er bedarf, um Gutes zu tun, in der Gewissheit, dass der Herr dem, der ihn mit Demut anruft, seine Hilfe nicht versagt (vgl. III,3).

Der hl. Alfons erinnert uns daran, dass die Beziehung zu Gott in unserem Leben wesentlich ist. Ohne die Beziehung zu Gott fehlt der wesentliche Bezug, und die Beziehung zu Gott wird verwirklicht im Sprechen mit Gott, im täglichen persönlichen Gebet, und durch die Teilhabe an den Sakramenten. Und so kann diese Beziehung in uns wachsen, kann die göttliche Gegenwart in uns wachsen, die unseren Weg ausrichtet, ihn erleuchtet und ihn sicher und ruhig macht, auch inmitten von Schwierigkeiten und Gefahren.

Der hl. Dominikus: ein Mann des Gebets

In diesem Kapitel möchte ich einen wesentlichen Aspekt der Spiritualität von Dominikus de Guzmán, Gründer des Predigerordens, genannt Dominikaner beleuchten: sein Gebetsleben. Der hl. Dominikus war ein Mann des Gebets. Er war verliebt in Gott und hatte kein anderes Bestreben als das Heil der Seelen, besonders jener, die in die Fänge der Irrlehren seiner Zeit geraten waren; in der Nachfolge Christi verkörperte er radikal die drei evangelischen Räte, indem er die Verkündigung des Wortes mit dem Zeugnis eines armen Lebens verband; unter der Führung des Heiligen Geistes schritt er auf dem Weg der christlichen Vollkommenheit voran. In jedem Augenblick war das Gebet die Kraft, die seine apostolischen Werke erneuerte und immer fruchtbarer machte.

Der sel. Jordan von Sachsen, der 1237 starb, sein Nachfolger in der Ordensleitung, schreibt: »Bei Tag zeigte sich niemand geselliger als er ... Bei Nacht hingegen wachte niemand eifriger als er im Gebet. Den Tag widmete er dem Nächsten, die Nacht aber schenkte er Gott« (vgl. P. Filippini, San Domenico visto dai suoi contemporanei, Bologna 1982, S. 133). Im hl. Dominikus erblicken wir ein Beispiel der harmonischen Ergänzung der Betrachtung der göttlichen Geheimnisse und der apostolischen Tätigkeit. Den Zeugnissen der Personen zufolge, die ihm am nächsten standen, »sprach er immer mit Gott oder von Gott«. Diese Beobachtung verweist auf seine tiefe Gemeinschaft mit dem Herrn und gleichzeitig das ständige Bemühen, die anderen zu dieser Gemeinschaft mit Gott zu führen. Er hat keine Schriften über das Gebet hinterlassen, aber die dominikanische Überlieferung hat seine lebendige Erfahrung gesammelt und weitergegeben in einem Werk mit dem Titel »Die neun Gebetsweisen des Dominikus«. Dieses Buch wurde zwischen 1260 und 1288 von einem Dominikanerbruder verfasst; es hilft uns, etwas vom Innenleben des Heiligen zu verstehen, und es hilft auch uns, mit allen Unterschieden, etwas darüber zu lernen, wie man beten soll.

Dem hl. Dominikus zufolge gibt es also neun Gebetsweisen, und jede von ihnen, die er stets vor dem gekreuzigten Christus pflegte, bringt eine körperliche und eine geistliche Haltung zum Ausdruck, die einander tief durchdringen und die Sammlung und den Eifer fördern. Die ersten sieben Weisen folgen einer aufsteigenden Linie, wie

Schritte eines Weges, zur Gemeinschaft mit Gott, mit der Dreifaltigkeit: Der hl. Dominikus betet stehend mit gesenktem Haupt, um die Demut zum Ausdruck zu bringen, auf die Erde hingestreckt, um die Vergebung seiner Sünden zu erbitten, auf Knien, um in Teilhabe an den Leiden des Herrn Buße zu tun, mit offenen Armen auf den Gekreuzigten hinschauend, um die höchste Liebe zu betrachten, mit dem Blick zum Himmel gerichtet, wo er sich von der Welt Gottes angezogen fühlt. Es gibt also drei Formen: stehend, kniend, auf die Erde hingestreckt; aber stets auf den gekreuzigten Herrn hinschauend. Die letzten beiden Weisen jedoch, bei denen ich kurz verweilen möchte, entsprechen zwei Frömmigkeitsübungen, die der Heilige gewöhnlich lebte. Vor allem die persönliche Betrachtung, wo das Gebet eine noch innigere, leidenschaftlichere und Zuversicht schenkende Dimension annimmt. Am Ende des Stundengebets und nach der Feier der Messe verlängerte der hl. Dominikus das Gespräch mit Gott, ohne sich zeitliche Grenzen zu setzen. Er saß ruhig da und sammelte sich innerlich in einer hörenden Haltung, las ein Buch oder heftete den Blick auf den Gekreuzigten.

Er lebte diese Augenblicke der Beziehung zu Gott so intensiv, dass man seine freudigen oder traurigen Reaktionen auch äußerlich wahrnehmen konnte. Er hat also in der Betrachtung die Wirklichkeit des Glaubens in sich aufgenommen. Die Zeugen berichten, dass er manchmal in eine Art Verzückung eintrat, mit verklärtem Gesicht, aber sofort darauf demütig seine täglichen Tätigkeiten wiederaufnahm, mit neuer Energie aus der Kraft, die aus der Höhe kommt. Dann das Gebet auf den Reisen von einem Kloster zum anderen; er betete die Laudes, die Mittagshore, die Vesper mit den Gefährten, und während er die Täler und Hügel durchquerte, betrachtete er die Schönheit der Schöpfung. Dann ging aus seinem Herzen ein Gesang des Lobes und des Dankes an Gott hervor für die vielen Gaben, vor allem für das größte Wunder: die von Christus gewirkte Erlösung.

Der hl. Dominikus erinnert uns daran, dass am Ursprung des Glaubenszeugnisses, das jeder Christ in der Familie, am Arbeitsplatz, im sozialen Einsatz und auch in Augenblicken der Entspannung geben muss, das Gebet, der persönliche Kontakt mit Gott steht; nur diese echte Beziehung zu Gott gibt uns die Kraft, jedes Ereignis tiefer zu leben, besonders die Augenblicke des größten Leidens. Dieser Heilige ruft uns auch die Bedeutung der äußeren Haltungen bei unserem Beten in Erinnerung. Knien, vor dem Herrn stehen, auf den Gekreuzigten hinschauen, schweigend innehalten und sich sammeln sind nicht nebensächlich, sondern helfen uns, uns innerlich, mit der ganzen Person in Beziehung zu Gott zu stellen. Ich möchte noch einmal die Notwendigkeit für unser geistliches Leben in Erinnerung rufen, täglich Augenblicke zu finden, um in Ruhe zu beten; wir müssen uns diese Zeit besonders in den Ferien nehmen, etwas Zeit haben, um mit Gott zu sprechen. Es wird ein Weg sein, um denen, die uns nahe sind, zu helfen, in den leuchtenden Strahl der Gegenwart Gottes einzutreten, der den Frieden und die Liebe bringt, derer wir alle bedürfen.

GEBET UND LITURGIE

Die heilige Liturgie als Quelle des Gebets

In diesem Buch sind wir einen Weg im Licht des Wortes Gottes gegangen, um zu lernen, immer wahrhaftiger zu beten. Wir haben
dabei einige große Gestalten des Alten Testaments, die Psalmen, die
Briefe des hl. Paulus und die Apokalypse betrachtet, vor allem aber
die einzigartige und grundlegende Erfahrung Jesu in seiner Beziehung zum himmlischen Vater. In der Tat ist der Mensch nur in Christus fähig, sich mit Gott zu vereinen, mit der Tiefe und der Vertrautheit eines Sohnes gegenüber einem Vater, der ihn liebt; nur in ihm
können wir uns in aller Wahrheit an Gott wenden und ihn liebevoll
»Abba, Vater« nennen. Wie die Apostel haben auch wir immer wieder zu Jesus gesagt und sagen auch heute wieder: »Herr, lehre uns
beten« (Lk 11,1). Außerdem haben wir gelernt, den Heiligen Geist anzurufen, die erste Gabe des Auferstandenen an die Gläubigen, um die
persönliche Beziehung zu Gott intensiver zu leben, denn er »nimmt
sich ... unserer Schwachheit an. Denn wir wissen nicht, worum wir
in rechter Weise beten sollen« (Röm 8,26), sagt der hl. Paulus, und
wir wissen, wie recht er hat.

An diesem Punkt können wir uns fragen: Wie kann ich mich vom
Heiligen Geist formen lassen und so fähig werden, in die Atmosphäre Gottes einzutreten, mit Gott zu beten? Was ist diese Schule, in der
er mich beten lehrt und meiner Mühe, mich in rechter Weise an Gott
zu wenden, zu Hilfe kommt? Die erste Schule des Gebets – das haben
wir in diesem Buch gesehen – ist das Wort Gottes, die Heilige Schrift.
Die Heilige Schrift ist ein ständiges Zwiegespräch zwischen Gott und
dem Menschen, ein fortschreitendes Zwiegespräch, in dem Gott sich
als immer näher erweist, in dem wir sein Antlitz, seine Stimme, sein
Wesen immer besser kennenlernen können; und der Mensch lernt
zu akzeptieren, Gott kennenzulernen, mit Gott zu sprechen. In diesem Buch haben wir also durch das Lesen der Heiligen Schrift versucht, aus der Heiligen Schrift, aus diesem ständigen Zwiegespräch
zu lernen, wie wir mit Gott in Berührung treten können. Es gibt noch
einen weiteren kostbaren »Raum«, eine weitere kostbare »Quelle«,

um im Gebet zu wachsen, eine Quelle lebendigen Wassers, die in sehr enger Verbindung mit der vorherigen steht. Ich meine die Liturgie, einen bevorzugten Ort, an dem Gott zu einem jeden von uns spricht, hier und jetzt, und auf unsere Antwort wartet.

Was ist die Liturgie? Wenn wir den Katechismus der Katholischen Kirche öffnen – ein stets wertvolles, ich würde sagen unverzichtbares Hilfsmittel –, können wir lesen, dass das Wort »Liturgie« ursprünglich bedeutet »Dienst des Volkes und für das Volk« (Nr. 1069). Wenn die christliche Theologie diesen Begriff aus der griechischen Welt übernommen hat, so geschah dies natürlich im Hinblick auf das neue Volk Gottes, das aus Christus hervorgegangen ist, der seine Arme am Kreuz geöffnet hat, um die Menschen im Frieden des einen Gottes zu vereinen. »Dienst für das Volk«, ein Volk, das nicht aus sich selbst heraus existiert, sondern das sich durch das Pascha-Mysterium Jesu Christi herausgebildet hat. In der Tat existiert das Volk Gottes nicht durch Bande des Blutes, des Lebensraums, der Nation, sondern es entsteht immer aus dem Werk des Sohnes Gottes und aus der Gemeinschaft mit dem Vater, die er uns erlangt. Außerdem heißt es im Katechismus: »In der christlichen Überlieferung bedeutet es [das Wort ›Liturgie‹], dass das Volk Gottes teilnimmt am ›Werk Gottes‹« (Nr. 1069), denn das Volk Gottes als solches existiert nur durch das Werk Gottes.

Das hat uns die Entwicklung des Zweiten Vatikanischen Konzils in Erinnerung gerufen. Es hat seine Arbeiten vor nunmehr 50 Jahren mit der Beratung über das Liturgieschema begonnen, das dann am 4. Dezember 1963 feierlich approbiert wurde: der erste vom Konzil approbierte Text. Dass das Dokument über die Liturgie das erste Ergebnis der Konzilsversammlung war, wurde von einigen vielleicht als zufällig betrachtet. Unter vielen Vorhaben schien der Text über die heilige Liturgie der am wenigsten umstrittene zu sein und konnte gerade deshalb gleichsam eine Art Übung darstellen, um die Methode der Konzilsarbeit zu erlernen. Zweifellos hat sich jedoch das, was auf den ersten Blick als zufällig erscheinen mag, als die richtige Entscheidung erwiesen, auch von der Hierarchie der Themen und der wichtigsten Aufgaben der Kirche her. Denn indem es mit dem Thema »Liturgie« begonnen hat, hat das Konzil den Primat Gottes, seine absolute Priorität ganz deutlich herausgestellt. Gott vor allem: Genau das sagt uns die Entscheidung des Konzils, von der Liturgie auszugehen. Wo der Blick auf Gott nicht entscheidend ist, verliert alles andere seine Ausrichtung. Das grundlegende Kriterium für die Liturgie ist ihre Ausrichtung auf Gott, um so an seinem Werk teilnehmen zu können. Wir können uns jedoch fragen: Was ist dieses Werk Gottes, an dem teilzunehmen wir aufgerufen sind? Die Konzilskonstitution über die heilige Liturgie gibt uns scheinbar eine zweifache Antwort. Denn unter der Nummer 5 sagt sie uns, dass das Werk Gottes sein Wirken in der Geschichte ist, das uns das Heil bringt und das seinen Höhepunkt im Tod und in der Auferstehung Jesu Christi hat; unter Nummer 7 dagegen bezeichnet dieselbe Konstitution die liturgische Feier als das »Werk Christi«. In Wirklichkeit sind beide Bedeutungen untrennbar miteinander verknüpft.

Wenn wir uns fragen, wer die Welt und den Menschen rettet, so ist die einzige Antwort: Jesus von Nazaret, der gekreuzigte und auferstandene Herr und Christus. Und wo wird das Geheimnis des Todes und der Auferstehung Christi, der das Heil bringt, für uns, für mich heute vergegenwärtigt? Die Antwort lautet: im Handeln Christi durch die Kirche, in der Liturgie, insbesondere im Sakrament der Eucharistie, die die Opfergabe des Gottessohnes, der uns erlöst hat, vergegenwärtigt; im Sakrament der Versöhnung, in dem man vom Tod der Sünde in das neue Leben übergeht; und im Vollzug der anderen Sakramente, die uns heiligen (vgl. Presbyterorum ordinis, 5). So steht das Pascha-Mysterium des Todes und der Auferstehung Christi im Mittelpunkt der liturgischen Theologie des Konzils.

Gehen wir einen Schritt weiter und fragen wir uns: Auf welche Weise wird diese Vergegenwärtigung des Pascha-Mysteriums Christi ermöglicht? Der selige Papst Johannes Paul II. schrieb 25 Jahre nach der Konstitution Sacrosanctum Concilium: »Um sein Pascha-Mysterium zu vergegenwärtigen, ist Christus immer in seiner Kirche gegenwärtig, vor allem in den liturgischen Handlungen. Die Liturgie ist darum der bevorzugte ›Ort‹, an dem die Christen Gott und demjenigen begegnen, den er gesandt hat, Jesus Christus (vgl. Joh 17,3)« (Vicesimus quintus annus, Nr. 7). Auf derselben Linie lesen wir im Katechismus der Katholischen Kirche: »Die Feier eines Sakramentes ist eine Begegnung der Kinder Gottes mit ihrem Vater in Christus und dem Heiligen Geist. Diese Begegnung findet wie ein Zwiegespräch ihren Ausdruck in Taten und Worten« (Nr. 1153). Die erste Voraussetzung für eine gute liturgische Feier ist also, dass sie Gebet ist, Gespräch mit Gott, vor allem Hören und dann Antwort. Der hl. Benedikt gibt in seiner Regel, wo er über das Psalmgebet spricht, den Mönchen vor: »Mens concordet voci«, »das Herz muss mit der Stimme zusammenklingen«. Der Heilige lehrt, dass beim Psalmgebet die Worte unserem Verstand vorausgehen müssen.

Gewöhnlich ist es nicht so, sondern erst müssen wir denken und dann wird das, was wir gedacht haben, zum Wort. Hier, in der Liturgie, ist es dagegen umgekehrt: Das Wort geht voraus. Gott hat uns das Wort geschenkt, und die heilige Liturgie bietet uns das Wort an; wir müssen ins Innere der Worte, in ihre Bedeutung eintreten, sie in uns aufnehmen, uns in Einklang bringen mit diesen Worten; so werden wir zu Kindern Gottes, Gott ähnlich. Die Konstitution Sacrosanctum Concilium ruft in Erinnerung: Um das Vollmaß der Verwirklichung in der Feier zu gewährleisten, »ist es notwendig, dass die Gläubigen mit recht bereiteter Seele zur heiligen Liturgie hinzutreten, dass ihr Herz mit der Stimme zusammenklinge und dass sie mit der himmlischen Gnade zusammenwirken, um sie nicht vergeblich zu empfangen« (Nr. 11). Das grundlegende, vorrangige Element des Zwiegesprächs mit Gott in der Liturgie ist die Übereinstimmung zwischen dem, was wir mit dem Mund sprechen, und dem, was wir im Herzen haben. Indem wir in die großen Worte der Geschichte des Gebets eintreten, werden wir selbst dem Geist dieser Worte gleichgestaltet und werden fähig, mit Gott zu sprechen.

In dieser Linie möchte ich nur auf einen Augenblick hinweisen, der uns während der Liturgie anspricht und uns hilft, diese Übereinstimmung zu finden, diese Gleichgestaltung mit dem, was wir in der liturgischen Feier hören, sagen und tun. Ich meine die Aufforderung, die der Zelebrant vor dem Eucharistischen Hochgebet ausspricht: »Sursum corda«, erhebet die Herzen aus dem Gewirr unserer Sorgen, unserer Wünsche, unserer Ängste, unserer Zerstreuungen. Unser Herz, unser Innerstes, muss sich fügsam dem Wort Gottes öffnen und sich im Gebet der Kirche sammeln, um aus den Worten, die es hört und spricht, seine Ausrichtung auf Gott zu erhalten. Der Blick des Herzens muss sich dem Herrn zuwenden, der unter uns ist: Das ist eine grundlegende Weisung.

Wenn wir die Liturgie in dieser Grundhaltung leben, dann ist unser Herz gleichsam der Schwerkraft entzogen, die es nach unten zieht, und es strebt innerlich nach oben, auf die Wahrheit, auf die Liebe, auf Gott zu. Der Katechismus der Katholischen Kirche ruft uns in Erinnerung: »Die Sendung Christi und des Heiligen Geistes, der in der sakramentalen Liturgie der Kirche das Heilsmysterium verkündigt, vergegenwärtigt und mitteilt, setzt sich im betenden Herzen fort. Die geistlichen Väter vergleichen zuweilen das Herz mit einem Altar« (Nr. 2655): »Altare Dei est cor nostrum«.

Wir feiern und leben die Liturgie nur dann gut, wenn wir in betender Haltung verharren, nicht wenn wir »etwas tun«, uns sehen lassen oder handeln wollen, sondern wenn wir unser Herz Gott zuwenden und uns in betender Haltung mit dem Geheimnis Christi und seinem Zwiegespräch als Sohn mit dem Vater vereinen. Gott selbst lehrt uns zu beten, sagt der hl. Paulus (vgl. Röm 8,26). Er selbst hat uns die rechten Worte gegeben, um uns an ihn zu wenden: Worte, die wir im Psalter, in den großen Gebeten der heiligen Liturgie und in der Eucharistiefeier selbst finden. Wir wollen den Herrn bitten, dass wir uns jeden Tag stärker der Tatsache bewusst sein mögen, dass die Liturgie Handeln Gottes und Handeln des Menschen ist; Gebet, das aus dem Heiligen Geist und aus uns hervorgeht, das sich ganz auf den Vater richtet, in Vereinigung mit dem menschgewordenen Gottessohn (vgl. Katechismus der Katholischen Kirche, Nr. 2564).

Liturgie: mit der Kirche beten

Im vorigen Kapitel habe ich begonnen, über eine der bevorzugten Quellen des christlichen Gebets zu sprechen: die heilige Liturgie. Sie ist, wie der Katechismus der Katholischen Kirche sagt, »auch Beteiligung am Gebet, das Christus im Heiligen Geist an den Vater richtet. In der Liturgie findet alles christliche Beten seine Quelle und seinen Abschluss« (Nr. 1073). Nun wollen wir uns fragen: Gebe ich in meinem Leben dem Gebet genügend Raum, und vor allem, welchen Platz nimmt das liturgische Gebet in meiner Beziehung zu Gott ein, besonders die heilige Messe als Beteiligung am gemeinsamen Gebet des Leibes Christi, der Kirche?

Bei der Beantwortung dieser Frage müssen wir vor allem daran denken, dass das Beten die lebendige Beziehung der Kinder Gottes zu ihrem unendlich guten Vater, zu seinem Sohn Jesus Christus und zum Heiligen Geist ist (vgl. ebd., 2565). Das Gebetsleben besteht also darin, stets in der Gegenwart Gottes zu stehen und sich dessen bewusst zu sein, in Beziehung zu Gott zu leben, wie man die gewöhnlichen Beziehungen unseres Lebens lebt, die Beziehungen zu lieben Verwandten, zu wahren Freunden. Ja, die Beziehung zum Herrn ist sogar die Beziehung, die all unseren anderen Beziehungen Licht schenkt. Diese Lebensgemeinschaft mit dem einen und dreifaltigen Gott ist möglich, weil wir durch die Taufe in Christus hineingenommen sind, begonnen haben, mit ihm vereint zu sein (vgl. Röm 6,5). Tatsächlich können wir nur in Christus mit Gott, dem Vater, als Kinder sprechen, sonst ist es nicht möglich, aber in Gemeinschaft mit dem Sohn können auch wir sagen, was er gesagt hat: »Abba«. In Gemeinschaft mit Christus können wir Gott als den wahren Vater erkennen (vgl. Mt 11,27). Daher besteht das christliche Beten darin, beständig und in immer neuer Weise auf Christus zu schauen, mit ihm zu sprechen, mit ihm in Stille zu verharren, ihn zu hören, mit ihm zu wirken und zu leiden. Der Christ entdeckt seine wahre Identität in Christus, dem »Erstgeborenen der ganzen Schöpfung«, in dem alles Bestand hat (vgl. Kol 1,15ff.). Indem ich mich mit ihm identifiziere, im Einssein mit ihm entdecke ich meine persönliche Identität, die Identität des wahren Kindes, das auf Gott schaut wie auf einen liebevollen Vater. Aber wir dürfen nicht vergessen: Christus entdecken und erkennen wir als lebendige Person in der Kirche. Sie ist »sein Leib«. Diese Leiblichkeit kann von den biblischen Worten über den Mann und über die Frau her verstanden werden: Die zwei werden ein Fleisch sein (vgl. Gen 2,24; Eph 5,30ff.; 1 Kor 6,16f.). Die unauflösliche Verbindung zwischen Christus und der Kirche, durch die vereinigende Kraft der Liebe, löscht das »Du« und das »Ich« nicht aus, sondern erhebt sie zu ihrer tiefsten Einheit. Die wahre Identität in Christus zu finden bedeutet, zu einer Gemeinschaft mit ihm zu gelangen, die mich nicht auslöscht, sondern mich zur höchsten Würde erhebt, der Würde eines Kindes Gottes in Christus: »Die Liebesgeschichte zwischen Gott und Mensch besteht eben darin, dass diese Willensgemeinschaft in der Gemeinschaft des Denkens und Fühlens wächst und so unser Wollen und Gottes Wille immer mehr ineinanderfallen« (Enzyklika Deus caritas est, 17). Beten bedeutet, sich zur Höhe Gottes zu erheben, durch eine notwendige allmähliche Umwandlung unseres Seins. Indem wir an der Liturgie teilnehmen, machen wir uns so die Sprache der Mutter Kirche zu eigen und lernen, in ihr und für sie zu sprechen. Natürlich geschieht dies wie gesagt allmählich, nach und nach. Ich muss immer mehr in das Wort der Kirche eintauchen, mit meinem Gebet, mit meinem Leben, mit meinem Leiden, mit meiner Freude, mit meinem Denken. Es ist ein Weg, der uns verwandelt.

Ich denke also, dass diese Überlegungen uns erlauben, auf die Frage zu antworten, die wir uns am Anfang gestellt haben: Wie lerne ich zu beten, wie wachse ich in meinem Gebet? Wenn wir das Modell betrachten, das Jesus uns gelehrt hat, das »Vaterunser«, dann sehen wir, dass das erste Wort »Vater« und das zweite »unser« ist. Die Antwort ist also deutlich: Ich lerne zu beten, ich nähre mein Gebet, indem ich mich an Gott als Vater wende und mit anderen bete, mit der Kirche bete und das Geschenk seiner Worte annehme, die mir nach und nach vertraut und sinnreich werden. Zum Dialog, den Gott mit einem jeden von uns knüpft, und wir mit ihm, gehört im Gebet stets ein »mit«; man kann nicht auf individualistische Weise zu Gott beten. Im liturgischen Gebet, vor allem in der Eucharistie sowie – von der Liturgie geformt – in jedem Gebet sprechen wir nicht nur als Einzelpersonen, sondern treten vielmehr in das »Wir« der betenden Kirche ein. Wir müssen unser »Ich« umwandeln, indem wir in dieses »Wir« eintreten.

Ich möchte auf einen weiteren wichtigen Aspekt hinweisen. Im Katechismus der Katholischen Kirche lesen wir: »In der Liturgie des Neuen Bundes ist jede liturgische Handlung, besonders die Feier der

Eucharistie und der Sakramente, eine Begegnung zwischen Christus und der Kirche« (Nr. 1097); es feiert also der »ganze Christus«, die gesamte Gemeinschaft, der mit seinem Haupt vereinte Leib Christi. Die Liturgie ist also nicht eine Art »Selbstdarstellung« einer Gemeinschaft, sondern vielmehr ist sie das Heraustreten aus dem einfachen »Man-Selbst-Sein«, in sich verschlossen sein, und der Zugang zum großen Mahl, das Eintreten in die große lebendige Gemeinschaft, in der Gott selbst uns nährt. Die Liturgie setzt Universalität voraus, und dieser universale Charakter muss allen immer wieder zu Bewusstsein kommen. Die christliche Liturgie ist der Gottesdienst des universalen Tempels, des auferstandenen Christus, dessen Arme am Kreuz ausgebreitet sind, um alle in die Umarmung der ewigen Liebe Gottes hineinzuziehen. Sie ist der Gottesdienst des geöffneten Himmels. Sie ist niemals nur das Ereignis einer einzelnen Gemeinschaft, die ihren Platz in der Zeit und im Raum hat. Es ist wichtig, dass jeder Christ sich in dieses universale »Wir« eingebunden fühlt und wirklich darin eingebunden ist: Es gibt dem »Ich« im Leib Christi, der Kirche, Grundlage und Zuflucht.

Wir müssen uns dabei die Logik der Menschwerdung Gottes vor Augen halten und sie annehmen: Er ist zu uns gekommen, in unsere Gegenwart, ist in die Menschheitsgeschichte und die Menschennatur eingetreten, ist einer von uns geworden. Und diese Gegenwart setzt sich in der Kirche, seinem Leib, fort. Die Liturgie ist also nicht die Erinnerung an etwas Vergangenes, sondern sie ist die lebendige Gegenwart des Pascha-Mysteriums Christi, das Zeiten und Räume übersteigt und vereint. Wenn in der Feier nicht die Zentralität Christi zutage tritt, haben wir keine christliche Liturgie, die völlig vom Herrn abhängt und von seiner schöpferischen Gegenwart getragen wird. Gott handelt durch Christus, und wir können nur durch ihn und in ihm handeln. Jeden Tag muss in uns die Überzeugung wachsen, dass die Liturgie nicht unser, nicht mein »Machen« ist, sondern das Wirken Gottes in uns und mit uns. Nicht der einzelne – Priester oder Gläubige – oder die Gruppe feiert also die Liturgie, sondern diese ist in erster Linie Gottes Handeln durch die Kirche, die ihre Geschichte, ihre reiche Überlieferung und ihre Kreativität besitzt. Diese Universalität und grundlegende Offenheit, die der ganzen Liturgie zu eigen ist, ist einer der Gründe, warum sie nicht von der einzelnen Gemeinschaft oder von Fachleuten entworfen oder verändert werden kann, sondern den Formen der Universalkirche treu sein muss.

Selbst in der Liturgie der kleinsten Gemeinschaft ist stets die ganze Kirche anwesend. Daher gibt es keine »Fremden« in der liturgischen Gemeinschaft. An jeder liturgischen Feier nimmt die ganze Kirche gemeinsam teil, Himmel und Erde, Gott und die Menschen. Auch wenn die christliche Liturgie an einem konkreten Ort und Raum gefeiert wird und das »Ja« einer bestimmten Gemeinschaft zum Ausdruck bringt, ist sie von ihrem Wesen her katholisch, kommt sie aus dem Ganzen und führt zum Ganzen hin, in Einheit mit dem Papst, mit den Bischöfen, mit den Gläubigen aller Zeiten und aller Orte. Je mehr eine Feier von diesem Bewusstsein beseelt ist, desto fruchtbringender wird in ihr der wahre Sinn der Liturgie umgesetzt.

Die Kirche wird in vielerlei Weise sichtbar: In der karitativen Tätigkeit, in den Missionsprojekten, im persönlichen Apostolat, das jeder Christ im eigenen Umfeld durchführen muss. Der Ort jedoch, an dem man sie in ganzer Fülle als Kirche erfährt, ist die Liturgie: Sie ist der Akt, in dem wir glauben, dass Gott in unsere Wirklichkeit eintritt und wir ihm begegnen können, ihn berühren können. Sie ist der Akt, durch den wir in Berührung kommen mit Gott: Er kommt zu uns, und wir werden von ihm erleuchtet. Wenn wir bei der Reflexion über die Liturgie unsere Aufmerksamkeit also nur darauf richten, wie wir sie anziehend, interessant, schön gestalten können, laufen wir Gefahr, das Wesentliche zu vergessen: Die Liturgie wird für Gott gefeiert und nicht für uns selbst; sie ist sein Werk; er ist das Subjekt; und wir müssen uns ihm öffnen und uns von ihm und von seinem Leib, der Kirche, leiten lassen.

Bitten wir den Herrn, täglich zu lernen, die heilige Liturgie zu leben, besonders die Feier der Eucharistie, indem wir im »Wir« der Kirche beten, die ihren Blick nicht auf sich selbst richtet, sondern auf Gott, und uns als Teil der lebendigen Kirche aller Orte und aller Zeiten fühlen.

Textnachweis

Alle Texte von Papst Benedikt XVI.:
© 2013 Libreria Editrice Vaticana, Città del Vaticano

Seite 7: Der betende Mensch, Generalaudienz am 4. Mai 2011
Seite 11: Das Bedürfnis nach Spiritualität, Generalaudienz am 11. Mai 2011
Seite 15: »Oasen« des Geistes, Generalaudienz am 10. August 2011
Seite 17: Meditation: das innere Gebet, Generalaudienz am 17. August 2011
Seite 20: Kunst und Gebet, Generalaudienz am 31. August 2011
Seite 23: Die Fürbitte Abrahams für Sodom, Generalaudienz am 18. Mai 2011
Seite 29: Nächtlicher Zweikampf und Begegnung mit Gott, Generalaudienz am 25. Mai 2011
Seite 34: Die Fürbitte des Mose für das Volk, Generalaudienz am 1. Juni 2011
Seite 39: Propheten und Gebete in der Gegenüberstellung, Generalaudienz am 15. Juni 2011
Seite 44: Das betende Gottesvolk: die Psalmen, Generalaudienz am 22. Juni 2011
Seite 49: Psalm 3, Generalaudienz am 7. September 2011
Seite 53: Psalm 22, Generalaudienz am 14. September 2011
Seite 58: Psalm 23, Generalaudienz am 5. Oktober 2011
Seite 64: Psalm 126, Generalaudienz am 12. Oktober 2011
Seite 70: Psalm 136 (135), Generalaudienz am 19. Oktober 2011
Seite 76: Psalm 119 (118), Generalaudienz am 9. November 2011
Seite 81: Psalm 110 (109), Generalaudienz am 16. November 2011
Seite 88: Das Gebet nach der Taufe Jesu, Generalaudienz am 30. November 2011
Seite 93: Das Juwel des Jubelrufs, Generalaudienz am 7. Dezember 2011
Seite 97: Jesu Gebet bei Heilungen, Generalaudienz am 14. Dezember 2011
Seite 102: Das Gebet und die Heilige Familie von Nazaret, Generalaudienz am 28. Dezember 2011
Seite 107: Jesu Gebet beim Letzten Abendmahl, Generalaudienz am 11. Januar 2012